追寻·见证

——山西省第三次全国文物普查队员随笔

山西省第三次全国文物普查领导小组办公室　编

科学出版社
北京

内 容 简 介

本书为参加山西省第三次全国文物普查的队员们所写的感受和随笔。书中收录了全省11个市的部分队员所写的128篇文章，队员们用朴实的话语、真切的感受，分别记录了自己在三普工作中的真实体验和收获，并将它们奉献出来与读者共享，让人们了解山西省第三次全国文物普查成果背后的故事。

本书适合于从事文化遗产研究、文物考古研究的相关人员，以及广大爱好者参考阅读。

图书在版编目(CIP)数据

追寻·见证：山西省第三次全国文物普查队员随笔／山西省第三次全国文物普查领导小组办公室编．—北京：科学出版社，2010.6

ISBN 978-7-03-027749-7

Ⅰ.①追… Ⅱ.①山… Ⅲ.①文物－普查－山西省－文集 Ⅳ.①K872.25-53

中国版本图书馆CIP数据核字（2010）第093646号

责任编辑：闫向东 孙 莉

责任印制：赵德静／封面设计：谭 硕

科学出版社 出版

北京东黄城根北街16号

邮政编码：100717

http://www.sciencep.com

中国科学院印刷厂 印刷

科学出版社发行 各地新华书店经销

*

2010年6月第 一 版	开本：B5（720×1000）
2010年6月第一次印刷	印张：20 3/4
印数：1～1 600	字数：393 000

定价：80.00元

（如有印装质量问题，我社负责调换）

序

当2009年的雪絮渐飘渐远的时候，全省1500余名文物普查队员终于长吁一口气，解下厚重的行囊，告别寒冷的大地，结束了历时两年多的田野实地调查。

今天，当你轻轻掀开手里的这本《追踪·见证》的时候，当你透过每一个印刷字的时候，将会感受到队员们跋山涉水、风餐露宿的闪光足迹，触摸到文博人甘耐寂寞、无私奉献的心路历程。

没有华丽的词句，也没有惊人的壮举，他们娓娓道来的都是一些普通而又平实的小故事，如同路旁的一朵山花、雨后的一泓秋水。也许，有的故事似曾耳熟，有的乍看甚至觉着平淡。但闭目静神，带着自己对生命与事业的体验去咀嚼品味，不经意间，仿佛一阵清风掠过脸庞，你的心弦不禁为之颤动，一种独特的、全新的感觉便会油然而生：他们以自己的生命和年华、以自己的心血和汗水，寻觅着逝去的岁月，传承着久远的文明，憧憬着光明的未来。他们做了一件平凡而又伟大的事业。他们值得尊敬，值得赞颂，值得大书一笔！

两年多时间并不算长，但他们演绎的故事还有很多很多。可惜由于容量有限，我们只好忍痛割爱，遴选出其中一部分结集成书，力求滴水藏海、小中见大。慢慢去读，细细去品。但愿这些用智慧和心血谱写的文字、用辛勤和汗水浇铸的经历，能在我们轻松的阅读中，生发一份新鲜的感觉和愉悦的享受，不知不觉中，为自己点亮一盏心灯。

谨以此书，献给可爱的普查队员，献给光荣的文博同仁！

施联秀

2010年3月

目　录

大 同 市

朔 州 市

忻 州 市

晋　中　市

阳　泉　市

吕　梁　市

临　汾　市

运　城　市

长　治　市

晋　城　市

山西省“三普”办

“三普”之歌

山西省文物普查办公室副主任、专家组组长　师悦菊

在第三次全国文物普查（以下简称“三普”）中，全省文博人员，为山西省的“三普”工作付出了巨大的艰辛和努力。他们用心血和汗水谱写了一曲可歌可泣的感人乐章，取得了丰硕的成果，顺利完成了全省野外调查登陆阶段的工作。在看完一线队员的普查日志后，感念之情跃上心头，遂写下这首《“三普”之歌》，以表达心中诚挚的谢意！

一

“三普”行动气如虹，
表里河山印足踪。
历史遗痕出脚下，
国家记忆写心中。

二

舍家别亲登征程，
跋山涉水寻遗风。
秋饮白露冬餐雪，
晨披寒霜暮挽星。

三

文化遗产满目新，
功归全省文博人。
回首细看三年路，
多少真情涌上心！

太 原 市

清徐遗址普查记事

太原市文物考古研究所　常一民

六月卅日，乃仁局长面谈，要求组队普查遗址，人、物保证云云。余以清徐遗址调查，实乃宿愿，然老父卧床，欲回家侍奉推托。未准，怏怏赴徐，今已七日矣。

朝出伴鸡鸣，暮归待月残。暑日毒似火，荆针利如箭。

葡地[1]效蛇行，矶崖学猿攀。忽听篮纹陶，怨苦抛九天。

江城子　记梦

清徐普查，夜梦父亲病愈，劳作归家，惊喜莫名。好梦难成，挑灯遐思，不知东方之即白。

巍巍功成有文章，首禅让，仁孝倡。梗阳访古，神思接陶唐。踏遍青山寻遗踪，夔龙鼓[2]，侈口缸。

昨夜一梦到故乡，喜安康，耕作忙。千里遥祝，倚枕泪两行。待得了却公家事[3]，奉汤药，尝热凉[4]。

---

① 清徐葡萄架多数以铁丝网架设，其边沿高仅尺余，进入调查非匍匐难行。

② 王俊先生见告，都沟出土陶鼓，原有纹饰，和陶寺发现夔鼓有相近处，唯更原始，似为陶寺夔鼓之宗。

③ 上次匆匆离家，老父告诫，活了一大把年纪了，身体就这样，没有大碍，公家事耽误不得，放心走吧。思之断肠。

④ 为父亲煎药，信口尝试，忽然想起文帝尝药典故，感悟如此举动乃人情之常，非关孝道，放在皇帝头上，才成榜样。

探访贾兆村

太原市文物局　韩　革

贾兆村位于清徐县清源镇西，村庄距清徐县城仅10分钟左右车程，北邻307国道，交通便利。谁也不会理会，这里竟静静地保留着成片的清朝至民国时期的民居。置身其中，你仿佛回到了从前。

说起贾兆村，对于我来讲并不陌生。清徐县文物管理所的同志曾几次邀我前往，由于种种原因始终未能成行。第三次全国文物普查给了我亲临的机会，先后两次进行调查，共登记27处民居。

贾兆村历史悠久。相传晋国大夫屠岸贾陷害赵氏，将赵氏一门杀害于此，屠岸贾取自己名之尾字，取赵家首字，取名贾赵。清道光三年（1823年），更村名为贾兆，以示吉兆之意。古民居主要分布在东西、南北两条大街上，街道基本保持原有格局。民居以一家一户为主，少有家族式成片院落。这里的居民祖辈大多在清源、太原等省内城市以及包头等口外做生意。可以想象，当他们怀揣着自己忙碌、辛劳的报酬荣归故里时，最大的愿望就是在自己的土地上盖起属于自己的宅院。于是，日复一日，年复一年，宅院越建越多。

贾兆村的古民居多为二进或三进院，院门高大，外院宽敞，便于停放车辆；宅院门大多精巧，装饰精美；院内房屋木雕、砖雕、石雕精致，彩绘内容丰富。在贾兆村，我认为最能表现这个村落悠悠古情、最能引起人思古情怀的莫过于那些以不同方式、出现在不同位置的砖雕了。这些砖雕主要表现在墀头、正脊及影壁上。墀头图案很多，每家每户都不一样，即便是表现同一个主题，也要以不同的、变化的图案来出现。有“福”、“禄”、“寿”等吉祥字样，也有狮子、麒麟等瑞兽，还有梅、兰、菊等花卉以及桃等植物果实图案，更有各种人物形象。最令我高兴的是，在调查中发现了题有唐代诗人王维《红牡丹》五言诗中“花心愁欲断，春色岂知心”的墀头，表明院主人向往文化、追求高雅的心结；在村北一家啜姓院落里，墀头上竟然出现了明显异域风格的人物形象，是院主人在远离家乡的地方经商后带回异域文化的信息，还是隐藏着鲜为人知的故事呢？这不能不引起我的遐想。院门及房屋正脊的砖雕则表现出浓郁的地方色彩。许多房屋的正脊都雕有精美的葡萄装饰，尤其是东西一街一巷 194 号张家宅院正脊上的葡萄，可谓惟妙惟肖，立体感、艺术性非常强。砖雕影壁是贾兆村民居中可圈可点的装饰。这里的影壁大多为座山式，雕刻内容丰富，不仅反映出院主人的财力，也可以从中看出晋商重视儒家文化的传统。这里保存最为完整、精美的是东西大街 26 号贾家宅院中的五福捧寿影壁，五只翩翩飞翔的蝙蝠，围绕中心的寿字，表现了院主人祈盼富贵、长寿、安乐、子孙满堂的寓意；东西大街上 18 号王家宅院内的影壁，是贾兆村保存体量最大、最为精美、内容最为丰富的影壁，壁顶雕有琴棋书画、喜鹊登梅及书卷等图案，尤其是那只活灵活现的鸽子，翘首回望，形态逼真，而圆形壁心中所雕的鹤鹿同春又代表了院主人希望家族富贵长寿的心态，两侧砖雕“夏雨春风家风依旧，竹苞松茂气象更新”对联，更是锦上添花，整个影壁给人以美的享受。

贾兆村的人仍然住在祖辈留下的房屋里，过着恬静、悠然的生活，而让贾兆村能留在更多人的心里，则成了我的心声。

侵华日军军营旧址发现记

太原市文物局　霍润农

2008年11月8日上午，我们像往常一样在迎泽区迎泽街道办事处一带普查。按照原计划，我们对迎泽大街南侧、建国初期修建的并州饭店和晋阳饭店进行实地调查。正在这时，跟随我们普查的迎泽街道办事处的李书记突然想起青年东街一带有片日军建筑。李书记今年将近五十岁，他对历史建筑颇感兴趣，因为工作原因经常走街串巷，偶然得知辖区内有日军建筑的事情。他的一席话引来我们极大的兴趣。随后我们在李书记的引领下，穿过熙熙攘攘的人流，来到一片繁华的市场附近，远远看到临街一排人字顶房屋，红瓦铺顶，墙外建有多处落地烟囱。从外形上看，瓦的形制、落地烟囱以及通风口都明显不同于同时期本地建筑风格。据这里的一些老人回忆，这一片曾是日军的兵营。近年来人们把大部分房子拆了盖上新房，现仅存其中两排共17栋建筑。这些房子多已出租给外地人，而临街的一排房屋则改为商铺。我们走进一家裁缝铺，可以明显看到原来的建筑结构、木制地板和推拉门的痕迹。在青年东街南巷9号院，还保留着当时日军兵营的砖券拱形大门。时至中午，当我们正准备返回驻地时，在青年东街北侧，我透过家属院门的缝隙，看到几栋房屋也有类似的落地烟囱，心生好奇，就拐了进去。我惊喜地发现有四栋比兵营建筑体量小但十分精致的房屋，就把我们的队员叫回来一起认定。我们的摄影师老王一看就说“这和刚才的房子应该是同时期建筑”。

午饭过后，我们再次驱车前往青年东街调查那四栋房子，走访家属院里的老住户。他们告诉我们，这里是日本军官家属的住所。其中一位热心的老住户又告诉了我们一个更令人意外的消息。他说，“顺着青年东街往东走，在青年东街和并州北路的拐角有一座日本军官楼”。于是，我们就兴冲冲地寻访到了这栋建筑平面呈“山”字形的两层小楼，其中东西方向有三排，南北方向有一排。东西向的三排中，中间一排是较高的平房，原先被当做澡堂和餐厅。据楼内居民说，洗澡的锅炉位于平房的地下室，如今，地下室出入口已经被新建筑压在了下面。居民们很肯定地说：“除了锅炉，地下室里原来还有个舞厅呢。”走进房间里，我们看到当时粗大的暖气管还一直保留着。一次意外发现，由点到线，由线到面，把一组不为世人所知的侵华日军军营调查清楚，既对自己是一次深刻的历史教育，同时更切身地感受到文物普查的历史价值和现实意义。晚上，我们回到驻地，迫不及待地查看相关史料。但是我们发现从 1937 年到 1945 年太原沦陷这 8 年间，关于这段历史的史料记载很少。在太原，像这样日军侵华时期的建筑，有不少零星的，但像这样大面积的发现还是头一次。因此，作为侵华日军的见证，青年东街这 22 栋建筑无疑具有十分重要的历史价值。为此，我们集体研究后，决定提出如下普查建议：“报请太原市政府予以保护维修，整体规划该片区，将其开辟为日军侵并陈列馆，申报爱国主义教育基地和文物保护单位。”这是我们文物工作者对历史建筑的社会责任，同时也真诚地希望这组建筑群能够在城市改造建设中留存下来，成为我们后人汲取历史教训的生动教材。

寻找周家掌烽火台

太原市文物考古研究所　冯　钢

一夜大风，窗户上结满了美丽的冰花，在这“一九”最寒冷的日子里，我们等到了调查“周家掌烽火台”的最佳时机。

周家掌烽火台位于娄烦县天池店乡周家掌村东南3000米的山梁之上，是娄烦县烽火台遗址九个子项之一。由于该遗址所在的周家掌村不通公路，仅有一条山间河道可以通行，故参照县文物旅游局的建议，我们决定利用这个最冷的日子调查该烽火台遗址。

早，热车十余分钟之后，乘坐普查车前往天池店乡，由于车内外温度相差较大，车窗上很快就结上了冰花。于是，如同其他日子一样，全车人一起行动，除冰花，看前、后道路的车辆，经过40分钟的奔波，终于在9点之前抵达了去往周家掌的山口。

通往周家掌的唯一通道就是这条山间河道。河道已封冻，随着山势的转折、河床的约束，冰河也或宽或窄地变化着。我们沿着冰面上的车印，时而下冰面、时而上河床；时而车载人、时而人推车，走走停停、歪歪滑滑，倒也不觉得特别疲惫。过了兑集沟村，冰面上车印全无，看着白花花的冰面，大家商议了一下，决定还是继续开车前行，车辆行走在未被惊扰的河面上，听着车窗外越来越大“咯叭、咯叭”的声音，大家的心逐渐提起来，虽然大家都知道这只是压碎冰河表面冰层的声音，但是，冰河能否承受七个人加一个汽车的重量，谁也不能回答。终于，在越来越大的冰裂声中，大家再也承受不住这揪心的刺激，纷纷下车、跳到河床之上，望着渐成网格的冰面，大家才真正体会到了白居易所写的“心忧炭贱愿天寒”的场景。就这样，人在车前带路、车在冰上滑行，上、下车多次，行驶十余里冰路，于9点35分抵达周家掌村。

到达周家掌村，按照村民的指点，穿过地垄间的羊肠小路，我们开始了艰难的攀爬：这是一条坡度近60度的山间小路，路两侧布满了枯枝，伴随着调查队员的踩踏，枯枝上的浮土也随风飘荡，调查队员在抵御刺骨寒风的同时，也领略到了翻飞尘土的嚣张。

经过近20分钟的攀爬，队员们爬到山腰处向阳的凹地，上下左右前后地寻找，大家只找到了前些天调查过的“陈家庄烽火台遗址”，但是，周家掌烽火台遗址，你在哪里？是否因为村民的耕种已经灭失？

连续的攀爬、极度的失望使得大家的腿渐渐沉重，顾不得枯草上的浮尘，躺倒在地上。经过调整、商议，大家决定还是爬到山顶上，到那里才能极目远眺、到那里才能确认烽火台是否存在，到那里才能确定下一步的行动计划，于是，大家又开始新一阶段的攀爬。

到达山顶，四处瞭望，在天际边发现遥远而又熟悉的小黑点，这是我们要找的周家掌烽火台还是其他遗存？大家不知道也不可能知道。由于烽火台太过遥远，中间还间隔着数道山梁，是看好方向后、下山再从对面山脚向上爬，还是沿着山脊翻过这几道山梁，又成了大家商议的重点。简单交流之后，大家同意直穿山脊，用我们的脚步去丈量这个未知的山脉。

穿荆棘、钻草丛、踏碎岩、过沟壑，惊山鸡、逐野兔、翻越了三个小山梁之后，黑点逐渐变大，可以肯定，这就是一个烽火台遗存。

11点30分调查西部的烽火台，12点23分，爬上东部山梁，13点17分下到山脚。乘坐上久违的普查车，打开一瓶已结冰的矿泉水，吮吸着一滴一滴流下的冰水，让麻木的身体斜躺在车座上，这种感觉真好！

千年古堡

——太原市晋源区店头村古村落一瞥

太原市文物考古研究所　檀志慧

太原市的实地调查工作已历时 4 个多月，文物普查，亮点纷呈。通过对不同时期、不同类型文物的深入调查，渐渐拼接出了我们这个城市的历史，仿佛是坐上了时光机器徜徉于漫漫历史长河中。调查给大家带来惊喜的同时，也让我们对家乡有了更深入的了解。

此次普查有一项很重要的收获，就是传统民居的发现在数量和质量上有很多突破。北方传统民居气势威严、高大华贵、粗犷中不失细腻。2008 年 10 月 13 日在晋源区晋源镇店头村的调查，就让我们深刻领会到了传统民居的魅力。该村历史悠久，清光绪三年（1877 年），就已有 500 余户人家，3000 余口人，马帮、驼帮、推车帮熙熙攘攘、店铺林立、商贾云集号称“小太谷”。村中保留至今最有特点的要数那些石券窑洞了，村中原有石券窑洞 3000 余间，现存较完好的有 460 间，在窑洞内至今还保留着过去使用的土石火炕和灶台等物品。据调查有二进院石券窑洞院落 5 处，二层式石券窑洞院落 17 处，三层式 1 处，四层式 1 处。最具特色的几处古民居位于村中心的紫竹林寺周边，建筑格局为楼式窑洞，底层设计宽敞，主要用于开设当铺、磨坊，二、三、四层则多用作书房和卧室。经考证还发现，当地这种独特的窑洞串窑洞、大洞套小洞，上下层窑洞、主院与别院，村里寺庙、村口戏台都有暗道迂回贯通的精巧布局。

这样的建筑布局可能与店头村当年地处交通咽喉要道，考虑备乱与安全有关。据记载，西山有五山九峪，风峪即为九峪之首。店头村是风峪八村中的头一村，不仅因地理位置居前，而且历史上人口和村庄规模也居八村之首。相传店头村曾经是古晋阳城通往娄烦的重要通道，在盛唐时期就是比较繁华热闹的商贸集镇，到北宋时才开始日渐衰落的。战火扰乱了当时人们的生活，部分商人徙地经营，部分商人从此定居，就演变成店头村的先民。从那时到现在，店头至少有千年以上历史了。店头村南依龙山，北靠蒙山，太原至古交公路从村前通过，风峪河水自西向东流人汾河。村东约1500米有李存孝墓、龙泉寺，龙泉寺南邻童子寺；村东南有文昌阁，村西北有真武庙；村西山腰有王氏祠堂和明代王永寿墓（王永寿在明朝天顺年间曾任兵部尚书）。

店头古村落可以说生动诠释了传统民居的美学、文化、科学价值。一是美学价值。传统民居是追求和谐美的典范。整个村庄在选址、布局及营造单体建筑时充分体现了因地制宜与自然浑然天成的美学理念。在传统的民居建筑中，通过处理建筑的个体与群体、情与理、人工造物和自然环境等相互之间的关系，力图创造出一种和谐共生的审美情趣。各地区民居虽在风貌和意象上各具千秋，却都呈现着异曲同工、和谐统一的美感。民居建筑虽然朴实无华，但某些局部雕刻、装饰精巧细腻。如富有雕塑美的墙垣，雕刻精美的梁饰、隔扇，庄重气派的屋顶，装饰虽不多，但却给了朴实的建筑以美的魅力。二是文化价值。民居建筑是凝聚民情、民风、乡土特色的一部地方风俗画卷。发掘传统民居文化，对于增强社会的凝聚力、满足人们对于社会及文化体系的认同，是特别重要的。对于现代人来说，浓重的乡土、民情，古老而又和谐。富于文化特色的乡土情结构成了人们对未来、对幸福生活理想的追求。民居建筑是儒家文化精神气质的写照。中国传统文化的核心是儒家文化，儒家所倡导的人格修养、礼乐仁政、天人合一等文化思想，与建筑艺术紧密结合，形成了我国传统民居建筑特有的文化意象与情趣。三是科学价值。传统民居建筑从使用者的需求出发，在实践中逐步形成了一整套适于乡土地域条件的民居建筑方法。民居建筑在借用自然、因地制宜方面表现在：①房屋布局、营建时充分考虑利用自然环境的有利因素，获取人居环境所需要的资源条件。建宅观察风水，仿效自然，力图与山川景物相协调。聚落布局要接近水源，充分利用各种地表水资源。②村落与植树绿化密切结合，改进聚落生态系统的小气候，美化了环境。③村落布局“背山面水”、“负阴抱阳”，充分利用日照条件。④巧妙利用地形，有效节约土地，依山建村。建筑布局密集，以节约耕地。

但是，店头古村落面临着损毁的严峻现实。由于早些年村民均已搬迁至数公里之外的新村，村内建筑年久失修，加之风雨剥蚀、地质灾害等原因，现已倾塌 2740 间，尚存结构墙体较完整的石券窑洞只有不到 10% 。如不及时维护，现在的店头古村落在不久的将来很可能成为一片古村落遗址。

店头古村落的困境是现在传统古民居所面临的普遍现象：要么房屋因长期无人居住或房主经济条件所限，只能眼睁睁看着房屋倒塌；要么房主自行拆旧盖新。历史的痕迹正一点点被擦拭，如火如荼的经济建设又加剧了它消失的速度。民居建筑聚集着浓郁的风景和民情。我们不希望诸多珍贵的、有价值的建筑消失在当代，因为这些历史建筑承载了太多的过去。

文明的守望者

太原市文物考古研究所　檀志慧

截至目前，太原市已经顺利完成了 9 个县区的野外调查工作。工作进展的顺利离不开领导的支持和科学计划，离不开全体普查队员的共同努力，当然也离不开当地文物工作者的配合。其实，还有一部分人更值得我们去感谢，那就是关爱文物保护事业、热情为我们担当向导的当地群众。有了他们的帮助，我们的调查工作才更加顺利，内容才更加丰富，资料才更加翔实。

在晋源区文物普查时，我们遇到了魏金山老人。他年轻时曾是一位电影放映员，走遍了晋源的山山水水，至今几乎每个村都有认识他的人。老人平时很注重收集本地的一些文物资料，还曾整理出版过一些与当地有关的历史故事，对晋源的历史如数家珍。恰逢这次文物普查，年逾花甲的他陪我们走街串巷、跋山涉水，很是辛苦，还无私地将自己的资料、知识全部奉献了出来。

古交嘉乐泉乡嘉乐泉村的薛善全老人祖辈曾为地主，曾为当时村中最大的家族，至今村内所保留下来的传统民居 80% 与其家族有关。受家庭历史这个便利条件的影响，薛师傅对自己的家族以及所保存下来的文物做了很详细的调查、了解。当得知我们是在进行全国第三次文物普查时，与魏师傅一样，他无私地为我们提供了自己的家谱以及调查所需要的所有历史资料，并且不顾天气寒冷，执意要带领我们上山去找遗址、寻碑刻。还有武家庄的武师傅、阴家沟的阴师傅……

在这次普查中，我们遇到了许多这样可敬、可爱的老人。他们的这种对文物保护的执著，让我们很受感动。也许对于他们个人来说，仅仅是出于对历史的喜欢、家乡的热爱才收集这些资料的。我曾经问过他们，为什么会这么喜欢这些东西，他们说做这些事情并不指望将来能留名史册，而他们都有一个同样的愿望，就是把这些资料整理出来，留给子孙后代，让他们对自己的家乡有更全面的了解、更加热爱家乡。正是由于这样朴素的乡土情结，他们无怨无悔地成为了这方热土文明的守望者。

守望过去，传承未来，这是历史长河绵延流长的不竭动力。然而，面对当前汹涌澎湃的经济大潮，更多的人关心的只是文物背后的经济价值，这些老人的身影显得是那么孤单。作为文物工作者，很有幸能参与此次文物普查工作，并且结识这些默默记述历史的老人。受他们之感动，我认识到，简单地把这次普查作为一项工作来对待的想法有些肤浅。那些特色鲜明的古民居、规模宏大的墓葬群、精美绝伦的石刻造像，无论哪类文物，只要将其放在历史长河中，都是鲜活的。我们应该以这次文物普查为契机，与这些老人一道成为文明的播种机，唤起公众对历史的珍爱、对家乡的热爱，让人人都能成为文明的守望者，让五千年的文明永续传承下去。

白家庄日军慰安所旧址调查记

太原市晋祠博物馆　田立勤

2008 年 12 月 18 日，我来到了万柏林区白家庄矿区进行全国第三次文物普查。通过调查走访，在居民区发现了一处日军慰安所旧址，这是太原市目前唯一保存完整的日军慰安妇制度的实物见证。1937 年，日军占领白家庄煤矿后，为了实现其长期掠夺和奴役野心，在这里修建了大量的军事和生活设施，慰安所便是其中之一。

沿着白家庄路一直向西，经过了白家庄矿 2 号井后，向南拐进弯弯曲曲的小巷。在解放社区一名社区工作人员的指引下，我们来到两个紧邻的四合院门前。这两个由青砖和土坯砌成的院子被淹没在居民自建的房子中间，门前的道路被居民搭建的小屋遮挡住，仅能容许两人通过。在这两座坐东朝西的院子里，沿着围墙盖有三十多间平房，最初都是单门单户，后来的住户为了扩大居住面积，将房屋内部打通并改造，现在已经看不到当时房屋的内部模样。通过调查，得知原有两座四合院。其中正房 3 间，南北房各 7 间，西房 3 间，均为平顶，单门单户，结构对称。原两院共 8 栋 37 间房屋，3 座大门，且两院之间由后门相通。现只保留有房屋 5 栋 24 间，每间屋子都是 9 平方米大小，进了门不到一步远就是土炕，几乎占据了整个屋子，这就是慰安妇居住和生活的全部空间。这两座紧邻的院子格局一样，而且有后门相通，在院门内侧有两间房子，一间曾是慰安所管理员的住处，另一间是发放牌号和收取凭证的工作室。

慰安所旧址房屋基本完整，保留了当时的建筑风格。这里是日军侵华的见证地，也是日军慰安制度在白家矿区的真实体现。

太原市万柏林区文物古建亟待保护

太原市晋祠博物馆　左正华

截至2009年1月12日，太原市万柏林区第三次全国文物普查工作已近尾声。一百余处不可移动文物的确定标志着万柏林区进入太原市文物大区的行列。然而，文物保护的现状不容乐观，文物古建亟待保护。

太原是一座具有2500年光荣历史的文化古城，承载了太多太多的文化内涵。作为太原的一个大区，在汾河西岸、西山之东的305平方公里的区域内，万柏林区保存了极为丰富的文物资源，见证了太原的发展历史。白家庄矿现存的西北采炭所的日军军官住所旧址、矿工宿舍旧址、慰安所及变电站旧址是日本侵略中国、掠夺中国矿产的佐证；王家庄的周柏经历了太原发展的风风雨雨；西山旧矿区、军工厂旧址、重工业基地旧址则是中国近现代工业发展的缩影；西山腹地的古村落、古民居、古寺庙则记载了中国北方建筑发展的历史。这些不可移动文物有着内在的人文信息和丰富的文化内涵，而且对于借鉴历史、传承文明、社会发展起着非常重要作用。

尽管万柏林区在保护不可移动文物，特别是保护文物古建方面做了大量工作，但同全市范围内文物古建保护较好的区、县相比，形势还是不容乐观。比如，汾河西岸城中村随着城市的扩建进行了大规模的拆迁，一些重要的古民居、古戏台、古寺庙已不见踪影；西山腹地的一些农村原本保存了大量的民居、寺庙，随着整村的搬迁（采煤塌陷区），正在或将要消失。王封乡的圪垛是典型的北方古村落，一些民居由于荒废不用已经面目全非。沿西山一带是工矿厂区集中区，保存了战争年代的军营、宿舍和原始车间，也随着厂矿的扩建逐渐消失。由于自然和人为的破坏，许多不可移动文物已从我们的视野中彻底消失了。例如，西山地区日本屠杀中国人民的万人坑、掠夺中国资源的西北采炭所坑口已不复存在。这不能不让人扼腕叹息。

鉴于以上现状，万柏林区不可移动文物的保护工作亟待加强。

第一，要进一步提高区内全社会对不可移动文物保护意义的认识，努力营造全社会保护古建的良好氛围。值得欣慰的是，太原市文物普查二队对万柏林区的古建筑进行了一次彻底的普查，已将所有有价值的文物进行登记、绘图、全球定位以及人文历史环境信息的采集和文本的制作。在此基础上，要向广大群众宣传古建筑保护的重要性，宣传国家保护文物的方针、政策和法令，普及文物保护的基本常识。

第二，认真贯彻国家文物保护法，学习山西省、太原市文物保护的有关法规，结合万柏林区文物分布和保护的现状，尽快制定出万柏林区不可移动文物保护的地方法规及专项保护规划，有计划地开展对本区区域内不可移动文物特别是古建筑的保护、修缮和恢复工作，正确处理本区域城中村的改造、开发与古建筑的保护关系，处理好本区域西山边远山区农村迁建后旧村古建筑保护的问题。千万不能因经济发展而忽视古建文物的保护工作。

第三，要将文物的保护同区域经济发展的规划结合起来。政府不但要主动拨出经费，进行文物保护，还要千方百计动员社会力量，广泛筹集资金用于文物的保护。其实，保护的方式多种多样。例如，对区内所有的不可移动文物要挂牌标志，区分哪些文物需要维护、需要修缮、需要重建。对于有保存价值的民居，采取谁居住谁保养的方式；对于正在使用的有文物价值的厂房，则采取谁使用谁保护的方式。晋西机器厂对军营旧址的使用就是一个比较成功的范例，但可惜仍有部分军营旧址被拆除。

第四，正确处理经济发展同文物保护的关系。文物保护的目的说到底是为了传承和利用。只有保护好，才能合理利用，才能为经济建设服务。因此，对于圪垛村的古村落、西山的一些古建筑，要做到绝对的保护，要在保护的前提下做适当恢复和利用，或辟作旅游景点，或作为教育基地，以使之具有经济意义和教育作用。即坚持在保护中发展，在利用中保护。一句话，加强保护，合理利用。

总之，万柏林区文物的普查仅仅是一个开始，文物保护和利用才是我们的根本。此项系统工程需要各级政府以及全社会的共同努力才能完成，任重而道远！

大虎峪明代墓考察记

——太原大虎峪惊现明代贵族墓

太原市晋祠博物馆　左正华

今天，太原市文物普查二队在万柏林区大虎峪进行文物普查时又发现了一座明代贵族墓。但该墓的发现却让普查队员心痛不已、唏嘘不止。

一　墓葬的地望和形势

古墓所在地大虎峪地处太原西山，南北两座大山绵延至西山腹地。太原西山九峪之一虎峪就夹在两山中。此处原本林木茂盛，虎狼常出没期间，故名虎峪。虎峪河纵贯其境，流入汾河。虎峪沟北的地形山势突兀，山岭连绵不绝。其东连秃儿尖梁山，西接四沟梁，如拱如屏，乃虎踞龙盘之地，又呈太师椅之形。山正前又一巍峨山峁，似一巨人稳坐于太师椅上，背依北山，双臂搭于左右山梁上，双目平视对面的南山，脚下的四沟河水汇入虎峪河。这种群山环抱、支流（四沟河）和主流（虎峪河）交汇的形势形成了既有层层山峦挡风又有溪流河水聚气的地望，堪舆学上所谓的风水宝地大抵如此。这个山峁就是村里人称之的潘儿坟山，简称潘家峰。

普查队员在万柏林区文化体育局潘尹林科长和杜儿坪街道办事处主任王钦的陪同下，驱车来到大虎峪村。村委会接待了我们。

大虎峪村委委员吕林梅介绍潘家峰上有古墓，但她从来没有上山查看过。于是，我们在午饭后向潘家峰出发。

二　古墓被盗

普查队员一行六人在吕林梅等人的带领下，沿着崎岖不平的山间小路，踩着薄薄的积雪，披荆斩棘，气喘吁吁地爬上了潘家峰。极目远眺，蓝蓝的天空飘着几朵白云，清新的空气中透着阵阵凉风，顿时心旷神怡，沁人心脾。然而当我们收回目光，注视潘家峰古墓时，不禁大吃一惊。山巅上荆棘遍地，蒿草丛生，一片狼藉。各种石料、石条、柱石、墓砖七零八落地散在草丛中、山崖上、堆土旁。环顾四周，似有墓园痕迹，盗洞至少有30处，明显可以看出有两墓被盗，墓中的墓砖、石条证明了墓葬的规格，墓室已被盗空。从多堆盗土分析，此处墓葬很早就被人盗过，一直至今，盗掘不止。经过清点，发现石人两尊，石羊、石虎（只剩尾部，也有人认为是石马、兔）两尊，石柱础两个、石柱一根、墓志盖一件及墓砖、墓石、石条等。一切迹象告诉我们，这是一个贵族官宦之墓。但这座古墓可能在建成不久，盗贼就频频光顾了。

三　村人的种种说法

鉴于此，我们做了调查和采访。据村人介绍，明朝有一个叫潘龙的西安总兵，逗留太原期间，曾来此游玩，发现了虎峪沟北的这块山地。他认为这里靠山临水，左护右卫，生气旺盛，阴阳调和，大吉大利，是一处典型的藏龙卧虎之地。若选其作为住宅之处，则主人平安富贵，禄福高寿；若选其为茔地，建墓接穴，则子孙兴旺、富贵。总兵遂买其为墓地。潘龙死后，弟弟潘虎将其葬于此地，了却了兄长的生前愿望。此后潘家确实人丁兴旺，四世进士，故称潘家坟，又名潘家峰。

若干年后，南方有某家迁至此地，定居南山。一日，主人遥望北山，知风水极佳，遂于南山造一石簸箕。大概是欲将北山上的“芝麻”好运搬来，而将南山的晦气扬去。当地人俗语“72顶乌纱帽，一斗芝麻官”是说如果墓地极好，后代就能代代做芝麻官。当然石簸箕做好了，也并没有带来好运。再后来，又有外姓人在此做了家族坟地，但家景仍很一般。村里人说，石簸箕还在，但风水已毁，好运不再。

四　墓主人、墓葬规模小考

据墓葬周围残存的实物，结合大虎峪村乡亲们的介绍，可以判断墓主人是明代的一个大官。依据如下：

其一，墓志盖，方形，青石，边长为730厘米，厚为150厘米，铭文漫漶不清，大约有“明陕西参议潘君”等篆字。

其二，两个柱础石，沙石，外方内圆、中空。其中，外呈方形，边长为71（73）厘米，厚为32厘米，内圆直径为47厘米（内径为21厘米）。

其三，石羊、石虎各一尊，雕刻不精细，但传神。前者完整，后者仅剩尾部。

其四，石人二尊，与真人相似。一尊有风化现象，另一尊较完好。皆武士形象，雕刻较精致，明代风格。

其五，碑座、石条、墓砖、石柱若干。

据以上材料判断，此墓为明代一个官僚贵族墓。如果铭文不错的话，墓主应为陕西参议潘君。那么潘君又是谁呢？会不会就是村人所言的潘龙呢？据一位八十余岁老者说，墓志铭上有潘龙二字，但碑文早已佚失。笔者孤陋寡闻，翻阅史料，已否定墓主是潘龙之说，心中已有一个人选，但史料不足，时间有限，不敢妄语。

那么，陕西参议在明代是个多大的官呢？明朝初年，设官沿袭元代旧制，中央仍以中书省总揽天下政务。洪武九年（1376年），朱元璋废行中书省，改设为山东、山西、河南、陕西、四川、湖北、江西、浙江、福建、广东、广西、云南、贵州13个承宣布政使司。布政使从二品官，掌一省之政令，为一省之最高行政长官。下有参政、参议二官。参政从三品，参议从四品，分守各道及派管粮储、屯田、军务、驿传、水利、抚民等事，又称分守道。明代共有九品官，七品之下则为“芝麻官”。潘君既为四品官，则每月俸禄为 21 石米、年俸 252 石米。应该说是个大官，相当于知府。

那么，墓葬规格又如何呢?

判断一个墓葬规格的标准，一是要看墓葬内的随葬器物，墓室的结构；二是要看地上的坟冢建筑。此墓已遭多次盗掘，随葬情况不明，但从墓洞中残存的石条和墓园内散乱的墓志、建筑构件分析，此墓是高规格的墓葬。

五 太原大虎峪惊现明代古墓

据明代礼制，官员死后，其坟冢的规模、陵园的布局、墓道石刻的规制、随葬品的数量等都依官衔的高低而有严格的规定。如功臣死后封王的，墓前可以有文、武石人各一对，石虎、石羊、石马、石望柱各一对。从现存的两个石人、一个石虎、一个石羊和一个石柱判断，潘姓墓主应是一位地位显赫的明代官员。确实，由于墓葬年代久远，加上很久以来盗墓者疯狂的盗掘，因此墓葬建墓之初的准确规模已无法看到。不过据残存物判断，此墓原建有陵园，四周围墙、园内地面上有神道，神道两侧有石人、石动物、石碑、石望柱等，园内还有祭拜先人的亭、殿和看守陵墓的房屋等建筑，还有圆形封丘；地下有墓葬，由墓道、甬道、前、后室组成，随葬器物一定也很丰富。但是，这一切恐怕再也无法复原了。

此时夕阳西下，望着蒿草萋萋的山丘，望着千疮百孔的盗洞，望着散落各处的建筑构件，我们愈发痛恨盗墓贼，愈发怅然若失。大家久久无语，离开古墓，深一脚浅一脚地摸索着向山下走去。

六 题外的话

在大虎峪，我们发现了一处古墓、一处庙宇、一株古槐、两处古民居，有所收获。普查阶段，大虎峪村委会给予了大力支持，村委委员吕林梅女士等给予了大力协助，在此一并致谢。

文物是不可再生的文化资源。文物普查是国情国力调查的重要组成部分，是确保国家历史文化遗产安全的重要措施，是我国文化遗产保护的重要基础工作。只有摸清家底，才能更好地保护，才能传承文化并发扬光大。古墓考察带给我的启示是：在普查的同时，还要做好文物保护的宣传工作，使保护文物、人人有责的观念深入人心。只有这样，潘家坟古墓的悲剧才不会重演！

周家山抗日避难所的发现

——日本侵华的又一佐证

太原市晋祠博物馆　左正华

太原市文物普查二队在太原万柏林区王封乡进行文物普查时，发现了一处日本侵华的历史遗存——周家山抗日避难所。

周家山村地处西山腹地，为太原万柏林区最北端，村居山巅，因山而名。这里群峦叠嶂，沟壑纵横。汾河如带，似展开的双臂将村庄的西、北、东三面环抱于胸前，远远望去，这个微缩的“半岛”紧紧地依靠在西山的主峰——石前峰上，而汾河对岸即为古交市。周家山居古交东下太原的要隘，地势险要，是太原西部的屏障，周边又是西山地区煤炭和制造武器原料——铁、硫黄的重要产地，战略地位异常重要，历来是兵家必争之地。抗日战争时期，日军曾于此驻兵镇守，修建道路、构筑碉堡，与河对岸的八路军、游击队长期对峙。

1937年7月7日，抗日战争全面爆发。11月8日，日军攻占太原，进入西山。不久，进入周家山村。周家山的村民在游击队的掩护下借浓雾逃离家园，四散藏进坟墓、山洞和山崖的避难所中，躲避战乱。

村民逃入的这处避难所，位于周家山村西南面的断崖峭壁上，下面是湍急的汾河，上面是蒿草丛生的岩石，周边群山环绕。所谓的避难所，实际上是一处因长期受风化侵蚀而切入山体的凹陷地带，形象地说就像是一个山洞被切除了侧面。但就是这么一个躲避风雨的去处，在日军的铁蹄踏入周家山的那一刻起就成了村民躲避战乱的理想场所，也见证了日军侵略中国的种种暴行。躲入此处的村民在山崖的最边缘上用各种不规则的片石垒成石墙，并同上面的岩石连成一体，彻底与外面断绝了关系。在距外墙平行的一米处又建起了一堵不连贯的石墙，两墙间是行走的通道。墙内再以小墙与崖体分割出一个又一个大小不一、长短不齐、形状各异的单元，构成一座座简陋的房子。房子中有用石头做成简易的灶和炕，这样就可以简单的生活了。这种借助天然的形势而建成简单的避难所具有极强的隐蔽功能，站在山顶上无法俯视到它，在对面的山上根本看不到它，即使在下面的汾河旁也望不到它。

村民在避难所中白天休息，轮流站岗放哨，观察周边的敌情，夜晚则生火做饭，或下汾河打水，或回村取粮，或向游击队提供情报。当时，以汾河为界，这边是敌占区，对岸是游击区。在对敌作战中，游击队员深入敌后也经常潜伏此处，由西山前往延安的进步青年有时也栖身于此。时间久了，日军发现了避难所，遂以武力驱赶村民回村，强迫他们站岗放哨，挖战壕，修碉堡，建炮台。村民不堪忍受日军的暴行，便三三两两偷渡到汾河对岸由我军控制的古交崖头村一带。但避难所仍然是人们的主要藏身之所。日本投降后，人们回到久别的家园，避难所从此逐渐荒废下来。

2008 年 12 月的一天，隆冬天寒，我们冒着刺骨的寒风在悬崖绝壁上艰难攀爬 1 小时后，终于踏入这个尘封的避难所。刹那间，我们完全被惊呆了，那堵与外界隔绝了 60 余年的堡墙依然存在，不到一米宽的走道一直弯弯曲曲地延伸到 150 米的尽头，仿佛在叙述着昨日的故事。拂去厚厚的尘土，残存的石灶、破碎的土炕依然那么清晰可见，20 余座长方形、三角形、椭圆形、弧形的房子从三四平方米到十几平方米大小不等地依山崖蜿蜒排列，记载着日本侵华的历史。驻足凝视，抗日的烽火又在脑海中闪现中……

这个避难所是日本侵略中国的又一铁证。就是在这样的恶劣环境下，贫困的中国劳苦大众与中国军人一道同仇敌忾、浴血奋战，击败了日本侵略者。这是活的教科书，是典型的爱国主义教育基地。前事不忘，后事之师！

普查三象寺

太原市双塔文物保管所　孙芙蓉

2009年4月22日7时30分，早饭过后，组长嘱咐队员都带好各自的设备，并在杨兴村小卖部购买了中午的干粮和水，准备前往峙岭底村的三象寺进行普查。三象寺地处系舟山脉，与盂县一山之隔，坐落在峙岭底村东南、直线距离三公里的玉泉山半山腰。

驶入城贾公路一段后，到达山底，通过了防林工作人员的检查，我们便进入了蜿蜒崎岖的泥土山路，两侧灌木丛生，时不时还有泥水冲刷过的浅沟断路，道路十分难行。汽车低速攀爬了近一个半小时到达峙岭底村。我们一边找村民了解情况，一边看地形。道路崎岖，汽车难行，于是我们背上行囊徒步沿山路攀爬。整座山为青石质，没有太多的绿色植被，脚下的片石虚空，令人胆寒。我们一路走走停停，停停走走，补充水分，辨认方向。组里的乔小弟童心未泯，时不时吼上几声，聆听山间的回声，扔个石子让我们猜测距离。组长和小段总是走在最前方，我也不甘落后，在安全的情况下紧追上去。不知不觉翻了三座山头，到达玉泉山底，稍歇，饮水后，精神抖擞地攀爬到目的地三象寺。我们各负其责，展开自己的工作，定位、照相、测量。据第二次全国文物普查记载，寺庙的正殿、石碑保存比较完整，现存正殿坍塌，仅留台基。是登记遗址还是寺庙呢？大家各抒己见，意见不统一。队长只好请示韩队长。由于地理位置偏远，手机没信号，命名只能待定。

院内最能见证寺庙年代的是七零八落的几通石碑。我们看见杂草中的石碑。就跟哥伦布发现新大陆似的。我与小乔商量编号，图文一致，台基上右侧是明万历四十六年（1618 年）的为一号，台基下右侧是清嘉庆十五年（1810 年）的为二号；左侧是清康熙三十九年（1700 年）的为三号，左侧前方是清光绪十年（1884 年）的为四号，碑文均记载重修三象寺的原因及功德，其中前三通石碑风吹雨淋，字迹模糊，极难辨认。四号碑在左侧的树林中保存还算完整，字迹清晰可辨。据碑文记载，“从来有创与前，必有继于后，创继相因之功，固不可缺者也，我阳盂二县两界间旧有古刹名为三象寺，又曰玉泉山……”我拿上记录本，坐于碑前，逐字逐句地抄碑文，数行数，识字体。组长和小段也帮忙来辨认。因“雨”和“两”三人争论不休，仔细读碑文，分析、推敲后得知是“两”不是“雨”。碑文总算抄完，其余的队员工作也全部完成。准备离开时，又发现中间的矮残墙中嵌的部分残碑及石幢残件。由于文字漫患不清，只拍了照片。

调查工作全部结束，大家围坐在山下水槽边匆匆吃了些干粮，原路返回。途中发现脚下石上刻有“玉泉山”字样，队员们欣喜若狂。

下午四时回到住地，沿炕坐一排，紧接着录入采集的数据，直到晚饭做好才停下手中的工作。吃罢晚饭，工作至十时多，队长命令为了明天的普查工作，全体队员准时休息，迎接更艰巨的挑战！

走进百年校园

——西谷学堂普查记

太原市天龙山文物保管所　唐泽华

2008年9月3日，第五组普查队员来到清徐县西谷乡西谷村进行文物普查。进入村内，我们先去村委会接洽，并经村委会组织，与当地年长且有学识的老人座谈，了解当地的历史传承、文物古迹和民风民俗情况。当得知我们是文物普查时，老人们大多提及的是村中原有的庙宇、老宅，且多数已不复存在。正当我们以为今天的工作难以开展时，一位张姓大爷提起了村中的一个"大院"。他描述道，"这处院落很大，很气派，房子很老，有瓦顶，还有些不像是中国传统样式的窗子……"

不像是中国传统样式的窗子？难道会是重大发现吗？不由分说，我们搀扶着张大爷，朝"大院"走去。

当走到这处"大院"前，我们首先看到了那"不像是中国传统样式的窗子"——百叶窗，这可是西方建筑所独有的，果真是发现了好东西。进入院内，才发现这是一处大四合院，但绝非民居，一定是一个旧时重要机构的占用地。仔细观察，发现院落中摆放着供儿童游乐的设施，在东西房的墙壁上还绘有一些卡通图案，不时听到孩童的吵闹声，让我们恍然大悟，这里已经是村幼儿园了。

经大爷介绍，我们见到了园长。一番交谈后，我们得知了这处院落的本名——西谷学堂。

学堂是我国旧时对学校的称呼。清光绪二十七年（1901年），政府下令将全国书院改为学堂。清宣统二年（1910年），西谷乡贤崔毓绪筹资在西谷乡创办学堂，初为初等小学堂，民国时增办高小班，于抗日战争前夕停办。随后一直闲置，近年才辟为村幼儿园，算是沿袭了其历史使命。

西谷学堂坐北朝南，四合院布局，占地面积457平方米。中轴线建有南厅、正厅，轴线两侧建有东西厢房和东西厅，大门开于南厅正中。正厅面宽13间，单檐硬山顶，砖券拱形门窗。南厅面宽13间，单檐硬山顶，正脊正中有钟楼一座，砖券拱形门窗，窗为百叶型。西谷学堂既保持了中国古建中的屋顶、墀头样式，又增加了西方建筑中独有的百叶窗造型，是中西文化结合的实例。

西谷学堂见证了中国封建教育理念的转变和西方资本主义教育思想的传入，是近现代文化教育设施的代表，具有一定的历史研究价值。我们建议当地政府应高度重视近现代的重要史迹，并对西谷学堂给予妥善、合理的保护。

三进白石沟

太原市天龙山文物保管所　温少杰

今天是2009年8月2日，晴。因昨晚降雨、山路湿滑，故上午整理资料。

下午，天气晴朗，我们决定再进白石沟，对西迎南风村葡峰山庄所在台地进行再一次的探查。

说起来这已经是我们第三次进入白石沟了。7月13日，遗址组调查队进驻清徐之初，在研究清徐县地理形势后，就将白石沟作为最先调查的重点地区，认为白石沟东、西两侧山前台地上最有可能发现新石器时代遗址。因为从地图上看，白石沟为清徐县北侧山地中最宽的一条山沟，沟内白石河两侧山前台地上现在还分布有很多村庄。这些地方地势较为平坦，取水方便，海拔高程在800～1000米之间，一般都有较厚的黄土堆积，非常适宜人类的生产、生活活动，是我们调查重点注意的区域。再向上，海拔1000米以上地段基本都为山地，海拔较高，且多为石质山，少有黄土堆积，上面发现遗址的可能性不大。进入白石沟后，我们按照事前的分析，对西圪台、碾底、后窑、东西迎风等村的缓坡、台地进行了探查。可惜，没有发现遗址。

7月26日，在方山沟内的申家山村，我们发现了龙山时期的遗址。这个新发现又使我们对白石沟重新燃起了希望。方山沟和白石沟相比，无论是宽度和深度都相差很大。方山沟发现了，白石沟也应该有。抱着希望，7月30日，我们第二次进入白石沟，对东迎南风、后窑等村海拔在800～1000米区域的缓坡、台地进行重新调查。特别是西迎南风村南的一个台地，面对白石沟，地势平坦，黄土堆积达3米以上，古人在这里无论是生产还是生活都很方便。我们进行了细致的调查，结果仍然让人失望，只发现少量东周及汉代残陶片，未发现新石器时代遗址。

8 月 1 日，葫芦沟调查。在沟内黄土坡村东南的台地及台地西、南两侧的缓坡上，我们发现了大量龙山时期的陶片，确定其为龙山时期遗址。该遗址处于沟内山坡顶端覆盖有较厚黄土堆积的台地上，海拔高程在 1000 米以上。这个发现极大地转变了我们的认识，同时也使我们对前两次在白石沟内的调查结果产生怀疑。我们仅调查了沟两侧海拔为 800 ~ 1000 米之间、地势开阔的台地。那再向上呢？海拔为 1000 米以上的台地也可能发现新石器时代的遗址。因此，就有了我们今天的三进白石沟。

从驻地出发，沿西边山旅游公路，绕过西迎南风村，我们驱车来到葡峰山庄所在的台地。一路上，大家都细致观察了旅游公路两边的地形、地貌，路两侧多为石质山，山上山石裸露，少有黄土堆积。在即将进入葡峰山庄所在台地时，黄土堆积开始逐渐增厚，到达台地南部时，地表黄土堆积已经厚达 3 米左右。站在台地南部边缘地势较高处，瞭望整个台地，发现台地北、西、南三面环山，东临白石沟，台地西高东低，成阶梯状逐级降低，海拔高程为 1050 米。台地上种植葡萄，台地下方就是我们到过两次的西迎南风村。看到这种地形，调查队员们都跃跃欲试，待队长分配了各自调查的范围，便迫不及待地钻进葡萄地。很快，传来了梁智伟的声音："篮纹陶片！""我这里也有！"对讲机里不时传出队员们惊喜的声音。在台地的断面上，我们发现了龙山时期的陶片，有口沿，有器底，器表多施绳纹、篮纹等，少量有附加堆纹。有几块陶片像是当地百姓不久前挖土新翻出来的，甚至可以拼接成小半个篮纹陶罐口沿。又一个遗址发现了。队员们顾不上炎热和疲劳，怀着喜悦的心情，继续对遗址范围进行调查、GPS 测点、地形图测绘等工作。而更大的惊喜就在这紧张的工作中再一次降临。队员葛海江因需绘制地形图，爬到了台地西侧的一个山包上，就是在西侧山坡上，他又发现了陶片和石器。山的西侧为陡坡，山石遍布，荆棘丛生，且部分区域沙漠化严重，呈现出戈壁式地貌，仅在山顶有小面积厚约1~2米的黄土堆积。然而就在这种地形条件下，我们发现了一些磨损较严重的陶片。这些陶片器表多施麦粒式绳纹，且在一片陶片上用绳纹构出涡状图案。根据陶片特征分析，应是夏代的文化遗存。发现的石器器表大部分磨光，上部残缺，为半成品，石质也与本地山石质地不同，应是取自别地石材制作的。在山顶的黄土堆积上，我们还发现一片器表施粗绳纹和两片器表施方格纹的陶片，时代更晚，可能是东周-汉代的遗物。

真是苍天不负有心人，又一个遗址发现了。然而这个遗址透露出的信息却给我们造成了极大的困惑。山包的高台地上可能存在文化遗址。通过申家山遗址、黄土坡遗址以及今天发现的遗址，我们对太原地区遗址埋藏特点有了新的认识。而山包西侧的陡坡上也发现早期遗迹，这种现象在我们清徐县遗址调查中是第一次出现。这里的山坡沙漠化严重，呈现出戈壁滩式的景象。水源、高程、黄土堆积、向阳避风，遗址要素一个都不具备，怎么会发现文化遗存，它推翻了我们以往只在台地上才可能发现遗址的认知。陡坡上的陶片极有可能是雨水从山顶上冲刷下来的，山顶上仅有小面积的黄土堆积，空间狭小，作为一个生活居住类型遗址的可能性较小。遗址是怎样形成的？是环境改变了这里的面貌？还是有着其他的不为我们知晓的原因？

短短一天的调查虽然结束了，但留给我们的思考却是长久的。

披荆斩棘寻青龙

太原市天龙山文物保管所　罗海斌

今天，清源镇文化站牛站长一早就来到我们的驻地——清源镇小旅店。大伙收拾利索，带好仪器等设备，八点准时出发。

经过半小时车程，我们来到了今天普查的第一站——北营村，对村里的关帝庙进行复查。村干部带领我们来到了关帝庙（现改为宏明寺）。经过查看，寺庙仅存关帝殿和新建的真武殿，现状和第二次全国文物普查（以下简称二普）的记载有出入，随即进行了数据采集。第二站为北营奶奶庙，根据二普记载，对照现状和村干部确定，奶奶庙早在十几年前损毁，现原址为村庄扩建占用，只能列入消失。经过队员仔细考查，确认村里已无采集的信息，我们又转点到了清徐县革命烈士陵园。陵园不是很大，长宽各约数百米，埋葬着抗日战争及解放战争时期在清徐县境内牺牲的革命烈士。看着松柏掩映下的烈士墓，心里的崇敬之情油然而生。带着这种心情，队员们轻手轻脚地进行数据采集，害怕惊扰长眠的烈士们。随后又对平泉村进行了普查，发现了建于清末民国初期的不老池，并对建于村西小峪沟山坳里的复查点省级重点文物保护单位——清泉寺进行了复查登记。来到大峪村已近中午，村子虽然不大，但已被开发成采摘农家乐，不时看到一拨拨的游客进出。经过调查，只对村里的古井进行了数据采集，原因是井台完整，古风犹在，见证了村庄的发展历史，虽经历上百年不干涸，仍是村民重要的取水之处。在牛站长的安排及村里人的好客下，队员们便留在村里吃饭。双塔文物管理所的武广文所长还专程赶来，为队员们鼓劲加油。他听说下午普查队还要去中隐山内的青龙洞，便提出和我们一块去。稍作休整，在村干部带领下，我们一行人徒步踏上寻访青龙洞之行。这一走用了两个多小时，一路披荆斩棘。时而穿沟，时而越岭。头顶骄阳，脚踏热土。由于山高路险，身体不好的武所长也不得不半路回头，顺原路返回了。翻过一道岭，一座面宽三间的建筑尽显眼前。“这就是青龙洞”，村干部指着说。此时的队员们已是人仰马翻，坐倒一地。经过询问，得知青龙洞是旧时当地村民祈雨的场所，后渐渐被人们遗弃，但还能看到那时人们精心修建的痕迹，反映了当地的民俗民风。稍作休息，队员们又进行了数据的采集。工作结束后，夕阳西下，大家身披晚霞踏上了归途。

静游镇普查记

太原市第三次全国文物普查遗址调查组　石　力

2009年夏末，我来到太原市“三普”遗址调查队。初到了一个新单位，又有幸参加第三次全国文物普查，心中既紧张又期待。所幸在常一民副所长的指导和同事的帮助下我很快适应了普查工作。数月来，随着大家一起跑田地，翻山头，相继完成了清徐、小店及尖草坪的遗址普查任务，学到了很多知识，对“三普”工作也更加了解和喜欢了。

10月23日一大早，常一民副所长就带领遗址队分成两组到娄烦县静游镇继续普查。娄烦县是远古人类生产生活的重要地区，据史书记载，早在西周时就有娄烦国，上古时代至今，人类活动频繁，给娄烦留下了大量的古文化遗存。也因此，我们来娄烦县几乎天天都有新发现，可谓收获颇丰。不过，今天到静游镇可不太顺利，普查队沿着河流，山路爬了一次又一次，村子走了一遍又一遍，没有片刻停歇，却没有任何收获，临近中午，大家又累又饿，都有些泄气了。正当准备放弃时，遇到一位当地的村民，我们立马掏出背的陶器标本让他看，他说自己在附近山上好像见过和我们带的标本相似的瓦片。一句话就像强心剂，顿时，大家精神倍增，分头继续上山寻找。上到半山腰，有人在对讲机里大喊了一声：“这里有!”，瞬间，喜悦写满了每个队员的脸，大家仔细搜寻，发现这里是一个面积大、遗物和遗迹丰富的大遗址。爬到山顶，我已发现3个房址，而对讲机里又时不时地传来其他队员的发现，每发现一个，我都兴奋一分。最后大家一统计，共发现8处房址（6处白灰面、2处红烧土）、1处文化层、1座灰坑，并且在地表采集有龙山文化的泥质灰陶篮纹和夹沙灰陶绳纹陶片及石斧等遗物，再拿 GPS 一测算，遗址东西长 400 米，南北宽 300 米，面积约 8.5 万平方米。乖乖！这时，疲劳都不知躲到哪里，大家满脸兴奋一点也不觉得累了，都被发现所鼓舞，兴奋地投入数据采集、测量、照相、绘图、收集环境资料等工作中。

下山的时候已是中午 2 点了，虽然还没吃午饭，新的发现就像精神食粮，大家坐在车上还一直兴奋地聊着。在山下和另一组汇合后，得知他们也发现一处大遗址，就在我们发现的这处遗址东面，是一处以东周时期为主要内容的遗址，也发现有多处新时期时代房址，相邻的两处遗址都发现有大量房址，这可是我们普查以来头一次遇到。呵呵！晚上回去一定要和大家好好讨论讨论。

“三普”中，最大的感动和欣喜的是，群众对文物普查的理解和支持，不论我们是村中走访，还是田间地头询问，都会受到当地群众的热心帮助，而且常常会引起一番热烈的讨论；遇到不好找的地方，他们会主动当我们的向导，会和我们一起走很远的山路。记得有位老大娘在我们第二次路过时，还端出一堆陶片说是上次我们离开后她专门去给我们找的。参加普查最大的感受是：普查工作不仅仅靠普查队员的艰辛和付出，而且离不开群众的热情支持和帮助。

遗址普查队的工作已临近尾声，可以说，我们是拖着一身疲倦，却满怀丰收的喜悦。作为一名文博战线上的新兵，在普查中，不仅提高了我对文物遗存的识别能力，增长了专业知识，提高了专业水平，更多的是认识很多良师益友。看着那些神秘、久远的古人类活动的遗址在我们手中重新展现出来，参加普查时的紧张和期待也化为了现在的充实和自豪！

大　同　市

我把困难当乐趣

大同市文物局　马晓堃

大同市第三次文物普查（以下简称“三普”）工作开展已有时日。为了尽快完成文物普查工作，我们经历了夏季的酷暑和冬季的寒风。处处有困难，而普查工作从未间断。拿出工作笔记翻阅了一遍，感到我们所做的工作真是很不寻常，我从中感悟到了许多特殊的乐趣。

在对天镇县玉泉镇葛家屯村进行普查时，与当地村民了解，在村东北侧的山上有两处文物普查点。村民介绍“要去那里交通不便，且距离较远，就是本村的人平日也很少去那里，你们自己找，怕是很难找到”。在与当地村民攀谈时，一位五十多岁姓李的村民主动和我们联系，并愿意带我们寻找，队员们很是感激。当时正值大同地区的寒冷季节，气温最低可达零下 20 摄氏度以下。尽管这样，在我们要出发时，他执意不肯坐我们的调查用车，而是骑来了自家的摩托车，带我们前行，做我们的向导。由于道路难行，两三公里的路程走了三十多分钟。到了一处地势较平坦的地方，停车后，又带着我们步行三十多分钟找到了第一处文物点，接着又找到了下一处。在他的配合下，我们顺利完成了这两个文物点的普查工作。临别时，我们拿出 50 元作为酬谢。他百般推托，说什么也不收钱。当他离开时，我们只是听到了一句带着憨厚的“嘿嘿，你们一路平安”的话语。调查完，我们回到冰冷的车上时，心里却是暖洋洋的。这样的例子在普查工作中时常会遇到。在当地人民群众的大力配合和帮助下，我们顺利地完成了当地的文物普查工作。我们在其中也找到了一种乐趣，这是一种人与人之间无私奉献的精神。在这里，我们也深深感谢他们的热心帮助。

队友间的相互配合是完成普查工作的另一个乐趣。地处山西北部的大同地区冬季比较寒冷，外出调查困难很大，队员们发扬不怕苦、不怕累的敬业精神，加紧进行着普查工作。在对天镇县玉泉镇三道梁村进行普查时，根据第二次全国文物普查资料记录，村南有一处遗址复查任务。因原始记录对具体位置定位不明确，通过两次对该村附近调查和对当地村民的询问，我们初步认为这处遗址可能已经消失。为了保证普查工作的完整性，我们决定再一次对这处文物点进行查找。大家沿着沟壑的两边，分头仔细查寻着。在村南的一处高地上，我们意外地发现了几片陶片，大家都非常兴奋，集中力量对这一高地进行拉网式的调查。两个小时过去了，大家收集了大量的陶片，经大家一致认定，这应该就是我们要找的遗址。队员按各自分工，作记录、照相、画草图、测量……尽管天气寒冷，工作却有条不紊地进行着，大家互相协作，团结一致，顺利完成该处文物点的登记。

野外调查中，虽然冻伤了我的脚，然而在普查工作让我学到了更多的专业知识，并增长了我的学识；调查中对一个问题的争论与队友之间的相互协作，增进了我们的感情；群众的大力配合让我感到了人间真情和无私奉献；下乡走村让我了解了当地的风土人情，我把普查工作作为乐趣。

普查工作给我带来了很多的工作经验和快乐，让我的人生丰富多彩。感谢文物普查给我带来的这些人和事，他们会陪伴我一生，是我终生的宝贵财富。

大石头岭遇险记

大同市考古研究所　尹　刚

今天是个好天气，我们早早起来吃过早饭，准备按计划去复查黄家坡遗址。遗址位于浑源县沙圪坨镇黄家坡村南，距县城约 17 公里。迎着晨风朝阳，我们一行 5 人，驱车赶到了黄家坡村。该村位于浑河盆地东南部边缘，处于南高北低的依山黄土坡地上，沟壑纵横形成的一道道南北向狭长台地。据资料记载，黄家坡遗址为新石器时代、汉代文化遗存，面积约 15 万平方米。

进了黄家坡村，联系了村委会，走访了几位年长者，了解了一些村庄变迁、历史沿革。我们 5 个人就分了工，由北向南，两个沿着台地东侧断崖寻找，另外两个沿着西面寻找，我走中间负责摄影。没多久就从对讲机里传来："在西面捡了几片龙山时期的夹砂陶片，在东面又发现了汉代绳纹灰陶……"不知走了有多远，大家不约而同地在一个地方相聚了。原来这里的断崖上有一道长长的白灰线，这使大家都很感兴趣，想弄个明白。经过细致的观察和分析文化层里面的出土物，大家一致认为这是一处新石器时期的房屋遗址。于是大家又忙了开来，绘图、照相、测量等，不知不觉到了遗址的南边缘。我们把采集的标本汇总、分类、筛选后，做了标签整理装袋，又通过 GPS 计算出了遗址的面积，我们才知道已经走了有 3 公里多的山路。大家带着满意的笑容，沿着山坡向村里走去。下一个目的地是大石头岭村。

大石头岭村，位于浑源县沙圪坨镇最东部、与广灵县交界的山体上，海拔约 1700 米。经过了解知道，大石头岭村虽然是个行政村，但是还没有修通公路，只能从广灵县车型堡村绕道，走山间小路才能到达。还好我们开的是一部4驱吉普车，于是就决定走一趟。我们驱车来到广灵县望狐乡车型堡村，和老乡打问了情况才知道，须先经过刘之进村，再向西走5公里山路才能到大石头岭村。我们几个正在为不熟悉乡间小路而犯愁时，一位热心的老乡得知了我们是搞文物普查的，就主动提出愿意帮我们带路。经过一番交流和感谢后，我们一行6人，由老乡带路向大石头岭村前进。因大石头岭比车型堡海拔高出六七百米，一出村就开始爬山，翻山涉水，跨越沟壑，艰难爬行。此时天气突然剧变，一片雨云聚在山顶上，像一个黑色的草帽。刹那间又刮起了寒风，小雨夹杂大片雪花纷至沓来。本来就是只有一车宽的盘山土路，一侧是深深的冲沟，被雨雪侵袭的路面更泥泞不堪，行进中只能更加小心翼翼。因路窄又没有多余的空间转向，我们只好慢慢地前进，等待天气的好转。当翻过了最高的一座山峰后，终于看到了位于山顶台地上的大石头岭村。大家带着好像登上了珠峰一样的喜悦心情，不顾雨雪都跑下车去走访老乡了解情况，并发放“三普”宣传材料。忙忙碌碌之中，时间过得飞快，不知不觉已是午后，肚子也在咕咕叫了。虽然经过调查没有发现新的文物点，但我们还是给村子做了GPS点，准备返程。

真是上山不易，下山难啊！经过了两个多小时的艰难路程，我们终于下了山。可这时汽车的发动机舱却发出了“吱吱”的尖叫声，可能是天气的变化，也可能是经过艰苦的努力后发出的鸣声。我们不敢耽搁，继续匀速地向县城返回。在离县城300米远的地方，汽车抛锚了，原来是发动机皮带断了。大家早已忘却了饥饿，拖着疲惫的身体，一步一步推着汽车去修理。

深秋的太阳落山较早，夕阳的余晖洒在普查队员的脸上，一天的文物普查工作即将结束。祝愿我们明天的普查会有更多新的发现和惊喜！

“东蕉山突围战遗址”调查记

大同市考古研究所　江伟伟

二〇〇八年十月二十四日　星期五　晴

今天我们来到蕉山乡东蕉山村进行文物普查。刚进村口就发现了一座“文化大革命”时期的石桥，只见桥栏阴刻“抓革命促生产”、“要斗私批修”等字样。大家一阵惊喜，立刻围了上去。村民们也很热心，纷纷围过来为我们提供该桥的有关信息。刚入村就有收获，这使大家鼓足了劲，期望入村后会有更多的收获。县文物管理所的王所长已经和这里的村干部进行了联系。我们决定还是先到村委会找村干部，因为这里还有两个需要复查的文物点。有村干部带领，在村里进行普查时就会比较方便。

来到村委会，与书记、村长见面后，在办公室进行了简单的交谈，并询问了复查点“东蕉山突围战遗址”及“东堡遗址”的位置。他们对“突围战遗址”很熟悉，却不清楚“东堡遗址”。李队决定先去调查“突围战遗址”，然后再回村里做走访。村长和当地一名熟悉“东蕉山突围战遗址”的向导与我们前去调查。

据向导说，“东蕉山突围战遗址”位于广灵县蕉山乡东蕉山村北不到一公里的凤凰山下。抗日战争时期，共产党领导的广灵抗日游击队曾多次与日军在这里展开战斗。村长指着眼前的山坳对我们说：“这个山湾本地俗称簸箕湾，是当年突围战的主战场，牺牲的战士也被百姓葬在簸箕湾一带，本来纪念碑是要立在这个山湾里的，但由于水泥厂以前在这儿开山取石，所以碑只能立在山湾东面的山坡下了。”我们无言，环望四周，开山取石的确已使遗址不同程度地遭到破坏。

我怀着崇敬的心情来到烈士纪念碑前瞻仰墓碑。其正面刻有“东蕉山突围战遗址”的字样，背面刻录东蕉山突围战斗始末。据碑文记载：“1938 年 5 月 5 日，共产党领导的广灵支队破袭日军蔚广交通线，夜宿东蕉山，6 日凌晨被日军包围，在突围到村北凤凰山簸箕湾时，又被从东北蔚县方向赶来的伪军宗孝民团拦截，因而展开了一场 8 个多小时的激烈战斗，第五大队为了掩护支队主力突围，队长曹德本和 100 多名战士牺牲。”为缅怀先烈，也为了让英雄的业绩光耀千秋，广灵县民政局于 2006 年 10 月立碑以记之。

为了掩护战友突围，100 多名战士血洒疆场、壮烈捐躯。我想献上一束花来表达我的敬意，结果找遍了周边连一朵小野花也没能见到，我能做的只能是对遗址进行详细的记录，做好基础性的工作。好在当地政府前几年就已经禁止在此处开山，随着第三次全国文物普查的深入，这处战斗遗址将会得到更好的保护，发挥爱国主义教育作用。安息吧，烈士们！

一张珍贵的国务院奖状

大同市考古研究所　江伟伟

早上9点，我们普查组一行按照普查计划来到了加斗乡西留疃村进行文物普查。县文物管理所的王所长按事先的约定给该村书记打了电话。他们已经在办公室等候了，我们即刻前往。经过一个多月的普查，我们也掌握了一些普查技巧，那就是每到一个村首先联系村干部，全面了解该村情况后再开展普查工作。村干部一般会尽力提供村里的文物线索，而且还能把你准确地带到文物地点。这种工作方式目前来看是最有效的。村干部和村民的热心也给我们留下了深刻的印象。文物普查有了他们的支持与帮助，再苦再累我们都值得，相信我们的普查工作一定能够顺利完成。

来到村委会办公室见到仝书记，一阵寒暄之后，李队作了简短的介绍，并询问他们村里有没有老房子、祠堂、庙宇或老桥什么的？他们要么说“文革”中拆了，要么说刚倒塌不久。李队就会摇摇头：“太可惜了。”当问及该村有一个需复查的关帝庙在何处时，仝书记指着村委会大院西南角的一幢房子说：“那就是，就剩那么一间了，戏台和正殿也倒塌了。”既然就在眼前，还是先登记它吧。正当我们起身要对关帝庙开展工作时，突然在办公室的柜顶上看到一个镜框。“国务院奖状”5个大字赫然醒目，大家都把目光投向那里，村书记赶紧让会计踩到椅子上取下这个镜框。一番擦拭之后，我们看到这个镜框内是一张纸质奖状，已被精心装裱，正上方印有国徽，下方“国务院奖状”内容为“奖给农业社会主义建设先进单位”、“广灵县留老疃人民公社第一管理区第一生产队”、“总理周恩来”、时间“一九五八年十二月”。奖状在装裱时自做的简介上写着：“在各级党委的正确领导下，我们自力更生艰苦奋斗，五八年粮食总产量创造了历史最高纪录，一跃上升到二百三十万斤。光荣地出席了国务院省地县劳模会，受到了各级领导的亲切接见和嘉奖。领导的关怀和奖励一直激励着我们勇往直前，奋斗在社会主义大道上。”

据全书记介绍说：“西留疃原名留老疃，是当时的人民公社所在地。大跃进时留老疃人建设社会主义的热情十分高涨，五八年粮食总产量创造历史最高纪录，一跃上升到二百三十万斤，成为当时山西省雁北地区的县级产粮标兵。山西省把留老疃的典型材料汇报给党中央、国务院之后，国务院把这张签有周恩来姓名的奖状授予留老疃村……”听着书记的介绍，感受着那段令人难以想象的历史，而眼前的这张奖状，仿佛让人回到了那个特殊的年代。

1958 年是中国历史上称作“大跃进”的时期，这张奖状正是在这样的历史背景下颁发的。应该说当年第一生产队所报的粮食产量与实际有出入，但无论如何它都应该载入广灵县的史册，因为它记录着“大跃进”年代的农民为国家建设所付出的汗水。

我们一直嘱托一定要将这张奖状保存好，这对我们普查工作来说是比较珍贵的发现，并且弥补了我市“大跃进”时期人民公社化建设的地方史文物资料的不足。我们也将上报市局，将民间这些珍贵的可移动文物、古物保护起来，避免以后佚失。全书记说：“这张奖状一直都由历届党支部妥善保管，这是迄今为止西留疃村在农业战线上受到的最高荣誉，一定会细心保管。”书记的这番话使我们放心不少，只可惜这张奖状不在我们的登记范围之内。要是人民公社的旧址还在的话，这张奖状作为人民公社的附属文物可就太有意义了。

今天在西留疃村的收获还算不小。除复查了关帝庙之外，还新发现了三处民居。现在已经是小雪的第三天了，真正的寒冬已经来临，野外普查工作也将进入困难时期。我们今后的工作要做得更细致些，希望能再多发现一些有意义、有价值的旧址、遗存等。

寻找马家滩隆禅寺

大同市考古研究所　邢志磊

我们今天的任务是去马家滩寻找隆禅寺。早晨7：30，吃完早饭，我们一行五人带上设备出发，先去凌云口。今天的阳光太好了，天气预报今天城镇地区的气温是18～29℃。一个半小时后，也就是九点左右，我们开车抵达凌云口村。在村里向村民问明了路线，听说从村西面有放牧走的羊肠小路可以上山抵达马家滩。等找到上山的那条小路后，我们五个人排成一行，马不停蹄，翻山越岭。山径曲折，海拔一直在不断地升高，从1100米到1800米，到了1800米，往上走100米左右，一条小径如细蛇一般曲折匍匐在黄色的荒草之中。我们沿着这孤寂的小道朝山顶上爬去，逐渐看到了盘旋在山岭上的内长城及其两侧的烽火台。经过两个小时的攀爬，往上又行100米左右，出现两条小路，一条是放牧走的小路，一条是夏天村民回村的小路（回村里种地，靠天吃饭，后来这里的村民移居山下后，此路便无人问津）。将近个半小时后，我们终于从山底爬上来了，翻过一个山包，只见一大片树林。看到老乡说的树林，我们也看到了希望。山顶的路很好走了，几乎是平路。走着走着，转过几个弯，就遥遥地看见马家滩村了，并远远地望见了村中的烽火台。在不远处有一条30米深的冲沟，无法穿过，挡住了去路，走近了发现有绕行的小路，目测我们得绕行5公里才能到。下午1：00左右，我们才真正到达马家滩村。村庄已经废弃，村东侧有一座烽火台，整个台体大致为长方形，南北长东西窄，大约有12平方米。经风雨侵蚀，烽火台已经坍塌。天气炎热，在来的路上差不多已经把水喝完了，饥渴难耐。在村里发现几个院里有杏树，我们就找杏。

因季节已过，只在几颗树上发现有零星的杏，而且是虫子吃过的，但我们也顾不上了，摘下来就吃。休息半小时后，我们就出发。在村的西北侧约600米处找到了今天需要复查的隆禅寺遗址。遗址是一个长20米、宽30米的台地。地表现存石碑一通，碑文记载隆禅寺修建经过。我们分工进行登记，在遗址处做了GPS点、照相等工作。各项工作记录完毕后，我们经受着火辣辣的太阳的炙烤往回走，走的是另外一条下山路，下到山底碰到了三个放羊的人，看到一条小溪，羊正在上游喝水，而我们也顾不了太多了，跑到小溪边和羊一起喝水。喝完水，休息了大约十分钟，我们便向放羊的老乡打听回凌云口的路线。老乡说到凌云口还有4公里远，下面是大峪口村。我们又开始了步行，终于在下午3：30的时候走到车前，车上还有一点水，五个人各分喝了一小口。由于长时间的体能消耗，加上一路颠簸，上车后，大家都在车座上睡着了，唯有尹队长强制自己保持清醒，平安开车带我们回到驻地。

稍做休整，我们又赶紧开始了今天的室内整理。等我们初步完成了登录工作，已是繁星满天，队长接着做了第二天的工作部署。一天的工作虽然让人繁忙而且疲惫，但我们感到更多的是充实和责任。

调查向阳村所思

大同市考古研究所　张国权

阳春三月，春光明媚，大同普查二队一组全体队员由尹刚带队，在浑源县文物局的大力配合下，按计划向坐落在浑源县东南部山区的向阳村前进。

缘于调查前开会及准备充分，我们沿大涞线公路盘旋而上，到达了著名的抗日据点——抢风岭。我们停下车朝东北方向远望。嗬！只见近乎一座石砌城堡坐北朝南屹立于蜿蜒起伏的抢风岭上，同志们被眼前的场景给迷住了。队长一声令下，我们才恍然大悟，分头行动，寻找进村的路。

经过一番周折找到路口后才发现，这条山路比较隐蔽，且不同寻常。它开凿在半山腰上，北向仰望大山压顶，令人头晕目眩；南向俯视深不可测，令人毛骨悚然。我们只好步行攀爬，一路小心翼翼，逐渐走近村子。

村落的整体似一庞大院落，均青石券砌窑房，块石垒墙连成一体。依据墙上残存字迹可知，我们初步断定此处应是农业学大寨时期所建的向阳村。从南门向北拾级而上，进入村中央，我们一边向村民宣传第三次全国文物普查（以下简称“三普”）的重大意义，一边向其询问有关情况，幸好遇上了当年带领村民建设向阳新村脱贫致富、年近八旬的老支书。老支书热情好客，在问明我们此行来意后，立即带我们详细查看了该村相关建筑的角角落落。所到之处，他口若悬河，讲起当年大集体大生产时期的情形，老支书仍记忆犹新。他的讲述在我们眼前展现了一幅幅生动而宏伟的画面，他的讲述使我们眼前的向阳村极具时代特征。我们做各项资料记录的同时，也深切领略到向阳村创建于非常时期的特殊意义。

向阳村是20世纪70年代新建而成，并命此名。此处原本荒芜，无人居住。老支书在“全国学大寨”的号召下，不辞劳苦，奔波于千里之外的昔阳县大寨村取经学习，回来之后便积极宣传动员，带动村民走出那几辈人曾穴居在深山老林、几乎与外界隔绝的土窑洞，来到抢风岭，开创新天地。在如此贫瘠的荒山野岭，他们开山挖路、平坡填壑；他们架桥引水、积蓄水源；他们券盖成排石窑、修建学校和礼堂；他们绿化荒山、广泛积粮。短短几年时间，他们在一穷二白的条件下，建成如此壮观的村落，真令人不可思议。他们用勤劳的双手，不惜挥汗如雨，开垦万亩梯田；他们用智慧的头脑，怀着对共产主义无比坚定的信念，创造了美好的家园。他们传承着中华民族自强不息、厚德载物的优良传统。

能够参与“三普”是我此生一大幸事。每当提起，总会令人津津乐道。尽管又苦又累，只要细心体会、反复品味，其乐无穷。每每遇到困难，我们精诚团结，众志成城，共同面对；每每找到新发现，又会令人兴奋不已，获益匪浅，感慨万千。向阳村，我们不虚此行。

“三普”工作中对古民居的认识

大同市第三次全国文物普查二队三组　李　晔

2008年3月4日，我有幸参加全国第三次文物普查第二阶段野外调查。在此之前，我一直从事地下文物的发掘、保护工作，现在终于有机会学习和从事其他文物方面的知识和工作，其中接触最多的是古建。

我所在的文物普查二队三组主要负责城区内的文物普查工作。大同城区为国家首批公布的24个历史文化名城之一。大同战国属赵，汉置平城县，北魏建都，唐开元十八年（730年）置云中郡和云州。辽重熙十三年（1044年）于今大同城建西京，明洪武七年（1374年）为大同府治。在这次普查中，古建涉及民居、寺庙、学堂、书院。其中，民居是新发现最多的一类，占总数的83.3%；城区大部分民居砖雕、木雕保存完整，且图案精美，也是此次新发现中的亮点。

大同的民居院落布局形式多以四合院为主，与我国北方各大古城的民居院落基本相同。自从明洪武五年（1372年）大将徐达“增筑”大同城后，便开始大兴土木，营造官署、王府和民居落院。因为东、南、西、北四隅以及棋盘式街道已成定局，所以四合院的总体布局都是按照街道走向而建置的，且每个街道之中都有东、西、南、北四个方向的院落大门。清顺治六年（1649年），多尔衮率兵攻破大同城，疯狂进行“屠城”、“斩城”，明朝建置尽毁于兵火之中。现在所能见到的四合院建筑皆为清顺治八年“大同还治”以后和民国初年所建。

这些建筑中最具特色的就是造型美观、形态各异的门楼，有广亮式、抱厦式和垂花式之分，做工颇为精细，门楼瓦顶设正脊、垂脊、排山勾滴，正脊又设置麒麟兽，它们点缀了街道的景致。这些考究的门楼形成古街巷中一个个跳动的音符，记载着当年民居主人的财富与地位，也记载着匠人的精湛技艺。

民居大门以设在东南角为最多。其原因是我国自宋代以来，“风水学”极为盛行，按照阴阳八卦“巽”的方向开门，采用“坎宅巽门”之意，“巽”即东南，向东南角开门，以取吉祥如意。这个习俗在山西、河北、山东、陕西等地颇为流行，因而大同地区的住宅大门多开在东南角上。

进了大门，正面建有影壁，共分上、中、下三个部分：上为仿木椽檐，单坡瓦顶，正中设有横脊一道，两端置有麒麟兽，额头设有砖雕斗拱，两侧有砖雕垂花柱；壁心嵌有“八仙过海”、“福禄寿三星”、“鹤鹿同春”、“吉祥如意”、“喜鹊登梅”、“丹凤朝阳”、“福”等砖雕花饰；影壁下面则是雕花砖座。整个影壁雕刻精细，花样别致新颖，构图富丽堂皇，寓意吉祥如意，大有喜迎嘉宾之感。遗憾的是，这些精美的砖雕在“文化大革命”中被损毁和年久失修，图案模糊，很多已辨认不清。

二门大多设在影壁左侧，其规模大小均与大门有主次、偏正之分。进了二门，则到达民居四合院，其一般是封闭式的布局，庭院为防火、防盗、采光、通风、交通、休息和家务的中心地带。多为正房三间，左右两旁各设耳房一间、东西厢房各三间、南房三间，西南角多建置厕所和碾房。小型四合院只有一进院落，大型四合院则有二进、三进、东西跨院和花园。

大同古民居虽然年久失修，残损严重，但它仍能透出一种独特的韵致。需要我们文物工作者加大保护力度，做好保护和宣传工作，使大同特色鲜明、古韵悠长的古民居文化得以文明、永久地传承。

东沟之行

大同市博物馆　马雁飞

天气开始慢慢地变暖，处处露出绿意。今天，我们要去离县城较远的水窑乡进行文物普查。

水窑乡70%～80%的土地被大山占据着，而且煤矿遍布。车刚出了云兴镇，转过弯便开始了颠簸。由于拉煤的大车多，把路面全破坏了，一路上没有一段可以算得上“平坦”的路。经过两个多小时的路程，终于到了水窑乡，可离我们要去的东沟村还有半个多小时的路，而且都是崎岖的山路。看了看地图，跨过柏山村就到怀仁县的地界了。我们停车稍憩片刻，伸伸被颠得几近散架的身体继续前行。已经快中午一点了，走过荒凉的一段土路后，远处隐隐可见一排排的房子，那便是东沟村了。刚下车便看见不远处的古庙，以及村北连在一起的古砖窑。

大家顿时兴奋异常，忘却了腹中的饥饿，纷纷掏出包里的皮尺、GPS、相机干起活来了。看着民居墙上精美的的砖雕，看着窗上繁复的雕花，仿佛可以看见当年屋主的品位和生活的富足。

东沟村的民居依山而建，每间房子都建在半坡上，从屋旁的小道便可走到屋顶。在我们所登记的三处民宅中，东沟3号民宅最具代表性。东沟3号民宅位于村东部，坐北朝南，二进四合院布局，现存正房，占地面积683平方米，为清代建筑风格。正房为石券窑洞，面宽5孔，进深7米，砖砌立面，砖雕影作垂花廊，拱券门窗，门东侧檐墙置神龛，看上去非常有气势。

东沟龙王庙内的人物壁画也是栩栩如生，内容是龙王故事。龙王庙主体结构就地取材，用山上的石头堆砌而成。经过岁月的洗礼，已显破旧不堪。遥想当年，每当干旱时，村民便来到龙王庙里，虔诚地祈祷雨水的降临。可是时过境迁，已无当年的踪影，村里只剩下年迈的老人们，年轻人和孩子都向往城市的繁华，搬进了城里。

想着想着，队友们在叫我，文物点数据全部登录结束，我们该去下一个村了。走出东沟村，我还忍不住回头看看，也许再过若干年后，东沟村也将不复存在。

吉家庄之行

大同市博物馆　马雁飞

在大同县已经普查近一个多月了，大家商量趁天气还没变冷先去离县城较远的吉家庄乡。吉家庄乡位于大同县最南端，南与浑源县接壤，以农业为主。

经过两个小时的路程，我们来到了吉家庄乡吉家庄村。因为路远，所以中午不能回县城吃饭。县里配合我们普查工作的同志，先去乡政府联系中午的吃饭问题，吉家庄乡虽然不是特别富裕，但乡政府特别支持我们的工作，爽快地答应下来。

翻开第二次全国文物普查资料，发现吉家庄村有一处需要复查的遗址，而且还是省级文物保护单位。遗址位于吉家庄村南约150米，为新石器时代的文化遗存，面积近100万平方米。于是，我们带上设备向村南出发了。刚出村子没多远便开始在地上零零星星地看到绳纹、篮纹的陶片。大家顿时兴奋起来，边走边找，期待着能找到特殊的陶片，并捡到石器。往村南越走，陶片越多。在这秋高气爽的季节里，走在远离城市喧嚣的土地上，望着一眼看不到头的田野，心里感到无限的宽广。

遗址中部有一个很宽很深的冲沟，断崖上可以很清楚地看到特别大的灰坑和包含在文化层里的陶片。要不是因为冲沟无法下去，真想离近看看，也许会有新的发现呢。我们在地表及其他文化层采集到泥质灰陶片、夹砂灰陶片。纹饰有绳纹、篮纹，器型有双耳罐、高领罐、折腹盆、鬲等。在遗址东南角有1959年所立的市级保护标志和1965年所立的省级保护标志。

我们兵分三路寻找遗址的最边缘，一个多小时后在吉家庄堡址旁会合。等登记完吉家庄堡址后已是12点多了，乡政府也催我们吃饭，忙了一上午，也确实饿了。端上来的饭菜被大家一扫而光，工作中的收获让我们感觉到今天的饭菜格外的香。

普查日记

大同市博物馆　焦　强

2009年4月1日　星期三　晴

西村遗址，原来并没把它当回事，但实际上它造成了许多的麻烦，叫人颇费周折，显得扑朔迷离。

早晨太阳未高之时，我们已来到了西村。这是新荣的一个大村，乡政府虽不在该村，但却以该村作为乡名。远处看去，村子的建筑零零落落，好像谁撒了一把豆子，滚到哪儿算哪儿，但走近了，却明白了其中的缘故。原来是因沟而分，缘沟而建。村子的东部傍着一条特大的南北向季节河沟。河沟把丘陵一切为二，然后雄赳赳地南北扬长而去。

“西村遗址”，第二次全国文物普查登记为“西村乡西村南约100米，新石器时代、汉·市文物保护单位”、“位于御河西岸台地”。普查队来到西村稍作调查，然后直奔村南。

看材料时我们都认识到一个问题，即“御河西岸台地”，但没有深思这个问题，只是觉得御河并不在这个位置，是否把村东的季节河误写呢，谁也不能肯定。要知梨子的滋味，就要亲口尝一尝。要知实际情况，就要实地看一看。好吧，那就去看看吧。

村南土地平整而辽阔，没有山的影子，土地松软而整齐，给人以绵和通畅的感觉。普查队分为东西两组，各踞东西一侧，向南逐步推进。50米、100米、150米、200米。通话器中的对话进行了十几次，依然没有遗址的影子。250米、300米、400米、500米。这遗址躲到哪去了？又走了一段，我感觉不对，重新布置了任务，分为三个组，我个人一组，刘主任一组，司机与女队员一组，东、西扩大范围，再向南搜寻。

4月的天气，虽不十分炎热，但我的身上已经冒汗了。松软的土地，看上去柔和，却叫人举步维艰，鞋里灌满了土，每拔一步就若沼泽吸附，小腿困且麻木。而平展的土地，不知什么时候就钻出一条沟来，爬坡上沟，宛转寻路，直叫人厌烦不已、疲惫至极。

两里路过去了，三里、四里，还是没有踪迹，这不对劲啊。我和刘主任交换了意见，认为可能方向有误，不能前行了。我们改变了方向，其他组沿村东沟沿向北搜索。我独自向村西方向探探，尔后再回村东沟旁会合。

太阳已经挂到中天了，可我们仍一无所获。人，已经快累垮了；遗址呢，姗姗不肯露面。队员们心急如火。

天无绝人之路。在队员们精神快要被击垮的当儿，奇迹出现了。在村东季节河的东侧，一个遗址被发现了。我欣喜若狂，心中的那块石头似乎可以放下了。拣完了陶片，观察完之后，一片愁云又飘上心头。这是一个以北魏陶片为主的遗址，和新石器一点关系都没有。这个时候，那个“御河西岸台地”的二普说明浮上了我的脑际。是啊，方向既不对头，位置也不对头，时代不对头，河岸也不对头，我坠入云端，一头雾水。西村遗址呀，你究竟是怎么回事呢？

晚上，我打破了一向整理的规矩，把这个遗址想了又想，然后满腹狐疑，长叹一声，把材料放置下来，在上面用铅笔写上：暂作存疑。

2009年4月14日　星期二　晴

在堡子湾乡普查时，很多老人提到过弥陀山这个名字，并说山上原有一座古庙。因此，弥陀山之行就是今日普查的一个内容。弥陀山位于新荣的最北端，新荣政区图标明高度为1531米。

弥陀山归拒门堡管辖，因此我们直接驱车前往拒门堡。在拒门堡做完调查，已经半上午了，而且天气逐渐热起来。

从拒门堡向东行，“村村通”变成了土路。汽车一路扬着灰尘向山底急驰。弥陀山的山形很远就望到了，既不算很高，也不算很陡，山的形状使人想起了甲骨文的“山”字。我相信，不会是因弥陀山造出了“山”字，但弥陀山的山形确定和古“山”字如出一辙：中部一个高高的尖子，两侧各一突起的山包。

渐渐地，这个突兀的家伙越来越高大了，连山腰的羊肠小路也看得清了。这是一座很别致的小山，它坐落在起伏的黄土丘陵中，孑然一身，孤傲独立，很有些独领风骚的意味。可能是由于它的孤独和天造神韵，本地有许多的传说。在堡子湾乡，有一种传说家喻户晓。

很远的时代，这儿原来是没有山的，就是苍凉的一种黄色，起伏的连绵的黄土丘陵。有一天，一位神仙降临了，他的到来，给无际的丘陵带来了生机，这位神仙就是张果老。这老头不是来游山玩水的，他是喝醉了酒，不知不觉被驴带到这儿的。这驴儿大约是饿了，想找一片翠绿的嫩草，可荒凉的黄土只有稀落的瘦棘，驴儿便急躁了些，脚步狂野了起来。这一来，老头的风水口袋就被颠开了，袋内散落之土，随风而大，渐立成此山。山之名因此叫“驴驮山”。又过了多少载，人们向善笃佛，便改山谐音名，称“弥陀山”。

汽车驶进山麓此侧，一个小山村显现出来，这就是拒墙口村——自然村，我们便在那儿停顿下来。小村有十几座破败的房屋，看得出是一个鲜有人家的老村了。这个村子靠在东西向长城的墙边，东西向一字排开。我们在一间有玻璃窗户的房子里找到一位老乡，说明了身份，讲解了文物普查的意义，询问了村中的文物情况。然后绕村一周，确信无可登记之后，开始向弥陀山进发。

山越来越陡，车“突突”地吼着，终于不动了。我们各自背上背包，向山顶攀去。天气闷热，不大一会儿，人人都汗流浃背。山路越走越陡，山石嶙峋，山中寂静而单调，只听得见普查队员急促的喘气声。太阳轻松地挂在当空，漫不经心地注视着这一行奇怪的人。队员们个个气喘吁吁，话也懒得多说了。

已经接近中午了，队员们口干舌燥，腿像坠了石，脚步越来越慢。终于在山间的一块平地，我们停了下来，稍作休息。趁此空当，我在平地间走了走，查看着周围的情况。

这块平地坐落在弥陀山的东坡半腰，正当弥陀山之必经之道，平地的西向，弥陀山主峰耸然天际，上山之路曲折危陡。平地南北两向各有一个不大不小的山包北侧山包挡住了冬日的西北风，南侧的山包多少遮蔽了一些夏日的朝阳。而平地的东向却是一个灿烂的世界。方圆几十里，赫然在目，一无遮阻。南面的庄稼，方整际齐，若排山倒海之天兵军阵；东面的村庄，错落有致，炊烟袅袅；北面之草原一望无际，青草此起彼伏，长城蜿蜒，庄严肃穆。我看得入迷，忽然脑子一亮，噢，这种地方简直是一个天然的决胜之处，正是古人选址驻军的绝佳位置，莫不会……

我低下头来，认真寻找起来。忽然，一片黑瓷闯入了我的眼睛，我心中一阵欣喜，端详了半天，心中有了初步的判断，低下头来，再展开搜索。又一片，好多片，啊，白瓷、黑瓷……嗬！还有辽砖呢。一个新的遗址发现了。队员们缓气未定，就又投入了新的工作。

登录完毕，已是中午时分，腿酸脚软，浑身乏力，但是一天的工作还没有结束，望望西向的高耸的主峰，大家抖抖精神，拔步继续向高处攀去。

2009年5月23日　星期六　晴

四点半起床，五点整开拔，这是每日的绝对工作时间。当汽车在土路上摇晃时，太阳刚刚爬上树梢。车在快速的行进中剧烈地颤动，人极端的困乏，呵欠连续不断，人像患上了传染疾病，一阵的功夫，此起彼伏，呵欠遥相呼应，捂也捂不住。大家彼此笑笑，忍俊不禁。

今日的目的地是郭家窑乡，新荣区西部的边缘地带。当太阳高高地悬在当空时，我们已经调查完四道沟村。四道沟西还有一个村，叫二十五，是一个自然村。村民说那里什么也没有，是一个古老的旧村，只有一户人家，住在长城的墙体下。听到长城和老村，队员们立刻打起了精神，我们告别了老乡，驱车前往。

土路非常难走，颠簸异常，翻越了几条沟，土路渐渐隐没了。大约是土路荒废已久，又被雨水冲刷，路面只有许多黑色的玄武岩碎块，车子行进非常困难。

太阳明亮而耀眼，天气已相当热了，简陋的小巴车里，人人一头汗。车窗外，土地辽远而荒凉，草在多石的土地上懒懒地长着，没有一点庄稼。远处的山体越来越清晰，村庄的轮廓也看得见了。突然，村口一个模糊的人影闪进我的视线，那人影晃动着，怎么也分辨不清。我心中一阵兴奋，因为至少可以询问一下情况了。但很快，人影被障碍物遮挡了。村子渐渐近了，更近了，终于，我们在村庄前停下车来。

这是一个给人感觉异常的村庄，村子里有五六间完整的上了锁的房间，但村子的大部分房屋已经倒塌，没有屋顶，只竖起干枯的墙体。村子西边，马头山高兀显眼，山麓至村庄一段，沟壑纵横，青草不青，黄土不黄，给人以别扭的感觉。村子靠在南北向长城的东缘，长城的西边则是内蒙古的境内了。这段长城是明代的外长城，在山西的北边，也就是新荣区的北边，由东向西绵延，当来到新荣的西北部，忽然向南转向，贴马头山山麓，向南直线奔去。内蒙古和山西由长城墙体一分为二，各为省界。二十五村就贴在这段长城东侧山西界内。

我不知它因何叫二十五。是和长城有关，抑或和长城戍边的将士有关，或是其他的缘由，但这名字总有一点神秘的地方。

我们绕村行走一遭，寻找着古代的遗迹，什么也没有。我想起了刚才村口的人影，就快步迈上高处，向村口瞭望，一个令我感触的镜头出现了：那是一个小小的打谷场，村子里唯一的一块平地，一个小小的少年，穿着一件浅浅的背心，在猛烈地拍击着篮球。太阳高高地照着，炽烈而晃眼。旷野里寂静无声。方圆数里地毫无人烟，青山之侧，高天之下，一个小小的少年，在炎热的天气里忘记了一切，独自快乐地自娱着……

我们渐渐靠近了少年，这孩子胖乎乎的，十来岁的样子。打过招呼后，少年领着我们走近了他的家。这是一个简陋的小院，有三四间有玻璃的正房，用石块垒出不高不矮的院墙，小院紧贴在长城的墙体下。立刻，响起了一片猛烈的狗吠声，两条黑色的狼犬窜上了院子的矮墙，紧接着，一个中年妇女走了出来。我们亮出了证件，说明来意，并详细询问了附近的文物情况。妇女高高的个子，黑黑的脸庞，大约是久无来客的缘故，显出一脸兴奋的样子，朴实而健谈。从她谈话中得知，村子偏僻，极少有人的踪迹。男主人姓杨，一儿一女，养着四五头奶牛和一群绵羊，孩子都在上学，每天走很远的路程，但羊和奶牛收入比较稳定。所以独居旧村，孑然度日。我们又得知，村子虽然偏远，但亦有盗掠者的足迹，有手持探测仪到处探宝的，悄然而来，悄然而去，即使猛烈地犬吠声也没挡住他们的脚步。

我一边感叹着生活的不易，一边赞叹着这独孤孩子的行为，心中万感交织。城中的孩子不知稼穑，乡中的孩子却学习艰难，偶有空闲，自得其乐。真是一个繁华和寂寞交织的两重世界啊。

我心事沉重地告别了女主人，摸摸孩子的头，也不晓得代表了什么意思。然后郑重地在本上写道：二十五，自然村，一户，主人杨勇，查无文物。

冯家窑寻遗记

大同市博物馆　李树奎

驱车到水窑乡冯家窑村，环顾四周地形和地图非常吻合，两边是高山，中间是河谷沟地，沟口沿东逐渐开阔，村庄就坐落在河谷的南北两侧，再往东就是水窑乡的上山井村和下山井村。

进村后我们先找本村的长者进行了解。1940 年 2 月 15 日，中国共产党左云县委书记范平和宣传部长吴秉彝在冯家窑村遭日伪军袭击遇难。烈士遗骨安葬在该村墓地。1988 年，左云县委将范平骨灰安葬于县烈士陵园。该遗址是日本侵略中国的又一铁证，是典型的爱国主义教育场所。前事不忘，后事之师。登记完这处遗址后，我们开始了寻找冯家窑遗址的工作。

前几天我们在其他地方寻找遗址时一般都在依坡临河的向阳之地，而现在这个环境，两面都是高山，根本就不可能有古人居住。因为是复查的项目，我们就分开两路寻找，在蜿蜒盘旋的山坡上走了好长时间却没有遗址的踪迹。难道是我们找错了不成，每个人心里都打了一个大问号。队长重新布置任务，大家分头向东北方向较平的台地上搜索。台地上不像平地，这里长满了杂草和荆棘，大家在登坡下沟中不止一次划破了衣服，胳膊上划出了一条条红血线。一直到了一片农田里，队长李树云先有发现，她手里拿着陶片，大声喊道："这里有，灰陶，篮纹的。"大家一下都来了。顿时，一身的疲惫消失了，跑起来活像兔子，没走多远都有零星陶片发现。大家心情振奋，继续往高处走，向上的几级台地上均有发现。

我记得其他地方的遗址复查点，虽然在第二次全国文物普查时有记载，但遗址依然难寻，当时我们的感受是：遗址就像一只藏在地下的狐狸，但它究竟在何处，怎样才能抓到它，却如此神秘，仿佛遍地都是，如果犯了“方向与路线”的错误，就很难达到目的。而截止到目前为止，调查队此次不仅找到了5处复查点，还发现了8处新遗址。我们仿佛成了老练的猎人，我们带好了工具，去狐狸出没的地方找，只要有就一定跑不了。

山谷深处

大同市博物馆　李树云

塞外的秋风吹得格外早，天渐渐转凉了。为了尽可能在冬天不延误野外的普查工作，我们的普查路线也进行了调整，从今天起先行调查高寒的北部山区。昨晚我们几个人照例分析了这里的村庄分布情况，一致决定先从最远的村庄麻地沟做起。从地图上看，采凉山南麓的这条山沟里有 5 个自然村。麻地沟地处采凉山脚下，是境内最北的一个村子。去那里没有路，考虑到道路难行，我们一大早就出发了。

我们从聚乐村南的山沟一直向西北走，山涧里的路曲曲折折，不时有小溪挡在前面，水沟里石子很多，车子能勉强通过，而我们只能下车步行。过了水沟，大家才重新回到车上。车子走走停停。队员们说笑着，却习惯性地边走边向沟两侧的山坡上张望，眼神中难掩希望发现点什么的渴盼。突然在左边的山顶上隐约看到有房子，有人！车戛然停下，大家立即兴奋起来。这肯定是一个自然村！我们开始寻找能上去的地方，终于在山坡上找到一条羊肠小路，上面还有很多的羊粪。这几次，每到山脚下找不着路的时候我们总是看看有没有羊走过的痕迹。羊能过去的地方我们不一定能上，但总可以试一下。

我们顺着路向上爬，路很陡，四周也出奇的安静，到山顶一看，呵！果然是一个村子！但四周残垣断壁，满目荒芜，小李大声喊："有人吗?"没有一点声息。巷子里一个看起来很陈旧的辘轳引起了小马的注意，类似的井我们也已经登记过几处，他想看看水井里是不是还有水，谁知刚一动，辘轳上的水桶稀里哗啦一阵响着掉到了井里，这时一个女人的声音突然传来："你们干什么?"寂静中的吼声吓了大家一跳，但终于看到有人，大家还是很高兴，赶紧说明来意，但那位穿着棉衣、围着围巾、看不清是大娘还是大嫂的妇女却只是高高地、远远地站在房上。井里的响声显然增加了她的敌意。“请问一下这是什么村子?”

“没名!”

在这个问不出名字的村子里，大概只有一处房子还算完整。村东面和南面各有一片地。远处墙角立着的玉米秸告诉我们，这里也有春的耕耘、秋的收获，而狗的叫声却很孤独，一如它的主人，这里只住着一户人、一只狗和一群羊。

无法打听到更多的关于村子的情况，我们便分头寻找起来。村西是一片平整宽阔的土地，看起来特别适合人类生存。陶片！大家再一次兴奋起来，一路走过去，竟然发现了大量的白釉瓷片。大大的碗底上十几个支钉和乳白的釉色以及几片精细的印花瓷片是典型的金代遗存。又一个新的发现！这个已经荒芜的村庄遗存有一个金代居住址！大同作为辽金西京近二百年，昔日的盛况多见于史书，这已是我们新发现的第二处金代遗址了。大家心情激动，便各自分工开始了工作。

过去的繁华已然无声，而今这里依然一片寂静，只有我们兴奋地说着笑着。不经意间，沉睡的历史喧嚣被陡然唤起。

告别了那个孤独的大嫂，我们继续向山里走。初冬的山谷没有一点绿色，泉水蜿蜒叮咚，轻轻讲述属于这个大山的故事。我们能听到什么呢?

车又行进了大约二十分钟，却再也看不到任何的村落。我们想问路可见不到一个人，突然前边树丛中传出声音，大家一阵激动，一问才知道是砍柴的。上山砍柴对于生活在城里的人来说，只在书本和电视里见到过，一旦变为真实还确实有点新奇。砍柴的大哥大嫂告诉我们，今年的煤太贵了，买不起，所以打算多砍点柴过冬取暖。他还告诉我们刚才的村子叫鹰嘴墩。

车子渐行渐远，终于看到一个村子。一块大石头上坐着一对年轻夫妇，我们上前搭话，才知道这个村子叫边墙，村里居民很少。进村查看后并没有发现可登记的文物，我们又向北继续前行，这里距麻地沟还有五里。

麻地沟终于出现在山沟的尽头。这是山坡上一个孤寂的村庄，几座房子依山形而建，只有一处还有人居住。那是一位白发苍苍的老大娘，正在门前晒着太阳，见到我们，老人家十分热情，不停地和我们聊着。从老人家那里得知，这个村子的历史很短，而且我们也没发现任何历史遗存。

经过近两个小时，我们才走出山沟。虽然已经下午两点多了，大家依然十分兴奋，因为功夫不负有心人，在这些因交通不便和吃水困难已废弃了的自然村落里，我们依然发现了一处重要遗址。

麻地沟的嚣啸现已沉寂，而在远古时期，这个依山傍水的山谷却是先人们赖以生存的地方。大山的故事也一直在那里执著地讲述，它需要我们用普查队员的使命感去聆听。在这个现在已是人迹罕至的山沟东侧、南北两岸，我们不仅复查了两处新石器遗址，而且新发现了一处金代居住址和一处旧石器地点！

古人的馈赠千万年来一直静静地躺在那里，只等着我们走过去，用一个普查队员的责任心轻轻地将它拾起。

寻找庄家店遗址

大同市博物馆　李树云

已经是四月了，天气依然十分寒冷。我们的工作计划是在春耕前完成遗址的复查，时间很紧，因而不敢有一点松懈。

进入左云之前，我们已经仔细分析过左云的地形。左云境内历史上有三条大的河流，一条是东西向横贯云兴镇、张家场乡的十里河，一条是曲折经过小京庄乡的元子河，另一条是西北—东南向穿越马道头乡的大峪河。另外，发源于尖口山东麓、流经水窑乡的山井河及流经管家堡乡的淤泥河历史上水流量也较大。这些河流的台地上都是先人理想的生活场所，发现遗址的可能性很大。因此，我们不仅要在春耕前完成遗址复查，而且要尽可能地完成这些重点区域的普查。

小京庄乡的普查已经结束了，元子河和它的支流酸茨河沿岸，我们如期在王冒庄、柴村、周大庄新发现了几处大的汉代遗址，大家十分高兴。大峪河断流已经很久了，宽阔的河床上早已修筑了从左云通往山阴的公路，可这条宽达100米、贯通马道头乡的河流还是让我们充满了期待。

庄家店在大峪河的西岸，现在的村庄建在河床上，从村庄向南望是蜿蜒的公路和高耸的大峪山，向北望还是高耸的大峪山，这让大家有点茫然。台地到底在哪儿呢?

进了村子，已是下午一点多了。这段时间为了赶活，大家中午不回驻地，在外边吃点饭，就接着跑村子。因为是中午，我们从村西走到村东，竟然没找到一个站街的人。又往北走，巷口出来一个中年人，大家赶快围过去。

“大哥，打听一下，我们是普查文物的，咱们种地的时候见过这些陶片吗?”

从大同县开始，我们一直背着标本普查，篮纹的、绳纹的、素面的。第一天普查我们以为说陶片谁都明白，可一打听才发现，这词有点专业，村民管它叫瓦碴片。第二天我们带着标本打问，四周的人都围上来，你一言我一语，知情的热心村民很快把我们带到了有陶片的地里。看来标本不仅直观，还能引起大家的兴趣，从此我们就背着它闯天下了。

大哥拿起标本，仔细看了一会儿，摇了摇头：“没见过。”

我们接着往东走，陆续问了三个人，但他们都说没见过。大家多少有些失望，但还是不愿放弃。进村之前队员们都兴致十足，认定这地方的河很宽，应该有遗址。绕了村子一圈，依然没有收获。这时已经两点多了，街上的人多了起来。我们再次回到村子的那条大街上，果然聚集了十几个人。

“打听一下，我们是普查文物的，咱们种地的时候见过这些陶片吗?”

人们围拢过来，都说没见过。一位七十多岁的老大爷从地上站起来，看了看标本说：

“南面的山上有。”大家一阵狂喜。

“老大爷，您坐车带我们去看一下可以吗?”

“可以。”大爷热情地答应了。

在村里看到的高耸的大峪山，在脚下却逐渐变得平缓。山顶上平坦开阔，正是我们要找的大峪河台地!

地上长满了枯萎的荒草，这里退耕还草已经二十多年了。我们沿着台地边缘分散向南寻找，很快便发现了一块夹砂灰陶质的侈口罐残片，装饰有篮纹。大家陆续都有发现。在台地南侧的断崖上还发现了厚约1米的文化层，并采集了一件磨制小石器。遗址南侧现在有一条季节河冲刷形成的冲沟，在沟南侧的一级台地上还发现了汉代遗物!

我们很快踏查了遗址的四至范围，测定了 GPS 点。这是我们在左云新发现的第二个新石器时代遗址，也是我们这次普查新发现的第 30 个遗址！

告别了热心的大爷，我们又开始向下一个村子进发，路上大家激动的心情依然难以平静。坐在车上，大家说笑着，却依旧职业性地望着窗外的荒野。下一个新的发现在哪儿等着我们呢？

玉龙洞调查记

大同市文物局　任建光　员新华

玉龙洞位于大同市南郊区口泉乡白洞村东南约2公里处七峰山山壁之上。清代《云中郡志》记载："七峰山，城西南四十五里，又名玉龙山，有天洞天桥。"这是玉龙洞名称的来历。玉龙洞建筑年代无从考证，关于玉龙洞的最早记载及辞赋是在明代。清代《大同府志》记载："三清观，在县（怀仁）西北四十里，以铁瓦覆之，登者援铁索、履浮木而上下，觑诸山若凌空然，内有玉龙洞。"明代王汝濂有咏玉龙洞诗一首："玉龙洞何人，丹梯断复连。空明悬日月，窈宅隔人天。龙去云根在，家飞后窦穿。此中多乳液，我欲学长年。"

2008年10月27日，天气晴朗。在张海雁同志的带领下，我们组驱车来到白洞矿。待到和矿区白洞矿街道办事处（以下简称街道办）的同志接洽后，已近午时。由于街道办工作人员有事或回家吃饭，所以我们决定问路自行前往。从街道办出来，向东约300米，右拐下了口泉至王村矿的公路，穿过铁路桥洞，沿沟向南行驶，沟两旁是顺沟而建的矿工住宅。由于"棚户区改造"工程的实施，旧房子已基本拆除。这条沟路途遥远，路面颠簸，煤粉飞扬。过了玉龙洞煤矿和石料厂，就是一段山坡路。这时，山就展现在眼前了。

遥望而见的是七峰山。据清代《大同县志》记载："七峰山，在火峰山南，距（大同）城四十五里，山有七峰：曰笔峰、曰太史峰、曰剑锋、曰鳌峰、曰白云峰、曰摩天峰、曰玉女峰，七峰罗列，摩天岭最高。"山峰连绵几公里，高低错落。摩天岭山壁面如刀砍斧削般，形成光滑平整的石壁。顺坡向东走上一个小山顶，眼前便豁然开朗，玉龙洞便呈现在眼前，被喻为“天梯”砖砌台阶从山底伸向半山腰，共108级，天梯顶部是近似左右对称的两处庙宇建筑和洞窟。我们拾级而上，突然从半山腰出现五六条狼狗，朝我们狂吠不止，有几只沿着台阶向下俯冲，迎向我们。张海雁和李雪芹同志走在了队伍的最前头，在我们“小心狗咬”的提醒声中，毅然地向前行进。我们喘着粗气，爬到半程时，随着斥责狗的声音，“天梯”顶部出现了一位老者，我们赶紧和老人家喊话，解释我们的来意，并加快速度，拖着疲惫不堪的身躯手足并用向上疾爬。待我们上到石壁前的平台，老者便热情地向我们介绍了玉龙洞的大致概况。玉龙洞位于七峰山第一峰摩天峰的绝壁上，原为道观，旧建筑已毁，现存7洞。20世纪70年代以前，上山时首先要经过一条隧道，过了隧道，沿着“天梯”，进入正殿“通天洞”；殿内塑两尊神像，旁边是一个高约两米的山洞——玉龙洞，洞前有碑。这两尊泥塑源于大同地区最早的一段传说故事：古时有一货郎张来到七峰山下，发现一条冻僵了的小白蛇。货郎张慈心大发，把小白蛇放入货担里带回家，精心调养，使小白蛇起死回生，逐渐长大。三年后，货郎张把白蛇放生到七峰山。后来货郎张又到七峰山下卖货，一寡女慌张跑来，向他求救，说有一巨蟒要她性命，货郎张挺身相救，哪料巨蟒见了货郎张却低头俯首，货郎张顿时明白，这条伤人的巨蟒就是自己曾救过的小白蛇。于是，他告诫巨蟒以后不得伤人。为防不测，货郎张将巨蟒藏身洞中，自己坐在洞外监督。日久天长，巨蟒和货郎张皆得道成仙。现在，这两尊泥塑已不复存在，只留下玉龙洞及美好的传说故事。

根据工作需要，我们决定分头行动。女同志向东，张海雁同志和我向西沿着小径继续向上爬。我们首先到达新修的大佛殿，内塑文殊、普贤、地藏王三尊菩萨像。绕过大佛殿，有一小道，尽头有一孔石砌窑洞，无门窗，背墙和山体连在一起。在窑洞旁有人工开凿的石阶，阶梯窄而陡且滑，两旁栽有护栏铁柱，我们拽着身旁的铁丝慢慢向上爬到“通天洞”。该洞口外壁面以石条和砖砌筑，保存完好，洞内台阶由石条铺筑，上为青砖砌筑的券顶通道，有多处坍塌。“通天洞”呈“丁”字形，洞内漆黑。我们深一脚浅一脚地爬到洞口，上到一个平台，真为眼前的景观称奇：从平台向下望，山下是连绵不绝、笼罩在烟雾中的山峦；平台在山腰凹壁下，上面悬着岩石，空间却十分宽敞；在平台上有 4 处坍塌的建筑遗址，石雕造像均毁，正北右侧为八佛洞，左为奶奶洞，东为关公洞，西面石砌券顶窑房为北岳洞，其中八佛洞和奶奶洞后面的岩壁上遗留梁孔和椽孔，说明其前面曾为木构建筑。关公洞内砖块和石头随地散落，南北平放着一通碑，上面有“□□□重修碑记”字样，年代不详，其中洞与洞相通。而“天梯”东侧为三清观，其前面是二层楼房。测绘工作结束后，我们原路返回。张海雁同志在路边又发现了清光绪三十二年（1906 年）碑、民国四年（1915 年）碑两通。1958 年，大同宋庄曾出土元代至元二年（1265 年）道士冯道真墓。在墓中，一幅长达 2.7 米的巨幅水墨山水壁画，群峰叠翠，景色幽美，画题“疏林晚照”四字，据考证描绘的是冯道真故居玉龙洞七峰山景色，为元代壁画珍品。由此可想当时玉龙洞的迷人景色。“第二次全国文物普查”资料记载，玉龙洞建于明代，清代多次重修。据庙内人员讲，该建筑群毁于“文化大革命”期间，“破四旧”活动使庙内佛像被毁、建筑物坍塌。此后长时间又处于无人管理、保护的状况。近年，玉龙洞大规模重修，并建有大殿及禅房。玉龙洞山势奇特，人文景观丰富，在当地影响较大，加之周围环境幽静，故吸引众多游人慕名前来。

儿时的追忆

大同市云冈石窟研究院　李雪芹

为了寻找西坡遗址，我们两个小组连续三次到西坡村寻访。第二次全国文物普查（以下简称二普）材料中仅记录“遗址东临唐河，面积约6万平方米，断崖上暴露遗迹有灰坑”。因为二普记录中对具体位置的描述不是很明确，只有简单的一句话，所以事隔多年再按图索骥困难很大。第一天我们无果而返。晚上大家分头查阅了有关记载，仍然毫无线索。第二天我们又向当地文物部门的老同志进行了访问，并再次进村向村民询问，结果对此遗址均无印象。无奈大家只好再到唐河岸边，沿着唐河的方向，顺着地垅及两边的沟壑，低着头仔细地观察，生怕线索从自己的眼皮下溜过。恰遇入冬以来最强的一次冷空气，让大家感受了寒冬的刺骨。冷空气的入侵让田野上裸露的黄土直冲起来，满天的黄土，一嘴沙子，紧裹的大衣仍然无法抵御风沙的侵入。沿着沟壑下到沟底，仰天看崖面，仔细地辨认着崖面的痕迹，想从这里找到一丝线索。大片的黄土在雨水的冲刷下，形成沟、塬。塌落下来的大块黄土突然让我想起了儿时的吆喊声“大圪垯儿黄土”。取一小块放在手心用力一捻，很细腻，丝绸般的感觉多少让我找到了一些儿时的感受。

我从小生活在大杂院中，低矮的平房将人与人的关系拉得很近。每到腊月天，即使生活再拮据的家庭，也都要刷房、打扫家，给孩子买新衣服，购置年货。准备过年的食品是每家每户必须要做的事情。过了腊月二十三，大街上到处能闻到浓浓的“年味”。街上会不时传来阵阵的吆喊声“大圪垯儿黄土”。寻声望去，在小街巷的尽头会出现一辆小毛驴车，车厢用木板围子围起来，里面装满了大块的黄土。随着车子的慢慢移动，左邻右舍的大妈、大婶、老婆婆、小媳妇们会不约而同地走出家门，一边相互打着招呼，一边向车子围拢过来。围着毛驴车，端详着黄土的成色与细腻，嘴里不停地与车把式讨价还价，最终会抱着大块黄土回家。大同人有个老习惯，过年前要将正月一个月的吃喝准备得差不多，该蒸的、该煮的、该炸的都要在节前准备好。正月里走亲串友不用着急做饭，有准备好的现成饭，所以腊月是最忙的一个月。当这一切都准备停当后，用了一年的土锅台也被折腾得差不多了，所以要用大块黄土捣碎，和上头发以增加它的韧性，将原本损伤的锅台用一双灵巧的手泥好。别小看这件事，这是一个技术活儿。有的媳妇泥出来的锅台像一件工艺品，不仅外观好看、平整光滑、有棱有角，而且耐火烧。而有的人泥出来的锅台真是烂泥一摊，既不好看，也不好使。因此，大同人也往往以此评判谁家的媳妇会过日子……

手机的铃声将我的思绪带回。同学问我还在灵丘吗？我回答："正在灵丘广阔的田野上独享'风'餐呢！"坐在车中，远处的田地里一片灰蒙蒙的，卷起的黄沙让天也变成了黄色，我们脸上、身上全是土，简直就是一个"土"人。大家相互调侃"体重增加了"。回到住的小旅店，老板戏言："你们真是搞文物的，自己也变成了出土文物。"老板的话语让我觉得作为文物工作者的自豪。我们普查队的队员都是一些平凡的人，为了第三次全国文物普查这个共同的目标，离家别子，面对如此的工作环境，依然乐观，享受着精神大餐。功夫不负有心人。经过三天认真仔细的调查，我们终于搞清了西坡遗址的分布面积，并找到了一些有特征的陶片。成功的喜悦让大家雀跃，也让我们更加坚信：只要有目标，就有成功的可能；只要努力，就没有实现不了的目标！

灵丘烈士陵园调查记

大同市云冈石窟研究院　李雪芹

初冬的下午，第三次全国文物普查调查队走进位于灵丘县城东两公里处、唐河岸边的平型关烈士陵园。陵园坐北朝南，简洁的大门紧锁着，几次敲门都无果而返。我们一行被挡在门外，四周静悄悄的。陵园的冷清与寒冷的冬季是那样的协调，这让我们的心情也变得沉重起来。无奈开车沿着陵园的围墙，在外边绕了一圈，对周围的环境有了大概的感性认识。后来，管理员李师傅跑来为我们打开了大门。

进入大门，映入眼帘的是一座古朴大方的呈倒凹字形的二层建筑——纪念堂。整洁的环境、庄重的色彩，加上嗖嗖的寒风，让我们在瞬间安静下来。脑海中好像出现真空，说不出自己是怎样一种心情，敬佩、沉重……总之有一种淡淡的酸楚。走进环形的纪念堂内，牌位上敬录着灵丘籍在各个历史时期参军、参战或从事党政工作的英烈名录989位。我从这份沉甸甸的名录中认识了灵丘县光荣革命传统的内涵。为了新中国的诞生，大批志士甘洒热血，仅将自己的名字镌刻在这里。随着时光的流逝，或许只有他的后辈儿孙牢记着他们的名字，而更多的信息已无从查起。他们从没想过自己的得失，在解放全人类思想的支配下，完成了一名共产党人、一名灵丘人的职责。这是我们这一代生长在和平时期的人，有时候很难理解的。我们往往在嘴上说的会更崇高一些，而在实际工作中可能差距很大，更多的时候考虑的是自己的切身利益……

陵园分主园与东西侧园三部分。主园从纪念堂开始，形成第一个三层平面中心建烈士纪念碑亭，这是全园的中心。碑亭为六角攒尖顶，内置高达3米的纪念碑。碑的正面镌刻着“烈士精神永垂不朽”八个金色大字，碑的背面用楷书阴刻碑文，记述了平型关大捷以及灵丘人民在党的领导下艰苦卓绝的战斗历程，热情讴歌了英烈们在革命战争年代所作出的巨大贡献。亭上红柱上悬挂着黑底金字的毛主席诗词，概况了英烈们悲壮的人生。碑亭的北面耸立着三层六角形的烈士塔，通身用白、灰二色涂抹，在凛冽的寒风中独驻园中，是那样的醒目，时刻在提醒着世人，这是英雄们的“家”。第五层是陵园中最高的平面，也是最高的建筑——陈列室。在中轴线两侧的主墓区，共安置三排24座坟茔，安放着平型关战役时牺牲的八路军115师的烈士和同时期牺牲的烈士遗骨556位。旁侧种植着高大的松树，说不上遮天蔽日，但可以为先烈们挡挡风寒与烈日。它们枝枝相连，郁郁葱葱，随风摆动。置身在这空旷的陵园中，我的内心受到极大的震撼。

东园安葬着为修建京原铁路、灵丘空军机场而牺牲的86位烈士遗体，并建有碑亭，内置“永垂不朽”碑一通，1972年4月5日立。这是一个特殊的日子——清明节。民间有传统，在这一天里要祭奠死去的先人。选择在这个日子里为英烈们立碑有他特殊的意义。碑的背面记载了烈士名单及他们的籍贯。浏览一遍，竟然发现没有一位山西籍的烈士。这让我这个土生土长的山西人对他们肃然起敬。这些异乡客，为了山西父老乡亲的和平幸福、为了让我们过上好日子而献出了自己宝贵的生命。他们的精神真是气贯长虹，令人钦佩。

陵园于1962年7月动工兴建，历时三年多，于1965年9月25日竣工。全园总面积近三万平方米。1995年被山西省教育委员会列为“山西省德育基地”。2002年9月，灵丘县委、县政府为了弘扬“平型关精神”，将灵丘县烈士陵园更名为“平型关烈士陵园”。

伫立在空旷的烈士陵园，凛冽的寒风把我的思绪带到了战火纷飞的抗战初期。1937年9月25日，日军精锐部队板垣师团凭借着精良的装备，气势汹汹地想通过灵丘逼进太原。八路军115师在林彪、聂荣臻的指挥下，配合在平型关正面防守的第二战区国民党军队，利用平型关险要的地形，在其东侧的乔沟一线伏击日军。经过近一天的激战，一举消灭了气焰嚣张的板垣师团，取得了抗日战争以来的第一场胜利，极大地鼓舞了全国人民的抗日热情。平型关大捷将抗战推向一个新的高潮。我仿佛听到了激烈的枪炮声及抗日将士的呐喊声。正是这种强烈的爱国热情促使中华民族在最危难时刻团结一致、奋力将日寇赶出中国，并最终赢得了解放战争的胜利。

置身于这寂静的烈士墓前，四周静得出奇。我默默地立于洁白的墓冢前，心情异常难过，思绪万千。假如没有先烈们的浴血奋战，没有他们的无私奉献，不知今天是怎样的一种生活！不知长眠此地的英烈们此时能否听到我颤动的心声：我是一个平凡的文物工作者，平日里也能讲出一些“勇于奉献”的大道理。今天站在烈士面前，内心感到自己十分渺小。与先烈们相比，我们今天所做的一切是多么的微不足道。太阳渐渐西沉，冷空气吹动下的天变得更加寒冷。不断摇晃的树枝，更增加了陵园宁静肃穆的气氛。也许是我的脚步声惊动了树上的野鸽子，它们成群地飞起来，拍打着翅膀，让我认识到生命的存在。我心中默默地对长眠于此的英烈们说：打扰你们了，对不起！

园外刚刚秋收过的大片土地及远处不时驶过的汽车会让先烈们感受到今天的幸福生活，这一切的一切他们都无缘“享受”，而这一切正是他们用鲜血与生命换来的！他们的精神将永垂不朽！他们的斗志将激励我们奋发向上！

大同禅房寺辽代砖塔调查记

大同市云冈石窟研究院　刘洪斌

久闻大同禅房寺辽代砖塔之大名，但因其山路险阻，再加上个人惰性使然，一直无法成行。借第三次全国文物普查的契机，终于可目睹它的真实和沧桑了。

1月9日上午八点，普查组在大同市区南郊区文化体育局张凤珍、封海英同志的陪同下，驱车踏上了去往禅房寺的征程。恰逢寒流入境，气温剧降，且伴有大风。虽然身着棉大衣，但凛冽的寒风还是使劲往脖子里钻。

从口泉出发，路经高庄与西房子村，直接驶入鸦西公路（鸦儿崖—西房子）。一到上窝寨村，远远就看见七峰山峰顶上的禅房寺砖塔。

禅房寺砖塔位于大同市西南40公里的南郊区境内塔儿山丈人峰之峰顶，海拔1650米。这里地势险要，地貌植被稀疏。禅房寺是第六批全国重点文物保护单位。据明正德版《大同府志》记载："禅房寺在府城西南五十公里。唐天宝年间建。"在清顺治版《云中郡志》记载："禅房山城西南六十里，上有砖塔皆创自辽。"清道光版《大同县志》也曾有记载："禅房山，在月窟岭南，距城六十五里，山阳有禅房寺，今有圮废。塔儿山，在禅房山南，距城七十里，一名丈人峰，山势峥嵘，上建七级浮图。东南有谷曰北谷峪。"以上几种志书的记载大致可以梳理出寺院的创建和重修年代以及砖塔时代。

禅房寺始建于唐天宝年间，辽代进行了重修，并且建造了砖塔。禅房山因禅房寺修建其上而得名，是当地的风景名胜之一，故文人墨客也留有诗文："塔建丈人峰，千寻耸笔铎。上方时响铎，下界不稳钟。古刹留唐碣，苍苔护汉松。新晴凭仰止，窈窕翠微浓。”

顺鸦西公路径直往上，山道蜿蜒，路陡坡大。虽然是柏油路面，但为了安全起见，车速不敢太快。当车行驶至官窑村附近时，公路的左侧突现一条水泥路，据村民讲这条路可以径直通往禅房寺砖塔，便掉头驱车直入。路面很窄，仅能容一辆车行驶，若对面有车下来，都无法回头。所幸一路对面并无车辆驶来。走到路的尽头也没有看见大名鼎鼎的禅房寺砖塔，却见到七峰山的另一处标志性建筑——七峰山电视差转台。幸好，差转台的书记是普查队李雪芹老师的老同学，便安排了冯磊师傅做向导。

据冯师傅介绍，禅房寺砖塔并没有道路，必须步行一个多小时才可到达。于是车在差转台门口调头，沿原路返回并在约500米的地方下了车。禅房寺砖塔就在对面的山峰上，高高耸立，直入天际。大家带好了相机、GPS、PDA等普查设备，开始了艰难的跋涉。若想到对面的山上调查，需要我们先翻过脚下踩的这座山，然后再翻越一座略低的小山包，爬上对面的山峰，才能到达我们的目的地——禅房寺砖塔。

尽管道路曲折，走起来十分艰辛，但是为了文物普查中采集的数据准、可靠，大家还是排成一排，互相牵扶，缓缓地下山。山势陡峭，碎石满坡，荆棘丛生，若脚下一不留神，都有滑倒跌落到山下的危险。在这“之”字形的山路上，满路是碎石，用手拨开树枝，脚下却到处是石头，来来回回寻找着好走的地方。但也不时地坐下休息片刻，凝神于眼前的风景，山石秃兀好似动物的形状，千奇百怪，如猴、如狗。只可惜季节不佳，倘若在夏季的话，肯定是满目苍翠、美景一幅。景是要欣赏的，路也是要走的，文物也是要普查的。我们就这样跌跌撞撞、连滚带爬，总算到了山顶。

山底的景致和山顶的风景截然不同。由于许多非法开采的小煤矿，使这里的生态环境已被破坏得触目惊心。地上到处是裂隙，最宽处约20厘米，而且不时地排出如硫黄味道般的气体。只因天气十分寒冷，雾腾腾的蒸汽在缝隙外面凝结成为白色晶体，散落在沟底。据冯师傅讲，黄河电视台的记者曾对这里进行过专访，但后来事情也就不了了之了。看到眼前的情景，听着一个又一个的故事，大家心情都很沉重。如何处理文物保护和经济发展之间的矛盾，这是一个很现实的问题，也是一个十分沉重的问题。忽而有人唱起《团结就是力量》，大家不约而同地和着，刹那响彻在山谷间，我才发现原来大自然才是最好的音响师，把我们的歌声诠释得如此丰满圆润。歌声落下，离目标也更近了，大家顾不得疲惫，加快了步伐，终于在40分钟后登上了峰顶。

顺着层层的石台阶，拾级而上，我们来到这次普查的目的地——禅房寺砖塔。塔北面台阶下有一个平台，修造了一座小凉亭。砖塔高约20米，平面为八角形，共有七级，为实心砖石砌体结构。塔基为须弥座，用规整的长方石料砌就，石块之间不用灰泥，以铁榫填充。再上面束腰部分雕刻着佛像、花卉和莲瓣等装饰图案，精美华丽。八角上各雕一身勇猛威武的力士，似在承托整座塔身的重量。上枋每面各镌刻有一佛二菩萨，往上还有莲珠束腰两层，并雕有莲瓣等。整个雕刻虽然粗犷简练，却富有变化，为辽代雕刻艺术手法。塔座如此高大繁复，是其他地方很少见的。塔座以上是仿木结构的砖砌塔身，塔身斗拱、角拱均为磨砖镶砌。第二层塔壁每面各设门式小窗和直棂小窗。乍看起来十分逼真，实为虚设的雕饰。以上各层结构相同，只是每层逐渐向里迭收而已。塔形的整体轮廓线较直，造型美观，稳健大方，形如笔锋。该塔具有辽代砖塔的典型特征，是汉辽建筑艺术融合的结晶。因为它高高耸立在禅房山的山顶之上，衬之以青嶂叠翠和飘缈的云烟，更显得挺拔秀美，大有“刺破青天锷未残”之势。

这时，普查队员们已冒着寒风在海拔1650米的山顶上工作了半个多小时，所有需要普查的数据已采集完毕，故开始了下山的行程。俗话说“上山容易下山难”。为了赶时间不耽误室内整理工作，我们必须原路返回，无任何捷径。路很长，沟很深，我们的普查工作任重而道远。

朔 州 市

敬业艰辛　殷殷深情

——记退休不退职的文物普查队员雷云贵

朔州市文物局　孙文俊

在朔州市全国第三次文物普查工作队中，有一位敬业守职、不畏艰辛的老人，他就是朔州市朔城区原文化局局长雷云贵同志。自野外文物普查开始以来，他以年逾 73 岁的高龄与年轻队员同吃、同住、同行，朝夕相处，一起工作。他不仅在实地文物普查中为我们把关，对文物的定性与大家一起探索，而且还同年轻人一起踏踏实实地做具体工作，退休不退职。他的那种富有激情的工作精神、科学严谨的工作作风，时时刻刻激励着我们大家，影响着普查中的每个人。

一　不畏艰辛的吃苦精神

雷云贵老人看似精神抖擞，实际上他却患有腰椎间盘突出、前列腺肥大、疝气等多种老年病。开始决定聘用他时，同他商量，问他身体行不行，他说："做别的工作，我的体力和应变能力都不行了，可是文物工作能激起我的工作情趣，使我产生工作动力，我看问题不大。"我们朔州市文物部门人员少，所以全队每个人都是个顶个，有的是一人顶两人用。近一个半月以来，每天都是早冒风寒，午顶骄阳，不是走田野、穿河沟，就是爬山坡、攀陡崖。年轻人走到那，他也走到那，背着工具兜，手拿长柄斧，像个拾荒老人一样不停地转悠，寻找着文物遗迹与遗物。有时找来找去找不到，他就到田间地头、农户家中找当地老乡询问，有的老乡说："远看我还以为你是盗墓的，近看又像是寻宝的，原来你是个考古的。”他到处宣传文物普查的重要性，三言两语就能激起农民的热情，有的农民自愿放下田间劳动，带领我们去找寻文物点。踏查遗迹是一项细致的工作，他每到一处，总能以职业性的敏锐眼光，采集到典型的遗物。我们采集的两件有铭文的陶器残件都是他捡到的，一件是上书汉隶“燕侯”字样的陶器柄，一件是戳印汉隶“大吉”的陶罐内底。晚上回到驻地，一吃完饭，他和年轻人一样，加班要干到深夜。每天早上不到六点，他就早早起来赶写简介说明。有的人问他：“年龄这么大了，累不累?”他说：“乐此不疲，乐而忘苦。我们的工作是艰苦的，但每一个发现却是令人振奋的。”

二　踏踏实实的工作作风

他对文物普查工作富有一种愉悦的激情。他说，没有文物普查，就不会有新发现的文物，千里马没有伯乐会埋没，文物没有普查，也要埋没，甚至遭到破坏，我们找到一处文物遗迹，就是发给这一处文物遗迹的护身符。普查队走到那，他就带头把文物保护的宣传工作做到那。有的群众看到他捡的那些碎陶片、破砖瓦不理解地问：“这有啥用?”他说：“考证历史，探索文明。一个陶片就是我们古人的一段历史，一种文化。”

有时天气恶劣或要爬高山，考虑到他年老，就让他留在室内编写资料，他执著地要跟大家去。他说：“没有充足的实地踏查资料，文字资料是无法编写的。”队里给他分的工作是鉴定，编写简介说明。可在实际工作中，他总是和大家一起一项一项地进行，从实地找文物点，察看、测绘、认定、登记和寻找遗迹遗物标本等，他和大家总是一起工作。早晚室内工作，他先洗刷捡回的文物标本，编写登记入袋，然后查阅文献资料，进行断代定性，最后再一处一处编写简介说明。夜深了，大家劝他休息，他说：“每天室外踏查资料，必须处理完，积累多了，就容易混淆弄错。”

室外普查工作，不仅是艰辛，而且还枯燥，有时在长途中感到乏味时，他除和年轻人一起唱歌、讲故事外，还讲述他一生中从事文物工作的有趣经历或故事，虽是一种闲情逸致，从中也可透知他对文物工作的情趣。

三　探索求证的工作态度

多年来的文物工作，使他养成了一种务实求真的工作态度。在这段文物普查工作中，他那种探索求证的务实工作态度，不仅令人钦佩，而且也影响着年轻人的工作作风。

这次文物普查，我们在右玉县右卫镇右玉城西北发现了一处汉代古城遗址。右玉县文物管理所的工作人员都说是善无古城遗址。省里来的专家说，没有充分的依据，先不要写善无古城遗址，只写右卫镇古城遗址就行了。他说："汉代雁门郡十四县有十个县有了着落，善无县是郡治，很重要，至今没'户籍'。我们应该寻找多方面的资料来考证。"有的队员说，这太难了，我们的工作任务重，时间紧，就定成古城遗址算了，他执意要寻找多方面的资料。在中秋节休息的几天时间，他回家查了文献资料后，又到实地第二次踏查，从地貌衍变和周围环境分析，终于探索到是善无古城遗址的充分依据。他认为，要定为汉善无县古城，不能仅说史书记载，必须是有据可查的、可信的文献资料。最后，他在《水经注疏》中终于找到了"树颓水，今沧头回……又西北流，往善无县故城西"的记载：在《十三州志》中找到"善无县南七十五里有中陵县"的记载。依照今已认定的汉中陵古城遗址与沧头河同右卫镇城的位置推断，认定汉善无古城遗址，当是无疑，但他认为条件还是不充分。最后他又综合分析，从遗址四周有大量汉墓、雁门郡十四县的分布，以及汉县制设置的条件等几方面考证，才予以认定。

大家在遗址拣回实物标本时，他总要一件一件地从中再拣选。他说，一个遗址，应该有时代的主体，在暴露出的大量汉代遗物中，也可能存在有明清时期的遗物，如构不成文化层，只是少量的，只是汉代遗址，不能说是明清遗址同汉代遗址的重叠。这既是他探索求证的认真工作态度，又是他多年文物工作的一种锐识。

我们在右玉县境除发现有星罗棋布的土堡、烽火台外，还发现有类似烽火台的土墩。当地群众口碑相传说是消息台，有的说是防汛台。在新《右玉县志·军事》中记载有二十三处防汛铺。起初，有的人还以为是防洪水的报汛台，他认为不准，带着这一问题，他又从多方面查阅资料，终于找到依据。防汛台是防汛铺的设置，清朝时期，右玉县杀虎口是我国北方南北商贾通衢，当时盗贼充斥，道不可行，为通道安民，故设防汛铺，日夜巡视，一旦有警，即以防汛台报讯。

不论对每一处新发现的，还是复查的文物点，他总是带领大家充分采集资料，认真进行探索考证。他这种探索求证的工作态度，为全队文物普查科学有序的进行，奠定了一个良好的基础。

敬业的老人、执著的老人、热情的老人、快乐的老人，他以自己的实际行动谱写着一曲老文物工作者对文物事业的奉献者之歌。

“老骥”不伏枥　“三普”再奋蹄

怀仁县文管所　张永涛

塞外隆冬，天寒地冻，“三普”工作开始后，安老拖着病残的身体又出发了。

安老姓安名孝文，是我的前任，是我们文物管理所人人敬重的长辈。他从北大考古系进修结业后，就再也没有离开挚爱的文物工作，多年来尽心竭力、尽职尽责，在极其困难的条件下，修复了坐落在海拔1600余米高的清凉山上的华严寺砖塔，主持发掘了北魏丹阳王墓，并多方努力筹集资金，按照修旧如旧的原则，成功地修复了平城一带少见的北魏大型墓葬，使两处县保单位升格为省保单位。2003年，单位和他个人都受到省委宣传部、省文物局的表彰。

年逾花甲的他经受了两次手术。第一次切除了左肾，时隔两年后的2006年又切除了膀胱，身体受到了极大的损伤。但他仍割舍不下他半生所从事的文物工作。术后不到四个月便咬着牙开始整理以前的工作笔记、文字资料，忍着剧痛赶在老城拆迁改造之前，抢拍资料片、搜集历史传闻。从文物工作角度出发，编写了3本《怀仁古韵》，介绍怀仁县的文物古迹、石刻、老街巷的起始缘由。最近，专门介绍怀仁明、清两代砖雕工艺的《怀仁古韵》第四册也已完成文字撰写和图片归类。

“三普”工作开始后，为了照顾他病残的身体，原本打算原来熟悉的文物点他就不要下乡，在家填写登记表即可。但他说，想高质量地完成此项工作，就必需按照表格要求一一再过目，不敢闭门造车，坚持每点必去，而且根据他多年掌握的信息，提出好多有价值的新思路；

又说，“三普”工作虽然繁杂量大，但这也是一个难得的机遇，借此可使全县的文物资料建档工作再上一个新台阶，还可促进提高单位职工的工作能力，一定要把握好这个机会。就是这种对工作的执著的态度、敬业的精神支撑着他的身体，坚持下乡复查踩点，他笑着对年轻人说，我比你们费裤带，需要三条；我把暖壶胆吊在身外了，所以不耐冷。原来他说的三条裤带一条是给裤子用、一条是控制术后并发的疝气不下用、一条是固定人造尿路底盘用；暖壶胆就是指原本的膀胱成了体外的尿袋。真难以想象他是怎样的为了“三普”而克服忍受这痛苦与不方便。

他很讲工作原则，帮助我工作，但不讲过头话，工作很累，尤其是文字工作费脑子又要下乡调查，不提任何要求，帮助指导年轻人工作，按普通职工行事。普查工作的信息资料、旧点的复查、新点的发现，他都一一了然于胸。

“三普”工作还未正式开始之前，有一次去金沙滩汉墓群检查工作发现了一处抗日工事遗址，他立即意识到这是一个文物点，不顾吃午饭，立马催着保护员找老年人采访，作了详细的记录，之后才去吃饭，他就是这样心里经常想着文物工作。家里的老伴和孩子们都不愿意让他下乡再劳累，下乡活动量大，除了药品护理花钱多不说，创口发炎上火人受罪。但他说，癌还不怕这点小累小痛怕什么、这工作就能忘了病，就是一个疗养静心的好偏方。

“三普”工作开始后一天都不缺，每天都能看到他那辛劳而坚毅的身影。

忻 州 市

神池地窨院

忻州文物管理处　李有成

雁门关外野人家，
不养桑蚕不种麻。
百里并无梨枣树，
三月哪得桃杏花。
六月雨过山头雪，
遍地狂风起黄沙。
说与江南人不信，
早穿皮袄午穿纱。

这首打油诗对神池县来说并非夸张，而是真实地概括了神池县独特的地理环境。高寒的气候，使得神池人为这块土地设计了一种既冬暖夏凉又经济实用的穴居室。最先是选一山坡，顺坡凿穴。后来因山坡有限，就发展成选一块好的平地，在平地上挖坑，然后在坑的四壁上挖穴，于是，便有了天井似的院子和院子中的窑洞，因其形似"井"，故名"天井院"，神池人管它叫"地窨院"。

这种地窨院的分布范围，研究民居的学者一般认为，它分布在晋南一带，尤以平陆县地窨院为其代表。这次全国第三次文物普查忻州市神池县文物普查队，在神池县东湖乡铁沪洼村北侧发现并列一排的3座地窨院，其中一座保存较好，平面呈长方形，南北长10米，东西宽14米，深9米，院内四壁存火炕和灶台，东壁窑洞有壁龛，可放杂物；南壁窑洞饲养牲畜；院门位于正南，时代属清代晚期。地窨院在晋西北尚属首次发现，它为研究山西民居地窨院的分布提供了很珍贵的实物资料。

常家墕文物普查日记

忻州市文物管理处　张永正

2008年12月24日　星期三　天气晴朗

因为今天的普查点山高，坡陡，沟深，路途遥远。因此，昨晚全体队员都做好了田野调查的各项准备工作，比平常提早睡了。

早饭罢，驱车直奔目的地——常家墕村。

常家墕，据《中国文物地图集·山西分册》记载，属河曲县楼子营镇，据邻近村民讲现已划归文笔镇管辖。此次普查任务为古建筑三处，遗址一处，都属文物复查单位。

一路上，我们边行边问，车到岱岳殿村边，队长亲自下车叩开一户民居，随着声声犬吠接近，一条大黄狗伴着主人出来开门，主人是一位身板硬朗的老人，经交谈得知此人姓张，是60年代复退军人，现年66岁，回来后一直在家务农。老人说常家墕现已无人居住，汽车根本无法进入，队长担心沿途不便打探路径，于是请求老张做向导同往，这位敦厚正直的老人痛快地答应下来。在老张的指引下，汽车行驶在蜿蜒崎岖的山路上。路的宽度仅容单车勉强通过。老张告诉我们常家墕因交通不便，吃水困难等恶劣的自然原因限制，前几年整个村子都迁移出去了。现在能进入村子的只有一条废弃的土路。汽车行驶到一处可以勉强调头的地方停了下来，大家背起行装跟着老张弃车而行。

从这里到常家墕十分困难。必须先下到谷底，再爬上对面高崖。此地属土石寒山区。一层厚厚的黄土下便是横向的黑色砂岩。临沟的绝壁如同斧劈刀削，险象丛生。走到半山腰，老张指着远处山顶隐约的树影，对大家说："看！那有树的地方就是常家墕了！"我们极目寻去不由惊叹……因道路久不行人，路旁灌木横生，沙棘不时撕扯着我们的衣裳。一面是深渊，一面是荆棘。每当经过窄处时都提心吊胆，闭气而过。下到沟谷，邬家沟河豁然而现。虽已进入严冬季节，河面上也已结了冰，可河边断崖阳面仍不断有泉水渗出，结成一挂挂抽象的水帘，这些晶莹剔透的冰凌在正午的阳光映照下闪着七彩迷人的光耀，熠熠生辉。从崖壁暗处又隐约传来被寂静放大了的叮咚泉响……这美景，这妙音，顿时让大家忘却了疲惫。虽然个个都饥渴难耐，精力疲乏，但大家仍然乐在其中，并为大自然这神奇的造物之手所深深折服，沉醉其中……当双脚踏上冰面时还能听到冰层清脆细碎的爆裂声和冰面下潺潺流水声。心里的感觉是既新奇同时又有些战战兢兢！

过了这条河，紧接着就开始爬山。山路又陡又窄，大家实在累了就立在路边歇口气，经过一个多小时的跋涉，终于来到了荒无一人的村庄。大家纷纷取出随身携带的干粮就着凉水草草吃了几口，补充了些许元气就匆匆开始了紧张有序的工作。负责拍照的仔细寻找着最佳的拍摄角度；绘图人员登高卧低地测量着尺寸；测点的，记录的等各尽其责……山风吹来，气温逐渐降低，工作人员们一个个冻的双手发红，鼻涕直流……

戏台，关帝庙，祖先堂一一实测完毕，我们又离开村子寻找下一个目标点，常家墕遗址。因村中无人，无处询问，老张只在早年庙会时来过一回，对遗址一无所知。我们只有按图索骥，依资料记载的大概方位寻去。常家墕处于流域冲积形成的三角洲高塬，两面均为百米深沟，地形地貌被雨水冲刷的支离破碎。我们只能不断地翻山越岭，经过 2 个小时艰难寻找，方才在被一片榆树林环绕的阳坡处发现了遗迹，顿时觉得那些横七竖八躺在草丛中的残陶片竟是那么可爱！

按照操作规程做了实地调查，采集了标本，重新整好装备准备下山，此时已是夕阳西下，冬日黄昏悄然来临。时间已不允许原路返回，我们只能就近觅路下山。因村中早已无人居住，连曾经的牧羊小路也被杂草掩埋或是被雨水冲断。大家相互搀扶着趟沟过坎，几乎是连滚带爬的狼狈下山。回到邬家沟河，仰首回望，才发现我们是从另一座山的背面下来的。只有沿着河岸又步行三四里路才绕回上山前的起点。途中又三过冰河，因为弯曲的河道两旁岩陡壁峭，只能来回趟跃穿行。回到车上，大家都满身泥土，神情疲惫。但任务完成后的轻松又让所有人都长长地舒了一口气，成果令人欣慰。

西下的夕阳染红了征程，奔驰的车轮滚滚向前，在这崎岖的小路上，留下了我们的足迹……明天，新的工作又在等待着我们去迎接，去挑战！明天，即将是一个崭新的开始！又会是一个新的发现的开启……

只有亲身经历过、体会过，才能体味到普查工作的甘甜与辛苦。作为一名文物工作者，做好本职工作是我们应尽的职责，我热爱这份平凡却又充满乐趣的工作！

古渡口与走西口

忻州市文物管理处　张永正

凡是到过河曲县的人都知道西口古渡。不到西口古渡就不算到过河曲。沿黄河大街往西走，一直到黄河边便是。

河曲县位于山西省西北部，因地处黄河弯曲处而名，历来为西部部族入侵中原的战略要地，故有“陕东重镇，晋右严疆”之称，历代筑长城御敌，沿长城各隘口驻兵防守。与陕西、内蒙古隔河相望，遥遥对峙，素有“鸡鸣三省”之美称。河曲古称隩州，宋治平四年（1067 年）始置县。

河曲民歌曰：“河曲保德州，十年九不收。男人走口外，女人挑苦菜。”《河曲旧志》载：“河邑人耕商塞外草原，春夏出口，岁暮而归。但能经营力作，皆足糊口养家。本境地瘠民贫，仰食于口外者无虑数千人。其食糜米、麦面、牛乳、牛肉，其衣皮草毡褐，其村落曰‘营盘’，其居屋曰‘帐房’……凡出口外耕商者，莫不通蒙古人语。”

走口外，亦即走西口，离河曲县而入蒙古境，始于清朝初期。《明史》载，河曲属于明王朝的极边，鞑靼、瓦剌部落在正统以后“恃其强暴，迭出与中夏抗”据河套。明景泰元年（1450 年）至嘉靖四十五年（1566 年）就数次入边，侵扰边部，致沿河数十里无人迹，故明代无走西口一说。

清初，随着版图扩大、满蒙和亲，边事渐息，康熙三十六年（1697 年），河曲始与蒙民交易。又准沿河汉民垦种蒙古土地，这一时期有数十万山西、山东、河北、陕西的汉民竟至不顾禁令远去察哈尔、绥远一带垦荒。《绥远通志》载云：“于是内地人民之经商懋迁者，务农而春去秋归者，亦皆由流动而渐进为定居，由孤身而渐成为家室……凡经属近诸旗地，已蔚为农牧并管，蒙汉共居之乡。”由此可知走西口盖始于17世纪后半叶，其所到之处，主要是今河套、后山一带。河曲人走口外定居者以数万计。在1919年河曲县总人口为12万，而1949年总人口仅为7.2万人，其人口减少的主要因素就是走口外。

河曲地处晋、陕、绥三省交界处。当时平绥、北同蒲铁路未通，内蒙古、绥远、陕北和山西北部贸易在很大程度上仰赖于黄河这一水上通道，于是河曲成为晋西北的水旱码头。一时五方杂处，兵民繁错，商贾辐辏，成为云集交衢之地。西门外大船停泊，直抵黄河中流，日流量多至百数十艘。北京、内蒙古、河北、陕西、河南及本省太原、晋中各县商人纷纷到河曲开设商号。城内各条街道店铺林立，仅钱铺、油酒坊、货铺、旅店四大行就有二百多家。粮船、货船从河套、绥包至河曲往返不绝，高脚运输又将货物不断从旱路运出、运入，水旱流通。西口古渡在这一繁盛期发挥了巨大作用。

“水西门渡口遗址”在《中国文物地图集·山西分册》已有收录。通过第三次全国文物普查发现，河曲县的黄河渡口在历史上各个时期分别发挥过不同作用的还有多个，如饮马口、河湾、船湾、火山、曲峪等，还有据明正德十三年（1518年）“御祭黄河文”碑载提到的唐家会古渡。明武宗皇帝于十月初六西巡至河曲县唐家会河岸御祭黄河，祭文曰：“……故兹渡口，惟尔司寄。朕西巡狩，适经此地。泛泛扬舟，青龙驾翼。根根舟子，元旗导御。往过未续，神功助济。备兹牲醴，阴飨，朕祭敢告。”

走西口与古渡的故事在本地还有许多传说。因角度不同、说法各异，所以如何取舍，还有待做进一步科学考察加以论证。还有学者对当年因生活所迫而走西口拓荒的论点之外，兼有部分“走西口者”为谋商取利铤而走险等方面亦有新说。从民俗角度看这也是一个新的课题，有待进一步追寻史料加以研究。

浅析忻州“三普”中的遗址调查

忻州市文物管理处　李　刚

岁末年初，随着第三次全国文物普查（以下简称“三普”）第二阶段野外调查工作的全面展开，忻州市的“三普”工作也进入了关键的攻坚阶段。但就地市级文物普查队特别是以县组队的形式而言，普遍存在一个问题，那就是重地上而轻地下，缺乏对遗址重要性的认识。究其原因，主要是县区一级文物干部大多是半路出家，少有专业毕业生，加之缺少经费，很少能接受专业培训和接触到专门的遗址调查。因此，对于深埋地下的遗址而言，他们几乎没有任何踏勘和调查经验，发现的少或是发现不了也就不足为奇。

由于近些年随着基础设施建设的不断加大和一些自然的因素，越来越多的遗址被破坏和面临消失，所以对深埋于地下的遗址的情况做全面的了解已是尤显重要。在此环境下，在第三次文物普查中，深入了解遗址的分布规律、调查方法和确定其时代等诸多问题也是非常迫切了。

近几年，我随国家和山西省的多支专门遗址调查队对黄河山西段、汾河中游、涑水河上游及滹沱河上游进行调查，积累了一些感性认识。现陈述如下，供大家讨论、参考。

首先，谈一下关于遗址的分布规律。在山西境内，尤其忻州地区是典型的黄土高原地貌，丘陵众多，沟壑纵横，但遗址分布却是有一定规律的。我认为，上述地域的遗址大致呈三级分布。第一级为河流两岸的近河高地，不论河流走向如何，两岸均有分布，概率约为40%；第二级为河流两岸的二、三级台地，包括干流和支流的交汇处，遗址存在的概率约为30%；第三级为石头山与土山结合部位，此处往往有泉水或溪流，遗址存在的概率约为40%。第三级地区也是我们过去所忽视的地方。但经过近年来的实地调查发现，该地区不仅遗址分布较密集，且保存相对较好。这是因为此区域内不仅有生活所必需的水源和土地资源，而且出于安全考虑，既可防水患，又易守难攻，是古代人类理想的聚居地。

上述三级地区最大的共同点是遗址的分布最终都围绕着水资源。不论是河流、泉水，或是湖泊、水井，只要有水源，就可能有遗址的存在。流经忻州地区的大的河流有黄河、汾河、滹沱河等，干流、支流和溪水不计其数，所以在调查中需下大力气对这些区域进行重点调查。另外有一点是关于古河道的问题。今天已干涸或已改道的古河流，本质上与未干涸的河道是相同的，遗址存在的概率亦同。

其次，关于遗址的调查和记录方法的问题。以往的工作证明，时代单纯的遗址非常少，一个遗址往往包含多个时代甚至是同一时期多个不同聚落。由于此次普查采用的是拉网式调查，所以每个遗址的范围的确定就要求普查队员必须学会怎样调查。忻州地区山坡丘陵众多，在以往的农田建设中，人为地将土地切成梯田，形成一阶一阶的地坎，这样做，在破坏遗址的完整性的同时又形成一些有利于调查的条件。比如，地坎上容易见到地表上所不常见的灰坑、窑址、文化层、房址、墓葬等遗迹，更便于对遗址的内涵做出正确判断。队员们可采用拉网式调查，边行进边采集陶片、石器、骨器等遗物和观察地坎上的遗迹现象，直至走到看不到任何遗迹和遗物时，该遗址的大概范围亦可初步确定了。

调查中最重要的环节即是PDA、GPS测点和照相及记录了。它与采集遗物同属一个整体。通过对各种遗迹和不同遗物的照片和记录，可建立较准确的遗址分布情况及内含的信息。记录中，除GPS自动生成的经纬度及高程外，还须准确记下遗址时代、遗址特征等相关信息。

最后，关于遗址时代的确定。由于一个遗址中往往会存在几个不同时代的遗存，所以所有时代都应该被记录下来。

根据以往的调查结果，目前忻州地区的遗址从时代上排序，除西周以外，其他时代遗址几乎均有发现。我把自己的看法和认识写出来，也许会对本地区“三普”调查中遗址时代的确定有所帮助。旧石器时代遗址发现较少，其中包括原平轩岗遗址和静乐县风神山遗址等。仰韶时期以往资料均未提及，但在近年调查中有少量发现，如繁峙赵家庄遗址、原平子干遗址等均是单纯的仰韶时期遗址。关于庙二时期遗址，也是学术界一个争议的热点话题。至目前，忻州地区还未发现能单独划出这一时代特征明显的遗址。在一些龙山、二里头相夹杂的遗址中往往会采集到与这一时期特征较接近的遗物。究竟其时代应划归龙山或庙二，还待有关专家最终认定。在忻州地区，龙山和二里头两个时代往往会在同一个遗址中出现，相互夹杂，发现数量约占遗址总数的50%以上，其中规模较大的有繁峙铁家会遗址、原平崖底遗址、辛章遗址和代县枣林遗址等。二里岗时期未曾发现单独遗址，仅见到微量的可确定的陶片，分别发现于忻府区尹村遗址和代县海子遗址。关于西周时期，资料显示在忻州地区是一个缺环，而且在实际调查中亦尚未发现一件可确定其时代的遗物。我认为，在忻州地区，正统的西周文化未曾延衍本地区，商代文化直接延续至东周，正如西藏直接从奴隶社会进入到社会主义社会一样，而不应是一种文化的断档。春秋时期遗址与二里岗时代遗址类似，未曾发现单独遗址，仅在代县太和岭口等遗址中采集到过这个时期的遗物。不过有史料记载，春秋时期繁峙有霍（suǒ）人活动，但到目前尚未发现其遗址。战国时期，忻州地区已出现大规模的遗址、集体墓地，如代县上沙河墓地、繁峙作头墓地、原平永兴遗址、代县广武古城等均非常出名。汉代和汉代以后各时期的遗址在忻州地区亦广为发现，只是以往被忽略，此次调查亦属重点。

“三普”是一个契机。笔者认为，加强对遗址调查重要性的认识有利于建立全面系统的古遗址分布信息和资料库，为以后的遗址保护工作打下坚实的基础，对促进考古学、历史学等相关学科的深入研究和社会的发展和进步作出巨大贡献。

普查与普及

忻州市博物馆　任青田

我国是一个历史悠久的文明古国。在漫长的岁月中，我们的祖先辛勤劳作、奇思妙想，给后人留下了丰富多彩、弥足珍贵的文化遗产。

党中央、国务院历来重视文化遗产的保护工作。早在20世纪50年代和80年代，国家就组织在全国范围内进行了两次文物普查，这两次文物普查对我国文物保护事业的发展起到了巨大的推动作用。

进入21世纪，随着全球经济一体化和我国现代化建设进程的加快，我国的文化生态正在发生巨大变化，文化遗产及生存环境受到严重威胁，经济建设与文物保护的矛盾越来越突出。正是在这种形势下，2007年4月4日，国务院发出了《关于开展第三次全国文物普查的通知》，决定从2007年4月至2011年12月，开展第三次全国文物普查（以下简称“三普”）。

文物是国家不可再生的宝贵资源。文物普查是确保国家文化遗产安全的重要措施，是我国文化遗产保护的重要基础工作。文化遗产的保护仅仅依靠各级文物部门的有限力量是远远不够的，广大民众的支持与协助是文化遗产保护事业赖以生存和发展的决定性力量。但是，对于广大民众而言，目前文物保护工作还处在“曲高和寡”的阶段，全社会“保护文物、人人有责”的氛围还没有形成。

因此，第三次文物普查之“普”，不仅仅是“普查文物遗存”，同时也应该是“普及文保知识”，向全社会传播文物知识，强化文保意识，使得保护文物观念深入人心，使保护文物逐步成为全社会的自觉行动。通过普查推进普及的广度和深度，借助普及搞好普查，最终实现凝聚全社会的力量来保护和传承我国优秀文化遗产的终极目标。

为此，在普查过程中，要注意以下普及宣传工作。

一　工作中加强宣传

普查队的普查范围涉及许多城市和乡村，足迹踏遍祖国的山山水水。普查的过程即是很好的普及宣传过程。要充分利用这种机会，在工作间隙、在田间地头、茶余饭后、旅途中，通过口口相传的人际传播，最大限度地向广大民众普及宣传文保知识及相关法律法规，培养他们对文化遗产的兴趣，增强他们的文保意识。

二　组织宣传活动

有条件的普查队可以通过一定的组织形式进行普及活动。比如，通过开会、讲课、座谈和征文比赛等等形式，调动广大民众参与文物普查的积极性，激活他们保护文物的主动性。

三　利用媒体宣传

充分利用现代大众传媒的手段和技术为文物普及服务。在报纸和杂志上刊登有关“三普”的文件、通知和工作部署等；在广播电视中及时报道有关“三普”工作的新闻、开设专栏，宣传普查工作，通过“广而告之”普及“三普”，普及文物知识；将日常报道和专题制作相结合，开展一定规模的展览活动，多角度展示“三普”成果，争取公众支持；充分利用现代最迅捷、互动性最强的新型网络技术，加大宣传力度，增进与公众的沟通交流，提高普及效果。

总而言之，第三次全国文物普查是一次非常有意义的工作。一定要抓住普查这个难得的机遇，重视在“普查”中“普及”，以普查带动普及，以普及促进普查。让普查队这把传播文物保护的“星星之火”，逐步形成“燎原之势”。

晋 中 市

普查日记节录

晋中市文物局　杨美平

2008年5月19日

前天开会，市“三普”办主任李文艺在会上又反复强调，4位队长必须在20号之前把普查队带到一线，启动野外调查。我是队长之一，把单位的事情安排好，今天上午带着另外两个县的队员正式来到昔阳县。

一进门真是太意外了，没想到县“三普”办给我们创造了这么好的条件：一套140多平方米的装修不久的新房子，床上被褥簇新，厨房崭新的灶具一应俱全，偌大的卫生间还装了电淋浴器。我们在房间里转了一圈：“新房、新床，就差新郎了。”我的话把大家逗乐了！

下午，与全体队员讨论，制定普查计划。晚饭后，大家开始翻阅昔阳文管所所长史永红已准备好的相关文物普查的资料。现在已经晚上11点多了，休息！

2008年5月23日

预报今天有雨，早饭后看上去不会下，我们就出发了。半路上却下大了，就近去了川口离相寺。离相寺是市级文物保护单位，以前川口村叫莲花村，离相寺叫莲花寺，多好听的名字。因村前两河交汇，便更名川口村了。寺内正殿前有一对残存金代石幢，风化严重，字迹漫漶，但仔细辨认发现有“金大定”纪年。我们当即决定打着伞做拓片。永红刚贴上纸，利军就开始敲沙包拓碑，我打伞。雨越下越大，翟老师把根本还来不及干的拓片抱在怀里就往大殿跑，铺在地上后大家乐成了一片。我们全湿透了，可是不知道为什么，每天的工作都给我们带来无比快乐！

2008年5月27日

地点：大寨。

一进村，沿街商铺林立，从大寨人悠闲的生活面貌可以看出，他们是陈永贵、宋立英、贾进才那一辈人战天斗地、创造新生活的受益人。

1963年大寨遭受特大洪灾，房屋、庄稼全部被冲毁。从县城开会回来的村支书陈永贵，看着站在村口等他的全村老小，遂召集村干部商讨办法。此后，陈永贵带着大寨人重建家园。修梯田、筑堤坝……谱写了一曲曲自力更生、艰苦奋斗的光辉篇章。党中央、毛主席提倡"农业学大寨"。20世纪70年代前后，大寨曾是全国人民学习的榜样，周总理等国家领导人多次亲临大寨指导。所以，大寨人在特定的历史时期所创造的特殊成果，已成为20世纪的重要文化遗产。"相对于那些让人肃然起敬的古代遗存，20世纪文化遗产最容易被人们所忽视，其流失速度也快得惊人"，国家文物局局长单霁翔说。

我们按照"以调查、登录新发现的不可移动文物为重点"的精神，对大寨进行了全面调查，登陆了新发现：人民公社大院、大寨民居、名人遗踪馆、大寨礼堂、团结沟渡槽、军民渠支农池等。今天已是在大寨工作的第四天，立面图也基本绘制完了。

2008年5月29日

省专家组下来检查，看了我们已经做好的文本后，指出了填写文本中存在的许多问题。下午专家走后，我们把专家指出的不足逐条对照检查，集中讨论，分头更正。发现这十天早起晚睡，天天加班，反复斟酌，下了很多功夫的工作的确还存在很多问题。看来，工作的质量是不能用时间和功夫来衡量的。

2008年6月14日

永红背着相机、抱着采集的陶罐残件，利军拎着捡到的残砖，翟老师还低着头寻找，我和艳青把工具装进车里后大叫，好不容易才把他们三个从玉米地里呼叫出来。外界的人根本无法理解，搞文物的人见到残砖破瓦就像着了魔一样，翻来倒去的看个没完，还爱不释手。已过中午了，谁都没想起肚子饿，反而被工作的收获兴奋着，坐在车里还兴致勃勃的。

2008年7月3日

今天做了四处：南庄遗址、西庄遗址、东山县故城遗址，顺便捎带做了库城戏台。

最大的“敌人”是南庄遗址，上午可能没找对地方，下午接着找。我们五个人兵分三路，爬上爬下只捡到三片陶片。昨天刚下过雨，地里很泥，鞋已经不成样子，裤子也湿了半截。傍晚回来的路上，大家已经累得一句话也不想说了，如果南庄遗址有收获的话肯定不是这样的气氛。

2008年7月29日

昨晚牙疼，半夜起来又吃了一次药，早上起床后一点精神也没有，永红给我带来了治牙疼的药。上午找冷铺地遗址，翻过一道沟、爬上对面山坡时，好像要窒息了。这几天实在太累了，翻山越岭，爬坡穿地的，头顶上毫无遮挡，大汗淋漓喝不上水。不在野外实在难以想象外面会热到什么程度。坐进车里，后排座四个人挤在一块，皮肤和皮肤接触一下，仿佛火烤一样，心里不由得就会烦躁。晚饭没吃，牙床肿得更厉害了。

2008年8月15日

今天去水磨头调查，简直就是暴晒了一天。车开不进去，步行到村里就用了一个多小时。女人是最爱美的，我和艳青现在什么也不讲究了，脸晒得黑黑的，每天穿工作服，像卖烤红薯的大嫂。

傍晚回到住所，饭还没做好，永红歪在沙发上已经睡着了。

2008年8月29日

昔阳沾岭山最高峰有座西老庙，海拔1700多米。想爬上西老庙就得穿过灌木丛。沾岭山地势高、气温低，炎热的夏天，却感觉冷得发抖。我们找到村支书带路上山，进了灌木丛根本直不起腰来，只能爬行。爬到半山上发现没路了，村支书拿着镰刀凭经验才重新辟出一条路来。汗水、露水、泥水交织在一起，湿透了衣服。永红、利军穿得都是浅色衬衫、半袖，胳膊上一道道血痕看得很清楚，衣服上满是绿色植物划下的痕迹。爬上山顶豁然开朗，寺庙虽然坍塌严重，但是石碑很多，大家高兴极了。拓碑的、拍照的、画图的、测点的，爬山的辛苦一扫而光。

下山后下午两点多了，这里方圆几十里只有一个住着两户人家的小掌村。我们上山的时候，听到村支书和一位大妈随便打了声招呼，下来的时候，大妈拦住我们，说什么也要请我们吃饭。热腾腾的面条真是雪中送炭。身上的汗落了，有点凉，心里暖暖的，能说什么呢，我好想给大妈留点什么，可谁身上也没带钱。即使真带了钱，我们的钱又有多重的分量？

2008年9月6日

昨天采集了七处新发现信息，今天计划在室内整理，渠局长来了（他兼任市“三普”办副主任），我们就一起去了社稷庙、民安遗址。渠局长每次下来都会和我们一起进行一两处实地调查，下午回来他又给我们讲了怎样绘制遗址平面图。经他一指点，电脑上绘出的遗址平面图也规范了！

2008年9月17日

在昔阳县普查工作已进行了4个月，无论走到哪里，都会得到了广大干部群众的积极支持。期间，西寨乡乡长和人大主任曾亲自为我们带过路，深入几个村协调关系、介绍情况；孔氏村支书也曾主动担任普查向导，顶炎炎烈日随我们到田间地头寻找古墓葬；南界都乡70多岁的老支书因年长，被谢绝陪同进深山调查后，硬是准备了可口饭菜，在村口等着我们归来共进晚餐；南界都小学教师也曾无私地把他业余时间摘抄的所有碑文资料无条件提供给我们；今天皋落乡的村民第二次自发组织群众再次陪同我们进山探寻文物古迹。

昔阳人民淳朴善良、热情好客，尊重文化，对第三次全国文物普查工作给予了大力支持和帮助，我们常常被感动着，这点点滴滴都留在我们普查队员的心里。

为了人类的梦想与未来

晋中市文物局　杨美平

晋中市昔阳县“三普”队，有一位年逾六旬的特殊队员，他博学、沉默、温和，曾参加过第二次全国文物普查，默默无闻在文物工作岗位上奉献了二十几个春秋，他——就是前昔阳县文物管理所所长翟盛荣。

老翟曾在县文化馆从事文艺宣传工作，农业学大寨期间，走村串户、深入基层，对农村情况十分了解。20世纪80年代初转行搞文物，更是山野沟壑无所不至，县境内四百多个自然村没有他没去过的。“世上无难事，只怕有心人”，长期的基层工作，他脑子里装了一幅自然的地形、地貌图，对文物分布状况更是了如指掌。县文物局局长翟贵军深知他的特点，将他返聘，专门参加第三次文物普查。此前，正巧有单位聘请他，而且待遇不菲，但老翟深爱自己投身二十余年的文物事业，离职后仍在钻研着，他欣然来到“三普”队，近半年时间，与普查队生活在一起，工作在一起。

这位63岁的老文物，甘于清贫，乐于进取，知情人说他：能“吃人所不能吃之苦，忍人所不能忍之事”。他长期奔波在野外搞文物宣传、调查、研究，写出了四万余字的文物调查报告，绘制了很多古建筑平、立面图，将照片整理分类；还完成了《中国文物地图集》、《山西文物全书通俗篇》晋中部分；先后在《史前研究》、《辽金史论集》、《中国青铜器全集》、《山西旧石器时代考古研究》等刊物上发表文章。这次文物普查，老翟将自己多年积累的资料无条件地全部拿出来。

以他的年龄和资历，完全可以坐镇指挥，没有必要每天跑野外，但在普查队里翟盛荣永远都是“先行军”。乡下很多人都是他的朋友，老翟一出面，干部群众纷纷来协助文物调查，常常会有三五成群的人来给普查队做向导。进山的次数很多，普查队的轿车不适宜走山路，老百姓主动开来他们的大卡车、崭新的面包车送队员进山、给队员带路。他们买水果、带干粮、拉架板，只要工作需要，老百姓就挺身而出。队员们深深赞叹老翟的人格魅力。

翟盛荣对工作一丝不苟，精益求精，搞文物调查常常会听到很多传说，他坚持“以史为鉴”，反对引用没有确切记载和考证过的传说，有价值的碑文、题记休想从他眼前溜掉。这次普查他又整理石碑200余通，由于伏案时间太长，他的颈椎病复发，常常不得不停下来缓解片刻，但他没有叫过一声苦。经他整理出的文字资料，极大地充实了文物档案。

陡家庄半山腰过去有一处摩崖石刻，多方调查得知此前修公路开山炸石已将其破坏，老翟心有不甘，一个人钻进植被覆盖的岩石山中要爬上去看个究竟，太危险了！其他两个队员一前一后赶紧跟上他。另一个队员灵机一动，跑到一个隐蔽的地方大叫“老翟——找到了”。三个人兴冲冲从山上下来，老翟接受了这个善意的谎言，但他依然不舍地站在山下拿着望远镜张望。

翟盛荣“以学立身”、“学以致用”，以前无论做什么他总是先拿出样稿，由别人在电脑上为他完成。文物普查期间，看到队员们用CAD快速制图，他萌生了学习的念头，这个老队员之前连鼠标也没有碰过！由于普查队员每天工作量大、时间长，回到室内电脑空闲的时候很少，老翟得空就请教年轻队员电脑制图的常识，他利用早饭前的时间学习电脑制图。开始学得非常辛苦，一个星期之后竟然成功地绘出一份古建筑平面图，看到老翟乐得孩子般大笑时，所有人从心底里升出一种敬佩。十天后，他的立面图也跃然电脑桌面。

翟盛荣是个责任心很强的人，为了确保馆藏文物安全，他坚持值夜班20余年，退休后仍然继续坚持值班，这次文物普查，无论白天多累，晚上坚持回机关坚守文物阵地，被人们誉为是文物战线的“老黄牛”。他不怕吃苦，甘于奉献，为了不漏掉每一处新发现，比年轻人走的路还要多，在他的带动下，新发现数量是复查文物数量的 1.3 倍。“寻找的不仅是记忆，发现的不仅是历史，我们挥洒汗水，风雨兼程，为了人类的梦想与未来。”

寻觅历史的足迹

——有感于榆次区“三普”工作

晋中市榆次区文物旅游局　闫　震

盛世谱华章，和谐铸“三普”。当历史的车轮奔向2008之际，这一年我们翻开了新中国文化遗产保护事业崭新的一页。按照国务院2007年4月《关于在全国开展第三次文物普查的通知》要求，在山西省文物局和晋中市文物局的周密部署下，作为晋中市政府所在地，晋中政治、经济、文化中心之所的榆次区于2008年9月1日正式启动“三普”工作。

我作为文物战线的一名老兵，有幸参与到“三普”工作中来，并担任普查队队长，倍感欣慰与自豪的同时也深深地感觉到自己身上承担的责任之重。这次“三普”工作质量的好与坏，能否发现更多的历史遗物（迹），能否为构建和谐社会，增强本地区文化软实力，打造“现代晋商中心区”而贡献文物战士的一份力量，成为我思考的重点。榆次历史上文物古迹众多，名人乡贤云集，近现代工业遗产出众，应当有更多的新发现，但现有的130处文物保护单位中仅有两处国保、一处省保、三处市保，其余为区（县）保单位，无论从总量上还是国保数量上都与其所处的地位不相适应。因此在“三普”开始筹备阶段我便暗下决心，一定要带领队员，在各级领导专家的支持指导下，争取将榆次区更多文物古迹展示在世人的面前。抱着这样的希望和决心，我们开始了“三普”工作……

设备仪器，年初即已到位；人员选拔，所内五名业务较强，素质较高，身体强健，勇于奉献的同志承担此项工作。其中有两名副所长，一名办公室主任。我们先定计划、出方案、排路线，确定了“由简到繁、由城到乡、由近及远、先易后难”的工作思路，确立了普查队、乡镇、办事处及民间知情人三重机构组成的普查班子，建立起“三普”工作三步走的方式，即先由所内一名有工作经验、能吃苦、肯挑重担、掌握文物线索较多的同志先期走村串户，了解摸排文物线索，记录在册并拍好照片供大部队进入普查现场时参考安排，然后由普查队进行正式普查，随后由专门的信息员总结上报信息。通过实践证明，我们的这种方式非常实用、有效、快捷。同时，在各乡镇领导及文化站同志们的配合下，我们的“三普”工作更是如鱼得水。当我们向当地百姓了解当地文物遗迹和历史时，他们津津乐道，争相相告；当我们向当地领导寻求帮助时，他们不假思索，全力配合；当我们向群众征询线索时，他们争先恐后，热情带路……正是有了这些熟知当地历史热衷于文物保护事业，具有无私奉献精神的众多的好心人士的帮助与支持，我们的“三普”工作才能够顺利进行，少走弯路，多有发现。他们那质朴、认真、不辞辛劳的精神，深深地打动着我们每个“三普”队员的心，队员也暗下决心，一定要用我们辛勤的双手，智慧的双眼，不止的脚步，去探寻那更多的不为人知的历史古迹，让它们重新回归我们的视线，重新散发那历久弥新的清香，重新唤起我们对历史文化遗产的关爱。

在我们的眼中，文物是孩童，需要我们亲切的关爱与呵护；文物是老者，更需要我们持之以恒、一如既往的照顾与保护。正是怀着这样的心情与感觉，我同我们的队员一道早出晚归，迎着朝霞出发，踏着结实的脚步，怀着兴奋与憧憬的心情开始一天的寻古探索。我们一路相互鼓励、相互关怀、相互照顾，入农户、下田野、攀高山、钻密林、趟河流、爬峡谷；访老者、寻遗迹、问历史、觅往事、进学校、到工厂……我们测量、记录、绘图、登记、录入，随着时间的推移，我们的成果也不断的丰满起来；当我们踏着夕阳的余晖，背着一天沉甸甸的收获，收队回营之时，我们的身体虽然略显疲倦，但我们每个人的脸上绽放的却是那迷人的笑容，心里充满的是收获的喜悦，期盼的是更多的发现……

短短几个月的时间，我们这支队伍更团结了，战斗力更强了，而我们的普查成果也更加丰满了。从一开始的庙宇、城墙遗址到古文化遗址、古寨、古堡、古井、古村落、古墓群再到近现代工业遗产、金融商贸建筑、名人旧居、商业街区、六七十年代的戏台、水渠、革命烈士遗迹等可谓五花八门，种类齐全。我深深地感到我们祖先的伟大，更感到我们在当代社会中，在中国共产党的领导下，在科学发展观的指引下，我们的祖国所发生的巨大变化，我们应当为我们的祖先创造的灿烂文化而自豪，更应当为我们当今社会所发生的伟大变革及幸福生活而欢欣鼓舞。历史文化遗产是前人创造的，我们有责任将他们保护好，发扬光大，传之于后世。在我们的生命里，历史文化遗产是我们的骄傲，是我们生生不息为之奋斗的光荣与梦想，是我们构建和谐社会，增强文化软实力的重要源泉与保障。我们当为之欢呼，为之雀跃，为之奋斗不息。

寻佛记

晋中市榆次区文物管理所　杨　健

早就听说庆城林场深处有一尊古佛像，据说还挺大，可是我们谁也没有见过，这次“三普”到长凝镇，我们一定要找到这尊神秘的大佛。

我们下定了决心，事先做好了充分的准备，就向庆城出发了。

首先我们来到庆城林场场站联系，向林场的同志说明来意，对方却不同意我们去找大佛。原因是山高林密，道路多年无人行走，大佛地处僻远，很可能找不见，更何况山里通讯皆无，万一发生意外，救援也不方便。总而言之一句话：“你们找不见！”

从林场出来，我们商量了一下，意见统一：我们非找到大佛不可。那么多无迹可寻的文化遗存我们都找得到，那么大的大佛我们就找不到？不相信！到离林场最近的王寨村再问问。

沿着盘山路走了有半个多小时，我们到了王寨村。王寨村远离其他村镇，地处林场入口，位于半山腰上，平和静谧，几乎看不见人，只有院里堆放整齐的金黄的玉米垛，站在院墙上趾高气扬的红公鸡和偶尔传来几声犬吠。可惜的是，向导出门干活了，不在家。正好碰到一个年轻人，说起他小时候生病，曾跟随大人去佛前求过药，那条路真不好走，日远年深他也找不到了。郁闷！我们又访问了一个老人，他告诉我们说：“我也多年没去了，不过，你们顺着大路走，记得左拐、左拐、再右拐就去了。”

就这么简单，真让人难以置信，但愿如此。

告别了老人，我们就正式向林场进发了。汽车顺着盘山路一直向前开，两边的林木渐行渐深，我们在树下穿行。虽已深冬，树叶凋谢殆尽，但枝条繁密，阳光零星地投射下来。路旁灌木丛生，横生侧倒，把我们的老爷车老昌河两边刮得唰拉唰拉直响，心疼也顾不得了。这路也不知是几时修的，宽仅容车，土石漫路，困顿坎坷，坡陡路滑，再加上连弯带拐，我们一路颠簸。这都是小意思，就怕我们的老爷车万一不堪驰驱，趴了窝可怎么办？

“这里山深林密，无人来往，通讯又不灵，要是我们回不去，领导的血压还不得升到一百八！”我们一边走着一边开着玩笑。

“左拐、左拐，再右拐”，开车的小周咕哝着。问题是这岔道太多了，每路经一个谷口，总有小路蜿蜒到山后边去了，我们边走边判断，边判断边走，又一个大叉口，老安和老王下了车，又去实地考察，转了半晌回来说：“什么也看不见，估计不是这条路。”好，我们向高处继续进发。路更难走了，本来就是草草铺成的土路，经过雨水冲刷，路面下的大石头都像瘦马的背一样支棱出来，小周笑称他开了这铁轨路，都可以去开火车了。

车一直开到了一个高高的梁上，还是看不到大佛的踪影。我们四五个人离开车，到处去寻觅，希望能看到一点人类建筑的痕迹，结果真令人失望。除了这条路，还是这条路。难道我们走错了？每个人心里都在反思着，也许是刚才那条向右的岔路才对？大家一合计，既然这条路看上去不像，那么我们就回去再深入地走走那条路看看。虽然嘴上这么说，可我心里已经肯定了大佛一定在那条路上，只要我们转过那座山，我们一定会看见大佛站在高坡上迎接我们呢。

又经过半个多小时的颠簸，我们从山上下来，回到岔道口。当时已经 11 点半了。开饭！我们拿出随身带来的干粮，取出水壶，席地而坐，大嚼着，痛饮着，愉快的情绪弥漫在我们的周围，阳光也显得特别灿烂。

前面的路车是不能开了，我们背上工作包，拿上需要的各种工具，一声令下，列队徒步向前进发。这条路也不知有多久都没人来过了，厚厚的落叶在脚下倏倏作响，残枝断梗零落一地，时不时逼得人绕路而行。向上望，高大的乔木遮天蔽日，看不见山顶，向下望，密密的乔灌木从谷底直长上来，与人比肩，眼前只有唯一的一条路，而这条路在转过了好几个山角后也终于在一片果园里画上了句号。我们不死心地四处踏察，到处寻找，怀着最后一线期冀，希望有所发现，然而天不从人愿。我们只好踏上归程，一路上无人言语，失落感捆绑住了我们的心、我们的嘴。

当我们返回王寨村的时候，恰巧我们找的向导回家吃饭了。一见我们无功而返，二话不说，就亲自带领我们去寻大佛。又是一路坎坷，我们来到了最初到的那个高高梁上，就在一片荒草芜生的地方，藏着一条久远的小路。天哪！它藏得如此隐秘，难怪我们无迹可寻，临门而返。下了车，背上工具包，我们徒步沿坡而上。顶着海拔 1700 米处的清寒，迎着凛凛的北风，踏着层层叠叠的夹杂着残雪的落叶，感受着密林深处幽幽的神秘，倾听着向导淳朴有趣的聊天，穿过一片片灌木和小片的丛林，时而能看见小松鼠在林间跳动，时而又听见小鸟在欢快地啼鸣。一直在爬山，却让人忘记了一切的疲惫和劳累。

忽然，当向导的老大爷指着前面不远的地方说："看，那就是了！"喜悦从心底升起，顷刻流遍全身，我们大步向前走去。先看见一两处坍塌的石窑，紧接着就是密压压的荆棘丛，我们拨开枝条，小心翼翼地从底下钻过去，嚯，大佛就在眼前，终于找到大佛了！

大佛为砂石石质，整体圆雕，坐北向南，结跏趺坐于佛台之上，双手相托。像座宽 4 米，土没至腿，残高 4.4 米，厚 1.6 米，因大佛露天而坐，年久日深，风侵雨蚀，风化剥落，加之人为破坏，大佛受损严重。佛头虽在，唇鼻皆残，眼珠被盗，令人扼腕痛心。据其特征来看，头型长方，颈部较长，体态健壮匀称。头上螺发浅小，身穿通肩袈裟，衣纹简洁平浅，粗略判断有隋代造像风格。佛前有碑一通，光线阴暗，不易辨识，仅知为宣统重修碑。

佛之东西各有配殿一座，虽已垮塌，基址犹存。西配殿中间有莲花台，主佛倒于台下，两侧各有石像五尊，为帝王服饰，头部俱失。疑为地藏王菩萨及十大阎王，造像时代应较晚。东配殿造像存十八尊，头部俱失，墙土掩埋至肩，仅能看出有的右衽衣襟，有的甲衣在身。唯有一侍者像倒在殿中，手捧经帛状，像身半残。造像时代不明，应同于西配殿。另有南门基址一座。

真是太奇怪了，不是吗？通常我们见的大佛都是依山而建，慈眉善目，俯视众生。而庆城林场大佛沟的大佛却背对危崖，面壁而坐。说是面壁而坐，又不是真的面贴石壁，前面还有东西配殿、南山门，确切地说，应该是山门几乎贴住石壁，仅仅几米远，这不是太让人费解了吗？谜题还不仅于此，是谁出资在这密林深处、高山之巅修造了大佛？是在哪朝哪代，基于什么目的修建的呢？又是哪些工匠历经数月乃至数年寂寞造此佛像？答案等我们去探寻。

我们上下观摩造像，四处寻找可能有的题记，周靖 GPS 定点、我在绘图、鲁哥在拍照、保平在描述，老安对外围尽可能地踏访。大家自然而然地默契地各干各的，顾不上交流彼此的观感，也顾不上表达自己的喜悦和惊叹，时间流逝的却是那么快，光线越来越暗。太阳已经落到山后了。当向导的大爷一再催促着我们，“天黑了，早点回吧，山里有豹子，太晚了，我们路可不好走!”

我们依依不舍踏上归途，心中澎湃着激动和满足，有一种欢宴归来微醉的飘飘然的欢娱。事情过去已经有一段日子了，可那天的情景还历历在目，让人难以忘怀。

村名拾趣

平遥县文物局　张道莛

进行文物实地普查，不仅能学习掌握文物知识，同时也能更深刻地了解当地的文化韵味，如一些村落的由来就十分有趣。

道虎壁村：古时道旁有一石雕大虎，故得名。

林泉村：原名郭儿壁，因该村西南在古代是一片森林，东北又有一水泉，故取名林泉村。

游驾村：清康熙皇帝西巡，御驾到此地，故名。后因山洪泛滥，将村冲成东西两截，分成东游驾，西游驾。

军寨村：因唐大将尉迟恭引兵驻扎过，故名。

凤落村：原名范乐，为元初兵马都元帅杜丰之故乡，杜之子孙皆官，爵位世袭，后人以高官辈出为因，视该村为吉地，改为凤落村，后受洪水冲袭，截为东、西凤落村。

魏乐村：相传原由魏、乐两家建村居住而得名，后又称蔚州城，因北魏后期安置一批来自河北蔚县及山西灵丘一带的少数民族而得。

娃留村：相传，本村古有一外出谋生者，家留妻与幼儿。某日托友人到家探访，贫妇难为无米之炊，出门张罗。客见此情，欲不辞而别，奈何幼儿啼哭不止，客人不忍，故留下。贫妇剪去长发换米而归，客人感激之至，别时留诗云："娃娃致留意，削发待宾朋。"自此遂有"娃留村"和"待宾村"之称。今称娃留村。

我很累但很快乐

太谷县文物管理所　李国蕊

从毕业到参加文物工作如今已整整 10 年。从对文物工作的一无所知到如今的胸有成竹。从开始的一脸茫然到如今的珍惜热爱，自己已深深地喜欢上了这份工作。

这 10 年，有幸参加了两次文物的普查工作，2002 年参加的是对馆藏文物的调查，对象是可移动文物，通过这项工作我对馆藏文物有了更全面、详尽、细致、深刻的了解。2008 年 5 月晋中市第三次全国文物普查第二阶段野外调查工作正式启动，这次工作的对象是不可移动文物。作为一名普查队员到祁县工作，我深感责任重大，怠慢不得。组长分工明确，我负责填写文本，工作中能做到“眼勤、手勤、嘴勤、腿勤”，每到一个村庄就积极向村民宣传文物保护知识和文物普查的意义。并且张贴宣传画、散发宣传单，走访村里的老人和知情者，查县志、乡志、村志，搜集详细的资料，不放过任何一条线索，足迹遍及乡村、街道的各个角落。填写文本前打草稿，经与组长多次推敲，确定无误后再正式填写。我以高度负责的态度，尽心尽职地工作。工作之余，闲暇时间，向队友学习 CAD 制图，通过队友耐心的指导和自己的认真学习，从开始的 2 小时绘一张图，到如今的游刃有余，确实付出了许多。持续工作八九小时是司空见惯的，腰酸背痛也是习以为常的，在艰苦、繁重的工作中磨炼意志，增长才干。

和队友在一起工作的日子里有苦有乐。我们会为一处意外的发现而欢呼雀跃，会为濒临倒塌的古建而黯然神伤，有过一起被蜜蜂蜇过的尴尬，有过失足掉入河中，鞋子湿透的窘迫，有过挑灯夜战的辛苦，有过相扶相持的互助，有过一起倾听村民介绍古宅的往事，有过……

时间转瞬即逝，10 月份祁县普查工作已结束，当市局决定让我县自组成队时，我感觉肩上的担子更重了，但是义不容辞，这是领导对我的信任，只能做得更好，责无旁贷。由于时间紧，任务重，专业人员缺乏，我只能身兼数职，有了祁县的普查经验，尽量不走弯路，不走回头路。结合太谷的实际情况，配合领导制定详细的普查方案，本着由远及近，先山区后平川，由易到难，日清日结的工作原则，普查工作井然有序的进行。在完成自己分内工作的同时，帮助队员校对文本，筛选照片，搜集数据，整理资料等。

作为我县唯一一名女队员，工作中不怕艰险，和队员一起吃苦耐劳，跋山涉水。还记得在寻找范村南岭遗址的时候，向数位村民多方询问，村子周围没有这一地名，但队员们没有灰心，分头到范村西南的山脚下开始新一轮的寻找，我们一边仔细寻找陶片，一边向山顶攀爬，这时天色逐渐暗下来，组长嘱咐我注意安全，我鼓足勇气与队员一起向上攀登，功夫不负有心人，我们终于在山顶发现了陶片，大家的心情也随之轻松，但此时天色已黑，下山有了难度，靠着手机联系司机打开车灯后，我们才向着车灯方向寻找路径下山，如今回想起来历历在目，累着并快乐着。

一直怀着一颗炽热的心努力工作着。感激工作给我带来的一切，无论是风霜雪雨、酷暑严寒，无论是酸甜苦辣，它让我学会了坚强，学会了锲而不舍。感谢上级领导给了我一次又一次的学习机会，让我增长了知识和才干。感谢单位领导给了我参加“三普”的机会，让我在不懈的追求中，实现了做人的价值。感谢普查队员给予我帮助和支持，让我在工作中多了一份自信和快乐。感谢我的家人给了我理解和支持，给了我无微不至的呵护，让我可以全身心地投入工作。

这仅是我参加“三普”以来的一些经历和感受，是对自己的肯定，也是对自己的鞭策，希望在今后的工作中能做得更好，走得更远！

民间文化守护神——庞祥新

祁县新闻中心　刘学斌　高力刚

在国家历史文化名城山西祁县，有一个神奇而极富魅力的山沟——上庄沟。上庄沟有个名扬天下的小山村，叫上庄村，曾被称为“小北京”。这个古老朴质的小山村山连山、沟套沟，山势雄伟壮观。在松柏环山、绿意盎然的上庄村，金寨沟泉水清澈见底，水中鱼虾嬉戏，小蝌蚪也在欢快地游来游去。今天故事的主人翁，祁县电业局职工庞祥新就是这个美丽小山沟的儿子。已过不惑之年的他没别的爱好，就爱捣鼓文物古迹。古老村寨上庄村那青石铺就的街巷，飞檐挑角的门楼，以及由此衍生出来的一串串故事，还有老树下、古庙里、清泉旁、戏台前流淌的楚楚风情，都留下他追寻、探索的足迹。

庞祥新 18 岁当兵离乡，到现在已 30 多年了，可他的心却始终走不出那曲径通幽别有洞天的上庄沟。他热爱这里的山山水水、草木鱼虫、一砖一瓦。当那些曾经为上庄人带来尊贵与荣耀的高墙、门楼在岁月的漠然中一天天损毁坍塌，当那些曾经承载上庄人虔诚与信仰的精美石像、石碑零落在路边或成为踏脚石时，一种挥之不去的惋惜与忧伤袭上了他的心头。

随着晋商文化旅游的升温，一座座晋商老宅如乔家、王家、渠家等大院光华再现，令人惊叹不已时，庞祥新第一次清晰地意识到，面对有“小北京”美誉的上庄村特有的自然生态、人居环境、人文景观、风土人情，他要让世人共同分享这厚重的历史和繁华犹存的既古老又不失时代气息的上庄文化，他要别人知道，上庄那古朴雄伟的建筑群要比祁县的乔家、渠家还早 100 多年啊！他清楚上庄的价值并执著地坚信，上庄迟早一天会被世人关注。他悄悄地把那些散落村头田间的石碑捡回村里，还与第三次全国文物普查的同志们一起在上庄附近的深沟里发现了5000年前新石器时代的石斧、箭头，充分印证了这个村悠久的历史和灿烂的文化。

在去年的第三次全国文物普查中，庞祥新作为一名热爱文物的“发烧友”，与文物工作人员跋山涉水，历经艰辛，每天只啃几包方便面，可他不畏艰难险阻，和普查队员一起先后发现了石窟、造像碑及石棺、石碾等一批颇具价值的遗存和文物。在来远镇、峪口乡这两个最偏僻的山区，他们的足迹印证了这样一个道理——精诚所至、金石为开。有时，他们一天要爬30余公里陡峭的山路，有时一天也吃不上饭喝不上水。可为了文物的保护与开发，这点艰辛又算什么呢！从千年古松、五龙洞到古戏台、奶奶庙，从金寨沟泉水到洞顶山石窟，到处活跃着他的身影。有一次，几个品位不俗的收藏家以及嗅觉灵敏的搜宝者不约而同把目光投向了上庄村，这些人在上庄村四处游走、找寻，神不知鬼不觉从几个院落里撬走了屋檐下的木雕饰物，还揭去了房顶上的猫头滴水，幸亏庞祥新及时发现，从那些饥渴的“搜宝者”手中追回，不然又有多少珍贵文物从上庄村流失。除了丰富的文化遗产，“神泉与奇松”、“龙驹鸣乱太原府”、“田善友得天书”、“刘秀（东汉光武帝）与桑树”等不少美丽动人的民间传奇，让这个小村庄更增添了几分神秘的色彩。

我们应该感谢像庞祥新这样的民间文化“守护者”、“志愿者”。他以对民间文化、文物古迹的虔诚与挚爱，默默地奉献着。我们期待着庞先生的梦想早日实现，让上庄村特有的自然生态、人文景观带给世人以新的体验与感悟。

大寨行

——第三次全国文物普查散记

昔阳县文物管理所　史永红

2008 年 5 月 26 日，我们昔阳县文物普查小组一行前往大寨村进行文物普查。一早我们就驱车进入大寨村。

一到村口，就看到门楼上赫然书写着“大寨”两个字；“艰苦奋斗、自力更生”的“毛体”字分列两旁。使人不由想起那个特殊的时代。特别是两旁整齐的石窑洞上的瓦房，倚势而建，阶梯耸立，气势恢弘，蔚为壮观。它是大寨村的标志性建筑，是特定历史时期的产物，属一处珍贵的文化遗产。

我们一行来到村委会说明来意后，村长对我们的工作表示特别支持，派一名姓贾的村委委员协助调查。

沿村道，我们来到陈永贵故居：一处普通的农家小院，前后两院，两院之间有月亮门隔开，前院有北房四间，后院有西石窑两孔，临街大门一座。呈现出典型朴素的农家风格。前院南墙摆放着陈永贵生前使用过的实物，窑洞和北房内陈列着大量鲜为人知的珍贵照片。周恩来、邓小平、叶剑英、李先念等党和国家领导人及外国元首、国际友人都曾在这里做客。

陈永贵这位普通农民，由一个劳动模范走到了共和国副总理的位置，曾引起过多少人的评述，被后人称之为“扎白毛巾的副总理”。尽管众说纷纭，但历史毕竟不容更改，当人们走进这个院内，便能够感受到他作为一个普通的庄稼人的特质与风格，历史沉淀回归后，教育甚至警示意义在此凸显出来，我们便怅然感叹历史遗迹的功能！

随后我们来到隔壁老劳模宋立英家。她——英雄贾进才的妻子。贾进才，这位大寨第一任党支部书记，主动把位子让给了陈永贵。他是在“三战狼窝掌”立下了汗马功劳的人物。为开启大寨新的历史做了最大的贡献。

老宋招呼我们到家里坐，讲起了大寨人艰苦创业的历史。大寨在1963年遭灾不要国家救济。自力更生，艰苦奋斗，建起了一个新大寨，让世人称道，特别是改革开放以来，村里的变化一天一个样。想想过去，看看现在，人民的生活水平提高了，她风趣地说：“这在过去，可是搞资本主义啊！”说到这里，大家都笑了。笑声浓缩了历史。

从宋立英家出来，老贾说：“走，我再带你们去看一个地方。”沿着一道缓坡，行走片刻，来到一旧大门前，大门顶部用钢筋铁皮制作的“大寨人民公社”六个大字映入眼帘；大门两侧柱子上用“毛体”写有“四海翻腾云水怒，五洲震荡风雷激”，柱子的侧壁上还用仿宋字书写的毛主席语录，看上去虽然陈旧，但留有明显的时代特征与烙印。再往北十几米是大寨礼堂，前厅入口为四根水泥圆柱支撑的两层楼式建筑，里面由大厅、舞台、后台组成。老贾介绍说，这里是大寨人过去搞文艺活动的场所，中国舞剧团和许多部队文艺团体及国家乒乓球队都曾在这里进行过演出和表演。在大寨礼堂的北面后墙是“名人遗踪馆”，这里是大寨接待站接待国家领导人和国外元首等贵宾休息的场所，馆内北排房是周恩来、叶剑英、李先念、邓小平到大寨休息的房间。东石窑是外国元首和文化名人参观访问大寨陈列室，还有三孔是江青两次到大寨居住的窑洞。这里陈列着许多珍贵的历史照片，后来搞旅游开发，供游客参观才命名为“名人遗踪馆”。这里珍藏的照片可以说是一个时代的缩影呀！

看完了村里，老贾带我们上虎头山。在通往山上的盘山路上，老贾指着山上郁郁葱葱的的树林说：“这几年村里响应国家退耕还林的政策，山上的梯田有一部分都种上了树，狼窝掌、团结构、麻黄沟的梯田仍然保留着原貌。”

我们看到，在虎头山半山腰有个停车场，旁边有个水池，水池边有块牌子上写着“支农池”三个字。“支农池”建于1967年，是解放军和大寨人共建工程，故命名为“支农池”。沿着山路往上走，前面又出现两个水池，老贾说：这两个池叫“兄弟池”，是大寨与井沟村共建共用的水池，故命名为“兄弟池”。

在半山腰一个凌空飞驾的渡槽与对面山腰相连，气势雄伟。弓形的桥孔如巨人的臂膀紧拉双峰。老贾说这就是“团结沟渡槽”，这些水利设施都是当年为灌溉虎头山上的梯田修建的，还有提水设备3套，地下喷灌滴灌管道1.5万米，各种控制闸阀450余个。

行走在虎头山上，大寨全景尽收眼底：那一片片树林、一条条石头垒砌的石坝、一条条盘山水渠，使人仿佛看到大寨人当年劳动热火朝天的场面。大寨人靠自力更生、艰苦奋斗的精神，把“地无三尺平，出门就爬坡”的旧大寨变成了一个欣欣向荣的新大寨……

在大寨，所见所闻，处处能领略到历史遗迹给我们带来的感慨与启迪，让我们在穿越历史时空中得到灵魂的熏陶洗礼与升华。大寨与共和国走过的路程同步，让我们体味到那个特殊年代，一个山村创造的可歌可泣的非凡业绩。

大寨村的文物普查工作结束，我们的收获是厚重的、双重的：大寨土地上多处文物遗存记载、见证了大寨人不屈不挠、勇于奉献的经典创业史。这部创业史已熔铸为一种可贵的精神和文化，培育出的“大寨精神”必将继续得到传承。大寨村本身的人文、自然景观又与这文化遗迹交相辉映，折射着中华民族精神的光华。

前来大寨进行文物普查，不虚此行。为此我特写诗一首以示纪念：

轻风做伴大寨行，众多遗迹入眼中。
当年鏖战多壮志，大寨精神天下闻。
改革开放聚民意，承前启后绘新景。
多处景观集虎头，人文光华若祥云。

绳纹，人类文明进步之索

文物保护志愿者　韩建忠

我从事过的任何一项工作都与考古无缘。然而，每当我有意无意地看到古朴的文物器物时总有一种岁月的沧桑感，总是感觉到心尖上的某一部分正在生成一种古老的、被炊烟或篝火或窑火熏烤的结痂，仿佛用手指弹一弹就能弹掉祖先们劳作休息时的那一声叹息。

第一次看到陶鬲是在 1968 年 3 月 8 日，距离我 10 周岁生日仅差 4 天。虽然是“文化大革命”动乱时期，但是在北京故宫的文物馆中，我第一次看到了玻璃柜后面的陶鬲；那些金光四射、银辉耀眼、凝冰砌脂的金银玉器并没有吸引我的眼神，反而是那朴实无华的灰色陶鬲倒让我怦然心动。

在后来的岁月里，但凡我所到之地，只要有文物展览的场所，我都要去看一看，哪怕是真伪夹杂的地摊，尽管我不收藏。我就是要近距离地用目光嗅出祖先们留存在各类灰色陶物中的气息，感悟祖先们遗留在这些器物上的汗渍。尤其是那绳纹器皿上的沟沟壑壑，仿佛在每一条绳纹里都埋藏着祖先们讲给后人听的语言和故事，包括他们使用过的天南地北的方言。

我的学历不高，但还依稀记得中学里的历史老师讲过，我们的祖先对他们曾经历过的重大事件、特殊事物、获猎品种的多少、部落人员的功过，都是用结绳记事的方法记载的。从此，绳——这一串联古老与现代文明的文化载体，就走入了我们民族历史的编年。

因为偶然的机缘，我结识了左权县文物局的冯耀武、姜杉两位领导，从此就让我们有了二十多年的来往。

很长时间没有来往了。11 月 23 日黄昏，随着下班的人流，我扑进了姜杉副局长的办公室，想约他煮酒论古今。出乎意料的是，差一点与一位纤弱文静的青年女子撞个满怀；道歉声中，我从姜副局长的介绍里，得知她是晋中市文物局文物管理科的科长，名字叫秦妍茹，是2008 年度全国第三次文物普查左权工作队的带队领导。寒暄握手，不禁心中一抖，如此柔弱无骨的纤纤玉手也能提得起洛阳铲，对话地上与地下的千古春秋？因为姓秦，在我脑海里便跳出了一个幽默符号：也许从她手中，能挖掘出一些秦汉唐宋的文化音符，因为秦姓有古风之余韵。

酒没喝成。并不是缺少煮酒烧茶的铜壶瓷瓮，而是知道他们还要做一些第二天开赴普查现场的准备工作。旷野之上，谁知道会遇上什么样的情况呢？

文化遗存的处所是国家机密。虽然我人在江湖，心向远古，但身不由己。不能与秦科长、姜局长同行。

11 月 24 日，狂风大作。冬季里刮的好像是秋天的风，天都被狂风扫成了黄色。2008 年的第一场超强寒流席卷了山野。我为秦科长、姜局长他们担心了好几天，冻入骨髓的寒冷也持续了好几天。

2009 年元旦的前两天，我又到姜局长办公室作客。听说秦科长已回到了市里去和家人和孩子欢度元旦，他们毕竟有好几个月未曾团聚了。

闲谈中，我顺便问了一下姜副局长，“这次普查有重大发现吗”？姜副局长打开电脑说，“你看看这次普查现场”，边说边翻开 11 月 24 日的工作照。一副全景图中，我熟悉的母亲河清漳河沿着千年河床，把一条岗地切成了一块弯弯的“月亮”，月亮之上就是一块东西长 800 米、南北宽500 米的文化区域遗址。在近景特写里，我看到了秦科长与年轻小伙子们倦身靠在土垅下避风的场面，强风卷起的枯枝败叶在瞬间固定在天昏地暗的空中；远处的风头像是立体的沙尘暴想把远山削平；姜副局长正在顶风用手铲剥离着夯土的断层。还有秦科长冻得发红的手捧着一片灰色的瓦当。我不禁脱口说道："还有陶器啊!"姜副局长微微一笑说："何止有啊!"随着鼠标的移动，一幅又一幅惊人的图片在屏幕上闪过。在几十分钟里，我看到了厚达2米多的各个时期的文化层，也看到了数十米长的城墙夯土遗址，更让我心动的绳纹板瓦和绳纹筒瓦也在其中。他见我兴致渐浓，索性打开实物收集袋，取出两片瓦放在我手中说："你看一看吧"。

我手中仿佛一下就托起了几千年的历史，好像立刻就置身在窑址灰坑旁。当年的窑址装进去的是祖先的希望，烧出来的就是灼热滚烫的生活。更有那几千年生生不息的欢唱与悲歌。

细密整齐的绳纹一条一条地布满瓦身，使我不由得产生了许许多多的联想。人类的历史是不是就是由绳而起，走向未来无限延伸的呢?由结绳记事成为工具开始，它就让历史从野蛮走向文明，绳细如丝时，人们把它纵横穿插，于是人们有了遮体御寒的衣裤，同时也可以遮羞；羞耻感使人与兽之间诞生了区别智慧与愚昧的标准；绳能束物时，它就可以捆绑散物，同时也能束缚人的手脚，于是绳也就化成了法的替身，有不法之人就将他"绳"之以法。人的思想被"绳"住时，社会进步就会放慢脚步，于是又有了思想解放，打开绳索的时代变迁。绳的作用又幻化成物质变精神，精神变物质的哲学命题。

2008年，我们的宇航员打开仓门，纵身太空，向深蓝的天空、闪烁的群星、耀眼的太阳挥舞五星红旗时，又是一条绳把英雄和飞船系在一起，使得现代文明不会脱离现实。

绳纹，从远古走来，向未来奔去；绳纹，中华民族摆脱落后、走向光明的心索，我心中的神索。

阳 泉 市

山西民族工业的历史见证
——阳泉市矿区简子沟记事

阳泉市城区文物管理所　潘　磊

众所周知，山西省是全国重化工能源基地，煤炭资源极为丰富，而阳泉作为无烟煤基地，也可谓全国之首。据资料记载：阳泉煤的开采和利用至迟始于宋代。在19世纪60年代西方人已发现这块宝地。甲午战争以后，外国帝国主义列强竞相掠夺中国领土和资源，山西的煤铁矿产更成为他们觊觎的宝藏。1897、1898年，清政府和英意资本家成立的“福公司”先后与山西当政秘密签订了开采山西煤铁矿产的章程和条约，随着正太铁路的推进，福公司开始在山西着手勘查、圈地，并强行封闭当地土窑，直接影响到当地民众的生计，遂引发了山西地方的“保矿”风潮。在多方的压力下，光绪三十四年（1908年）一月二十日，清政府以付赎银275万两的代价赎回全部矿权。

1906年山西官绅在积极争矿的同时创立统一的“保晋矿务公司”，把山西境内的各小公司也都并进来，统一办理开矿业务。“保晋公司”是在资金缺乏、极度困难的情况下，通过在山西境内和全国的几个省市大量集股的方法而开办起来的，公司不分地位和身份，采用股份经营制，引进机械化采煤技术和设备，开山西机器采煤之先河。在煤炭生产的提升、运输、通风、排水等各环节上都安装了机器，出现了以蒸汽动力为主的机器生产流程，山西煤炭开采步入了新时期。

“保晋公司”在阳泉正太铁路两侧和平定所设立的煤矿区有：小南坑、燕子沟、简子沟、蔡凹、贾地沟、先顺沟、平坦垴、汉河沟、四角山、桃林沟、李家沟、龙桥沟等。此外，一些零星地区也设有窑场。在保晋时期，简子沟矿厂属于阳泉开采较早，规模较大，技术设备较好的矿厂之一。

据历史资料，1912 年 9 月孙中山先生到山西视察期间，途经平定（阳泉），曾两度经过狮脑山下的正太铁路线。孙中山先生看到铁路沿线简子沟至赛鱼段大小煤窑星罗棋布，感慨万分，特别是他曾在《建国方略》中对我国资源的开发、利用有精辟的论述，所以他十分关心山西煤铁资源的挖掘、生产和营运情况。沿途陪同人员向他介绍了山西的争矿保矿情况，在看到阳泉境内铁路沿线丰富的煤铁资源，尤其是亲眼看到沿途坑口、煤场繁忙的工作场面后，他问及矿工工作、生活情况，并在简子沟、铁炉沟等处煤场下车，亲自查看矿场的生产情况并看望、慰问了正在干活的矿工。值得纪念的是当孙中山先生在阳泉与陪同的各界人士交谈中，提出“以平定煤铸太行铁”的宏伟构思。这是对阳泉蕴藏着丰厚的煤铁资源的高度评价，更是对山西人民合理利用煤铁资源，以资源优势促进国家发展的殷切期望。孙中山先生的这一构思，在新中国建立之后得以实现，使阳泉的煤铁资源不断发展，成为了名扬全国的煤铁能源基地。

简子沟位于正太铁路阳泉简子沟货场以南，遗址建筑面积约两千多平方米。简子沟现有不固定住家 60 多户，200 余人，一部分人居住在过去矿场遗留的几排平房和窑洞房中，一部分人住在自己搭建的房中，还有几户人是将遗留的选煤楼，加设门窗，改造为住房。在此居住的，有一半是附近煤矿的工人并以老年人居多，还有一些是外来打工的临时租房户。由于早已停止采掘，树木和植被长势良好，这里已形成一座自然生态区。加之原矿厂的坑口、通风口、井架、选煤楼架、运、装煤槽架等一些生产设施架构和办公、生活住房基本完整保留，是一处反映工矿历史的真实见证，应该给以合理的保护。根据简子沟现在遗留下的生产设施和办公、住宅遗址，经市普查组认真普查将这一地区定名为“简子沟煤炭生产流水线”工业遗址。

为了更好地保护和利用好新发现的简子沟工业遗址，为了使此处文化遗产不再受到损失并使其能在新时期发挥积极的作用，笔者根据收集到的历史资料，结合简子沟如今得天独厚的自然环境及本市缺乏工矿专业题材博物馆、展览馆的现状，向有关部门提交了在简子沟建设“工业（矿务）遗址纪念园区”的建议，现已被采纳。

对新时期民居保护的几点认识

阳泉市城区文物管理所　潘　磊

山西省地上古建筑、古民居数量之多、分布之广，在我国占有重要的地位。据省文物局第二次普查统计数字显示，在全省范围内，仅唐、宋、元、明、清各朝代地上古建筑就有18000多座。尤其是明、清时期，“业大家大”的传统理念和晋商文化的发展及山西民族工业的崛起、兴盛，对民居大院的兴建起到至关重要的促进作用。北方特色的民居大院在山西比比皆是。在阳泉市就有几十余处保留比较完好的民居大院。郊区小河村的石家花园、官沟村的银圆山庄、大阳泉村的郗家大院、平坦垴村的李家大院、牵牛镇村的王家大院、周家大院等等。这些大院皆是由十几个小院组合成的大院落，与家业大和人丁兴旺有一定的关系。大院建筑的独特之处在于其就地取材、依山而建。这些大院全都是巧妙地利用地理位置，采用青石或砂石砌根基、垒山墙。这些大院，其上院，坐北向南是正屋，多为窑洞三间或四间。亦在正窑立石、木柱子架斗拱挑檐出廊，檐顶布青瓦。有东、西耳房，皆立通道。下院建东、西配房，或为灶房或为存放杂物用。山门侧开，砌高石台阶，门两侧立抱鼓石。厚实的木板门用铁板、泡钉以不同的式样包角、嵌装。两扇大门的中央对装一双兽头门环，既为装饰，又可利用其“敲门”。门楣门檐多采用砖、木镂空或浮雕彩绘修饰，古朴的图案，有花有草有动物，有的还讲述民间故事。沿着门廊进去，迎面东房的山墙多立有用砖、石雕刻并有图案、花纹、文字的影壁，当地人也称其为“照壁”。每一个小院的布局虽然大同小异，但是，只要你仔细观赏，便会发现此院和彼院木、石、砖等装饰物都有所不同。其差异，不知是民间匠人们在卖弄技艺，还是主人家在向他人显露自己的文化底蕴。总之，从上辈留下的那一个个小院不同的建筑风格来看，内中其实折射的是我国古老的民间传统多元文化的缩影，是叙述历史、演绎人生的活化石。其院院相通，都是以青砖、石块砌券的窑洞为主，加之东西耳房、配房，形成了单体的四合小院，又院院相套、相串，层层相叠，此房的顶便是彼房的院。这样院院相通，形成一座硕大院落，可与建设在平原地方上的大院相媲美。

在阳泉地区，尤其在农村，还有许多类似的民居大院或乡土建筑。但是，在城镇化发展和新农村建设中，有些地方以片面的“新”来取代“旧”，把许多有历史价值的“旧建筑”拆掉，建成了并不适宜当地人居环境的“新建筑”。感觉是改变了旧面貌，但完全没有考虑原自然生态和古村原有的格局风貌。发生这种情况，不只是在当地，恐怕在全国都有。有的地方、有些人也在想方设法保护传统民居院，但是，他们不是按照其历史背景、乡土本色和民间风俗习惯进行整改，而是随心所欲地装饰，以为有资可投，便给古建戴“新帽子”，穿上“新衣服”，将古建外部全部重新彩绘，还对外声称自己是一个十足的文物保护者。这种事情不仅是当地人的无知，而且是地方管理部门指导不够或者是监管不力的结果；有些地方，确实也想将祖辈留下的民居大院保护好，但是，苦于资金的短缺，心有余而力不足。“现在，当地人有钱了，不是批一块地方圈出院落盖新房，就是盖小二楼。你们说，我是把钱投在盖新楼房上呢，还是修复这一串串破旧的院落呢?”一位当事人这样直白地说。再者，随着农村经济结构的发展，外出打工、求学者的外流，农村闲置房屋很多，即便修建了新居，也会有许多房子闲置。对于民居大院的修复，所有者说“我没钱投入”，管理者说“我只能给你界定或加强社会呼吁”，双方都没有一定的落实能力。保护管理能否落到实处，这也是摆在国家或者是我们具体管理者面前的一个值得思考的问题。有一些大院大都是当地个人购买了房屋住宅权，几十户人家将大院一一隔断后，自成一家。由于年长失修，那些沉睡在古建筑之中的木、砖、石构件在经受了岁月的磨砺后，虽然“健在”，但已满目疮痍。这些问题，不是某一个地方、某一个管理者可以予以解决的。

现在，我市有两处比较有规模、也进行了大量投资并对外开放的大院，也有几处是正在寻求大的商机参与开发的。但是，不论是已具规模还是正在开发的大院，由于还不达标准，人们到此一游后，往往颇感失望，大有上当受骗的感觉。其原因为何？在其修复的过程中，开发单位也请了当地的专家进行了论证，也到外地进行了参观、学习、取经。可以说，它不是不按照文物保护原则办事或人为地进行华丽的加工，就是对古建进行随心所欲的改造而失去本来面貌。可是，有些大院，在几年的开放时间中，一直处于裹足不前或者说是举步维艰的状况。曾有某一处大院的负责人对自己一度管理的大院表示十分的无奈：“自从村里投资开发大院，开始时就因住户的搬迁问题费尽了口舌，通过一段时间的耐心工作，有80%的住户勉强迁出，并逐渐把住户随意搭建、垒砌的改建物清理掉，接着对古建破损砖瓦和木架结构进行补修。为了尽快得到回报，就对外开放了。至今还有好几户人家在大院里居住着。由于资金投了进去，平时很少有游客参观，大院聘用了十几个管理人员，日常开销也不少，实在不好经营。”他告诉我们的的确是事实，如若他不给村里挑这个担子，靠个人的手艺早就致富了。作为当地有一定价值的民居大院，由于急于求成，在大院统一的整体规划中缺乏内涵，所以即使勉强运营，也不会达到好的预期效果。

为使那些极具历史价值的文物古迹、民居大院得到较好的保护和合理的利用，避免造成自然的或人为的损失，我们应将文化遗产保护作为一项“功在当代、利在千秋”的大事来抓。在新的历史时期，我们一定要站在科学发展观的高度，深刻认识文化遗产保护在经济社会发展格局中的重要地位。结合城乡一体化和新农村建设，对乡村文化遗产建立科学的合理的保护措施。重要的是挖掘出其蕴藏在民间的独特历史背景和多样性文化内涵，依此提升古建大院的利用价值。在丰富当地人民文化生活的同时，促进农村文化旅游产业的发展和强化文化功能的阵地。开发农村古大院要与新农村建设互相结合，分清“新”与“旧”的关系，应在保护好古建筑的同时，另辟新界建立新村，创建与之配套的公共文化体育设施，提高农村居民生活质量，尽量不要将开发古建筑和建设新大院混淆起来。由于这一事业不是“你中有我或我中有你”的利益关系，所以应该以保护好古村落的格局风貌、乡土建筑和朴实的风俗习惯为目的，最大限度地保留其原貌，更好地维系当地独有的传统特色和乡土风情，充分发挥文化遗产事业在现代化建设伟大进程中的独特作用。

寻找千年石窟

盂县文物旅游管理局　高　峰

11 月的太行山上，草枯叶落，天气逐渐凉了下来。

清晨的雾气还未散尽，我们普查队一行 5 人已经驱车 30 多公里，来到了晋冀交界的十八盘。这儿崇山峻岭，深涧险谷，地势十分险要，民间有大盘十八个，小盘九十九之说，自古就是山西盂县通往河北平山的重要隘口和军事要冲，207 国道蜿蜒穿行深沟峡谷之中。

我们此行的目标是位于盘口的宋代石窟。按照“二普”资料记载，石窟在距东关头村东 1000 米的山上，当地的老百姓说在路上就可以看到，所以我们也没有找向导。驱车缓行，观察山势，突然一处岩龛出现在左侧半山腰处。心头一喜，哈哈，看来今天不会跑冤枉路了，那个地方估计就是了。

弃车登山！队员们精神抖擞，迎着朝阳，分开及膝衰蓑草，攀爬而上。清晨的露水打湿了队员的裤腿。所幸山不太陡，半小时后，我们来到半山腰。这儿离路上看见的那处岩龛已经不远了。找了一块干燥的地方，队员们稍作歇息。我打开相机，对准岩龛，拉回来仔细观察。看着看着，心里就有些发凉，怎么好像没什么人工迹象啊？不对，得侦察一下。队员支军是自小在山里长大的，自告奋勇，前去查看。没多久，对讲机里传来支军丧气的声音，完了，又白跑路了！

沿着 207 国道继续前行，眼前盘旋在云雾中的公路越发显得惊心，却又透出壮观的气象。转过一个弯，发现有块开阔一点的地方，下来一看，远远地望见山崖对面有几间房，隐约看到一个人顺着盘山小路从那儿走了过来。上前一问，原来是林场工人。听说要找石窟，把我们领到了一处陡坡前说：那个石窟确实在路上就能看见，不过是转一个盘之后，在山的阴面，你们刚才上去的是山的阳面。而且阳面坡缓易上，阴面陡峭难行。原来还有砍柴的走出来的小路，现在封山育林多年，那条勉强可走的小路已经长满了荆棘，想上去不容易啊。在他的指点下，我们终于看到了那处石窟，也模模糊糊在陡峭的崖壁上看到了一点路的影子，要是不仔细观察，实在发现不了。

队员们看着荆棘覆盖的小路，都傻了眼。怎么办？能过去吗？可要是眼睁睁看到了却登记不了，又实在不甘心。钻吧，反正不能漏掉！整理了一下装备，队员们抱头钻进了小路。进去才知道，根本直不起腰来。一人多高的灌木，四处横生的荆棘遮挡住了去路。我们只能架起胳膊，护住头脸，弯腰硬闯，而且还要时时注意脚下，稍有不慎，就有可能滚落沟底。我只能再三叮嘱队员们小心。支军在前面鼓劲儿，就快到了啊！汗水顺着队员们的脸颊往下流，身上的汗早已湿透了衣服，脚下的鞋里面也滑腻腻的。不知钻了多长时间，我们终于摊在了石窟前。互相打量打量，一个个手上、脸上划得都是道道，有的还渗着血。开路的支军，脸上还扎着刺。

“想亲亲想得我手腕腕酸，呀乎嘿……钻过了柴林呀来寻你，呀乎嘿……”副队长会中扬起脖子吼了一声山歌。哈哈！哈哈哈哈！队员们笑作一堆。

干活儿！踩着肩膀，架起人梯，嘉祐四年（1059年）的题刻，历经千年的石像，一尊尊摄入了镜头。

吕　梁　市

普查札记

交城县文物旅游局　李大斌

10 月 8 日，天气晴好，无风。早 7 点整，4 名队员就已全部到齐，准备乘车前往今天的普查目的地——天宁镇坡底村。

坡底村历史悠久，文化遗产丰富，是净土宗祖庭玄中寺“鸠鸽二仙”传说的发源地；村前明代始修的丰乐渠至今仍在浇灌着数千亩农田，是农民丰收、快乐之源泉；村中有古林庵、真武庙、三官庙、戏台、民居等多座古建筑；村东北黄土台地上有汉代遗址，正北荣家峁山顶有国民党阎锡山政权修筑的军事碉堡群；再北有烽火堆遗存，俗称“一箩筐土”；清代、民国时期，村人兴办商贸字号，富商巨贾辈出，闻名三晋，在晋商中独树一帜。坡底村现有人口 2130 人，以荣姓最多，民国廿四年（1935 年）石印《荣氏宗谱》（四函廿四卷）记载了春秋至民国时期荣氏八十代世系。荣氏原籍山东省汶上县荣家庄，始祖荣苗于唐代移居交城，落籍坡底村，延传至今已逾千载。

车行大道约 20 分钟，拐上了乡村公路。窗外的林荫树高大挺拔，农田里的谷穗笑弯了腰，柿子树上的柿子像一个个金色的灯笼，一只只小鸟自由自在的飞来飞去。这就是陶渊明笔下的“桃花源”?

不觉车已驶入坡底村，坡底村依山而建，村口老槐树枝干遒劲，树冠宽广，青砖碧瓦的四合院民居掩映其中，是交城明代“八景”之一：坡底槐荫。树前悬挂的宣传开展第三次全国文物普查的红色横幅，在绿荫的衬托下更加夺人眼目。村老支书看到我们的普查车来了，紧走两步，到路边的果皮箱上磕掉长杆烟锅里的烟灰，缠住烟袋，别在布腰带上，从树下迎了过来。

上午的任务是调查荣家峁山顶的子母碉。我们穿村而过，沿着陡峭的山间小路向山顶攀行。镇文化站站长老王走在最前头，用镰刀斩断挡路的荆棘，为我们开辟道路。老支书前后照应，一边登山，一边给我们讲述他们交文支队抗击日寇的战斗故事。

爬上荣家峁山顶，登临碉群平台，一览众山小。我们首先围着碉群平台走了一圈，仔细察看地形及碉堡的分布状况，将普查前了解到的相关资料与实地考证对应起来，做到了心中有数。然后同志们便开始有条不紊地着手进行调查数据的采集：测量地理坐标、方位。拍摄影像资料，绘图，丈量尺寸，数据录入……

子母碉碉堡呈梅花状分布，以主碉为中心，三个子碉分布在主碉的东南、西南、西北。主碉为圆柱状，下端部分建于地下，地坪上露明部分高5米，碉堡内净高6.5米，外径5米，顶端筑有垛口，居高临下，为站岗瞭望之处。堡墙射击孔分三层布置，呈外大内小梯形结构，外口长0.34米，高0.18米，射击孔侧壁有台阶状防侧滑构造，可以有效阻挡射向射击孔侧壁的子弹进入碉堡内伤人。主碉内原有木构分层楼板，以便守卫人员作战时使用。碉堡外墙面保存有1948年7月6日，中国人民解放军某部师13旅七团、九团在攻克该碉堡时留下的弹痕数十处。子碉采用圆柱状半地穴构造形式，顶部呈圆锥状，子碉内净高2.65米，地坪上露明部分高1.5米。主碉与子碉之间在地坪之下有石砌交通壕相连接。碉堡壁厚1.06米。外壁为砖块包砌，内壁采用混凝土浇筑，浑然一体，结构简单牢固。

荣家峁朝南俯视县城，为城北重要军事据点，东、北方向为陡峭山崖，下为磁窑河，是进出岭底、寨上山区的交通要道；西为柏嶂沟，深达数十米，有“一夫当关，万夫莫开”之势，且与建于卦山太极峰及西山梁的两座碉堡遥相呼应，成掎角之势。

该碉堡群建于1947年，国民党第二战区司令长官阎锡山为维持其在山西摇摇欲坠的反动政权，下令拆除庙宇建筑，强迫老百姓背砖扛沙，修筑而成，是我县境内唯一保存完整的梅花碉军事建筑。

走近李家山

临县文物旅游局　刘彦君

“三普”野外调查工作开展以来，我们走过了不少地方，但给我印象最深的是黄河边上一处被称作“立体交融式”乡土建筑村落——李家山民居。

李家山村位于黄河古镇碛口西南约 3 公里的大山深处。多年来由于深藏山中，至今依然保存有原始的古朴。村民们不无庆幸地说，当年日本侵略中国到碛口时，也没有找到此村。

史料记载，李家山村的始祖李端，系明成化年间迁来此地。李氏家族世代繁衍，到清中叶成为当地大户。时值碛口商埠繁荣，李家也开始涉足商业，形成东西两大财主。有了钱的李家人，请来风水先生踏勘，大兴土木。

李家山村有两条向南流的小河，在村南交汇，注入黄河，两沟之间的山峁，形似凤凰头，左右两山则是凤翼了。东财主家在凤身上修建，西财主家在凤的右翼上修建，凤的左翼依然是旧村。东西财主好像在暗暗较量，在几百米约 40 度的高山坡上，精细设计，精心施工，民居依山就势，高低叠置，从沟到顶，多达十二层，其造型不同，风格殊异，形成了“立体村落”。

东西财主院至今保留有大大小小百十院，400 多孔（间）房舍，住有 220 多户人家，760 多口人。这些清代建筑群，有一些虽破破烂烂，但仍有一些基本保存完好。民居建筑均以水磨砖对缝砌筑，砖、木、石雕及精美匾额比比皆是。建筑形式多以砖拱顶（窑洞）明柱厦檐四合院为主，且依山建楼。侧房、马棚多为一泼水和双泼水硬山顶瓦房。

街道高高低低，条石砌棱，块石铺面。水道布局合理，沟心券洞，送出村外。

凤的左翼沟里，依然被称作旧村或小村，至今还保留着几处“一炷香”独门独窗土窑洞，可让人想象房屋的主人以前一定过着近似穴居的生活。村民们说在李姓迁来之前，这儿叫陈家湾，住着陈、崔两姓人家。

小村和大村相比，建筑风格完全是两个天地。李家山民居的形态多样，无论是豪华的清代建筑群，还是穴居生活的土窑洞，无不附着中华民族的灵魂，它的确就是民族的东西。正如专家们说，这儿的自然风光与人文景观交相辉映，它蕴藏着黄土民情风俗和丰厚的黄河文化。

10月正值红枣成熟期，李家山村满山遍野的红枣林，又为黄土高原增添了一道靓丽的景观。盆口粗的枣树，苍劲雄浑，果实累累。品尝着香甜的鲜枣，倾听着热情洋溢的枣农介绍有关红枣的知识和故事，是普查队员的意外收获。

普查队离开李家山的时候，我脑海里不禁回想起著名画家吴冠中先生的话“这里从外面看非常荒凉，一进去是很古老很讲究的窑洞，古村相对封闭，像与世隔绝的桃花源。这样的村庄，这样的房子，走遍全世界都难再找到!”李家山民居不愧被称为吴冠中先生一生的三大重要发现之一。

独特的土地，形成独特的人文景观，这是祖先给我们留下的宝贵遗产，是无法用金钱估量的。记得美国一位领导人曾经说过“北京再过一百年可能如纽约一样繁华，但纽约再过一百年也不可能像北京一样有韵味。”这韵味指什么？指的就是北京乃至中国的文化。历史是流动的，它会像风像雾一样从岁月深处消失；但同时历史又是有记忆的，这种记忆的载体就是一座座精美的历史建筑。它们是历史深处的玫瑰，是凝固了的音乐，走近它们，用心谛听，你就找到了历史久远的感觉。

我们庆幸这样一个完整的村落能保存至今。层层叠置的古建筑，藏在大山的皱褶深处，素面清颜、古朴自然、从容雅致，正因为它的不事张扬与喧哗，才躲过了许多人为的灾难。这只形似凤凰的古村落，依然守护在黄河岸边，亮翅一展，光彩照人。当第三次全国文物普查的春天到来之时，它以完好无损风姿为世人奉上了一道精神大餐。这份厚重的礼物给予我们格外惊喜的同时，也赋予了我们更加神圣的责任。

“三普”纪实

方山县文物旅游局　崔芳芳

经过周密组织、精心准备，我县的文物普查实地调查登录工作正式启动了。

我们的普查队长是刘军龙书记，他肩负着文物普查的领导重任，身体力行，真抓实干，对工作可谓是精益求精、一丝不苟，白天和我们一起下乡调查，晚上还要加班加点修改登记表。为了给我们查找相关的资料，他亲自查档案、查县志，深入乡村走访老干部、老村长，成为我们全组人员学习的榜样和工作的支柱。

李耀东老师是“二普”时的老队员，也是我们小组的骨干。由于博学谦虚，我们尊其为师。他参加这次“三普”，完全是出于对文物工作的爱好，虽然年过半百，但却是最能吃苦的一位老队员。他本着自己对文物事业的执著追求、对文化遗产的无限热爱，每天不辞劳苦、任劳任怨和我们这些年轻的队员始终战斗在“三普”工作的第一线。每次上山他在总是跑在最前面，为我们带路、踩点，多少次累得气喘吁吁也从来没有抱怨过，总是默默地坚持着。他这种务实敬业的精神真正践行了一位文物队员的风范，为小组成员提供了强大的精神动力，为文物普查提供了宝贵的精神财富。

在老队员的带领下，年轻队员也不甘落后，努力把培训中学到的理论知识应运到实践中去。由于专业的限制，英语专业毕业的我对文物工作几乎是一窍不通，本着“干一行、爱一行”的原则，我硬着头皮去熟悉、钻研“三普”资料，以及与文物相关的知识，并注意在工作实践中锻炼自己，业务水平和实际操作能力不断提高。平时我们把在实践过程中遇到的难点，疑点归结起来，通过电子邮件的形式与省、市文物专家取得联系，虚心请求帮助，在他们的悉心指导下，我县文物普查工作得以顺利进行。可以说我们的工作是在探索中前进，在前进中发展。

文物普查是一项专业性很强、要求极其严格的工作。调查程序是否科学、信息采集是否翔实、数据录入是否准确规范，会直接影响到我们普查的质量。为了准确登记一处遗址，我们不惜长途跋涉；为了采集一个标本，我们不畏漫山荆棘登上海拔上千米的高山；为了拍好一张照片，我们不惜攀高俯卧；为了测准一个数据，我们不惜爬上十几米高的烽火台。

普查工作的质量与队员们艰苦奋斗、敢于拼搏的敬业精神是密不可分的。我县地处山区，道路崎岖，文物点分布广，从普查工作的第一天开始，我们就树立了不怕苦、不怕累的精神。有时候山路难走，光上山就得几个小时，途中累了只能稍微休息继续前进。有一天，从上午8点到下午3点队员们没进过一滴水一粒米，饥渴难耐，途中树上留存的一些散枣就成了我们临时充饥的食物。

由于宣传得力到位，我们的文物普查工作得到了基层群众的理解和支持。人民群众淳朴善良、古道热肠，积极提供线索，为文物普查工作的顺利开展起到了重要作用。最让人的感动的是2008年12月份的一天，我们跑了一上午都没找到一处新发现，无奈之下，准备复查武家湾宋墓，可是当普查小组的车刚刚停到村口时，我们犯傻了，找不到路呀，怎么办？还是李老师有经验，马上找了一位上了年纪的大爷问路。大爷自告奋勇，亲自带路，绕了好几座山梁终于把我们带到了目的地。七旬老人热心助人的精神深深地感动着我们，他们对文物保护事业的理解与支持深深地鼓舞着我们。

我的“三普”路

中阳县文物旅游局　李高峰

第三次全国文物普查是我国文化遗产保护领域的一项国家工程。能成为这次文物普查的一员，我感到无比的自豪和荣幸。虽然这条路并不平坦，但我一路走来得到了许多意外的收获。

依然记得我第一天上班，是野外调查，当时我的感觉就像刘姥姥进大观园，啥也不知道。PDA、GPS，还有悬山顶、硬山顶、脊、吻、斗拱等一连串的专业性术语，我就是一个听天书的，没有想到就那么一个古建筑有那么多的术语，还要通过建筑的风格断定这栋古建筑的年代。听着高建新副局长的讲解，我无比的好奇，也正因为这份好奇心，使我对工作充满了信心，也把对专业知识的学习与研究当成了一种精神享受。

通过一天的实地调查工作，我感到了知识的严重不足，明白了课堂给了我的仅仅是知识海洋的一滴而已。回来后我就 PDA 的使用方法及应该注意的问题虚心向其他同志请教。通过他们的耐心指导，演示操作，使我对 PDA 的使用功能及应用有了一个全方位的了解。PDA 数据的录入、编号、坐标的定位、坐标跟踪、航迹测量面积、保存、修改、查询，现在我已经得心应手了。

可以说这次普查完全是高科技产品在文物领域的一次应用和普及。GPS 全球定位系统当时我们局还没有人会熟练操作。对 GPS 的使用，我也是通过说明书及网络有了了解，经过反复操作，我终于熟练掌握了 GPS 的使用方法。

根据“三普”工作需要，我还认真学习了第三次全国文物普查采集软件的操作、CAD 制图方法，Potoshop 图片编辑方法，图片的导人、导出。在此期间，乔晋平局长在 CAD 制图方面给了我很大的帮助。

有两次野外工作使我记忆深刻：一次是 9 月 30 那天，烈日当空，当别人正在享受国庆节和中秋节的休假时，高建新副局长、郭乃源老师和我三人却正在徒步向位于深山老林中的沙焉堡址行进。我们来回走了 5 个小时，中途还在山林里两次迷路，回来时天已经全黑了。我们没有带水和食品，到了山上，实在饥渴难忍，郭老师不知道从哪里采的野果为我们充饥解渴。郭老师 50 多岁的人了，依然步伐矫健。作为年轻人，我有时都赶不上郭老师，郭老师为了工作不惜劳累、不怕跋山涉水的爱岗敬业精神永远值得我们学习。

还有一次是正值寒流来袭的时候，天气异常的冷，街上几乎没有行人。在这样的天气里，高副局长、郭老师和我不顾寒冷，依然按计划赶赴实地进行调查，我们既要询问、记录，还要照相，更要命的是手脚不听使唤，直哆嗦，但是谁也不叫一声苦。高局长身体不好，在这样寒冷的天气里依然坚持工作，让我感到没有克服不了的困难。

“三普”工作不是一个人的工作，也不是一个单位的工作，而是全社会的工作，我们必须在自己实干的基础上，调动全社会来加入到“三普”工作中来，给社会交一份满意的答卷。在几个月的工作中，我从对“三普”一无所知，逐渐到今天可以独立操作任何一台普查仪器，并且成为了我县文物普查工作中重要的一员。“三普”之路任重而道远，我一定要用青春谱写我的“三普”之路。

藏在深闺的吴家大院

交口县文物旅游局　马立新

吴家大院坐落在吕梁市交口县省级历史文化名村——西庄，为晋西北地区最具影响力的儒商吴天应的豪宅。吴家大院建筑气势恢宏，富丽堂皇，规模之大，堪称晋西第一；其精巧程度可与晋中大院相媲美，为晋西古民居之典范。吴家大院较完整地保存了明、清民居建筑风格，也记录了一部儒商发家兴业的血泪史。

离乡背景

元大德七年（1303 年）八月，山西洪洞、赵城发生 8.5 级地震，平遥、介休、灵石等地山崩地裂，泉涌黑沙，房倒屋塌，路断人稀，伤亡约 27 万之众。据康熙《平遥县志》载，元大德地震频发不止，直至十一年乃定。

家住灵石县西城的吴天应一家亦未曾幸免，父母及兄弟被地震倒塌的房屋压死，只剩妻子刘氏和儿子学诗，全靠天应肩挑八股绳担卖些针线、日用杂货挣钱糊口。翌年 6 月 24 日，天应到晋西有名的四大名镇双池镇去赶集。此镇古称“旱码头”，人口稠密，物阜民丰，商贾字号林立。6 月 24 是双池镇最大的古庙会，方圆百里及陕西的商贾也到此凑热闹，人山人海，被人誉为晋西“小洛阳”。

天应在集市上转了一圈，却不见往日的热闹。由于地震使生产力遭到严重破坏，偌大的双池镇没有多少人，生意十分萧条，于是天应出双池西行。入狭谷二里许，到处都是残垣断壁，鸡犬不闻。天应找到一老妪，得知村里人大都在地震中死去了，幸存者也外出逃难了。

老妪一家五口人，除老人外全都死于这场地震，老人全靠挖野菜度日。天应见老人家可怜，遂起善心，帮老人修好房屋，打理好庄稼，并将老人家认作母亲，并举家迁往西庄村。天应待老人胜似亲人，老人视天应如同己出。天应极尽孝道，老人得以寿终。天应落户西庄后重操旧业，终日走村串户，小买卖做得像模像样，生意逐渐兴隆，小日子越来越好。

巨商大贾

到明代末期，吴家第五代兴魏、兴楚生意已发展到陕西的绥德、榆林等地，主要经营布匹、铁货、瓷器、食盐、土特产品等。由于常常往返于秦、晋两地，与李自成过往逐渐多起来，故常帮李自成筹粮筹款。李自成失败后，吴家曾到交口云梦山躲避战乱。期间，隰州知州胡文焕常常到云梦山寻道，因与吴兴魏志同道合而结为异姓兄弟，并将小女许配给吴兴魏之子吴时权。有知州亲家的庇护，吴家才又迁返故里西庄村。

吴时权在云梦山书院饱读《四书》、《五经》，认为“天不生无用之人，天不降无用之才”。从父辈手中接管家业后，遍访祖上苦心经营的字号堂口，遵循孔子“民以食为天”的思想，面对其时天下战乱乡民食不果腹、衣不遮体的现实，立志“致富救民”。于是，他将生意框定在“民生”的范畴，重点经营布匹、食盐、铁货、日用以及土特产品，并在西庄故里创办了“麟厚堂”总堂，将祖上留下的商号、当铺等分类划归总堂名下，实行“掌柜分级负责制”，生意从此走上了正轨。

乾隆五十八年（1793 年），吴时权自任大掌柜，吸纳家佣以及邻村的仁人志士入股，在乌鲁木齐、宁夏宁朔县等地开设了“兴盛义”商号，收购双池一带民间的粗布、丝线、铁货、土特产品等运往陕西、宁夏、新疆等地，为此成立了马帮、驼队以及护镖队。期间，曾聘请太谷县戴二间为其在潞州和杭州贩运丝绸护镖。传说，当年吴家的驼队、马帮过黄河路过后水头村时，负重驼马，首尾长达数十里之遥，驼马铃声不绝于耳。传说当时的“兴盛义”乃晋西经营丝绸布匹之最大堂口。

在吴时权的影响和主持下，吴氏家族先后成立了“守约堂”、“宁善堂”、“清源堂”、“回音堂”、“五福堂”、“怀德堂”、“树德堂”、“麟厚堂”八大堂口。“麟厚堂”的生意主要在西域的新疆、宁夏、陕西等地，主要经营丝绸、粗布、瓷器、铁货、土特产品；“清源堂”的生意重点在北线京津两地，主要经营丝绸、当铺、食盐、茶叶、土特产品；“回音堂”的生意主要在内外蒙古、张家口一带，重点经营丝绸、茶叶、瓷器、牲畜等。各堂口既是股东又是经营者，入股和分红，掌柜和伙计的聘用以及身股都有严格的规定和管理办法，各堂口总号设在双池镇。其时，镇上有半条街归吴家所有，各堂口由大掌柜经营，各地分号由二掌柜经营，每年年关各分号的掌柜均要回到双池，在吴家的避暑山庄（今桃红坡镇永远庄村）大摆酒筵，由八大堂口的东家为各分号百余名掌柜犒赏分红。每年正月十六，八大堂口东家带领各分号掌柜祭祖，之后，鼓乐齐鸣，欢送各分号掌柜上路开市，场面宏大，盛极乡里。

吴家经过康熙、乾隆两朝的努力，生意日渐兴隆，资本不断扩大。如火如荼的吴家直接拉动了晋西一带养蚕、纺织、刺绣、制瓷、冶炼等手工业的发展，吴家终成远近闻名的晋商。

豪门巨宅

吴氏堂院占地 3 万平方米，建筑结构采用二进、三进四合院砖木结构窑洞出檐式建筑。各堂院地下都建有复杂的地道，地上院院相连，地下洞洞相通，据说地道可通往村后。在选址与建造的过程中，将“德厚清源、福寿安宁”的儒家思想融入到八大堂院之中。尤其是依山而建的避暑山庄，地上建有明堡，地下挖有暗堡，具有很强的军事防御功能。

由于受晋中儒商文化的影响，注重门第建筑，门楼高大，样式繁多，富丽堂皇，丝毫不比其他晋商大院逊色。各种建筑用最精美的砖、木、石雕装饰，装饰内容大多采用老鼠闹葡萄、凤凰戏牡丹、八仙过海、二十四孝、香炉供器、琴棋书画等民间典故。随处可见的烟囱、墀头、壁挂、影壁、门楣配件、书法牌匾、抱头门墩、窗棂隔扇等雕刻得绚丽多姿、美不胜收。可谓一门一亮点，一院一景观。

吴氏家族从明代末期到清同治十一年（1872 年），在西庄故里留下了富丽堂皇的建筑，主要有：树德堂、麟厚堂、守约堂、宁善堂、清源堂、回音堂、怀德堂、五福堂、避暑山庄、后花园、祠堂、文笔塔、魁星楼、关公庙等一庄一园一塔一楼一庙三坊九堂一十七宅院，共有 700 余间房屋。

学优则贾

吴时权尊儒重教，曾创办私塾六七座，并请来最好的先生授课。算术是吴家私塾学子的必修课，要求每个人都能熟练掌握珠算。每到月末，私塾的学生都要帮助各堂口结算分红。置身于吴家规模宏大、建筑精美的深宅大院，莘莘学子无不感受主人修身劝勉的良苦用心和博大精深的儒家思想。而“先义后利，见利思义，取利和义，用义生利”的经商之道在长期的耳濡目染中自然为吴家子孙铭刻在心。

吴家在 200 多年的经商过程中，其子孙自律有加，从未有一人经营或吸食大烟土。道光二十三年，吴时权之孙吴佩璠及“兴盛义”二掌柜因拒帮陕西贼寇王登魁贩运大烟土，被扣作人质，最后被迫缴纳十万两白银才得以脱身。吴家乐善好施。据《灵石县志》记载：清光绪三年大旱，吴家慷慨捐赈大量白银，广设粥棚施舍灾民，方圆百里的民众无不感恩于吴家。此外，吴家还常常为修桥补路、修庙唱戏、救贫济困捐资捐物，在当地有口皆碑。

吴家造就了一批知诗书、识礼仪的商业精英，成功地将儒家思想融入到商业活动中，成为晋西地区儒商的佼佼者。对此，从吴家的家谱、墓碑记载中，不难看出吴家子孙学优则仕、学优则贾、仕贾相融，进而创造商业辉煌的发展轨迹。光绪二十三年，吴文炳被诰封奉直大夫赏戴蓝翎，此为吴家子孙中唯一具有实职的官员。此外，先后有二十几人考取了太学生、贡生、秀才等。正是众多具有儒商哲学思想的吴家子孙的传承和发扬，铸就了吴家的商业辉煌。

在吴家人的身上，充分体现了中华民族的优秀传统及修德、敬孝和自强不息的奋斗精神。从吴家大院的建筑特点和砖、木、石雕的内涵以及堂号商铺的名称看，多为“二十四孝”、“桃园结义”以及仁、义、礼等儒家思想的内容。吴家在商业上的成功其实就是将儒家文化的精髓成功地移植到了商业活动中，实现了儒家伦理道德思想与商业经营管理的有机融合，这不仅为吴家创造了巨大的物质财富，同时也彰显了晋商儒家文化的价值观。

盛极而衰

吴家为使家业常兴不衰，除了注重培养有文化的商业人才外，还高薪聘请了江浙一带著名的风水师为顾问，长期负责吴家的风水调理。

吴家大院的选址和堂院建筑的布局以及墓葬形制，处处渗透着中国风水文化理念。墓葬风水多选用“丹凤朝阳”、“乌龟过峡”等形制并配合自然水口。堂院建筑的水口设计得弯弯曲曲，最后汇集到整个村落的大水口。水口处怪石嶙峋，华表悍门林立，更有青蛙巨石作禽星镇守水口，文笔塔与魁星楼相互照应，将“山主人丁、水主财禄”的风水理论运用得淋漓尽致。水口处的石青蛙领着三只小青蛙，头朝双池，股向西庄，素有“吃双池屙西庄”之说。每每谈及该青蛙石，纯朴的西庄父老眉飞色舞，无不为绝妙风水而引以为豪。然而，纵然有如此精妙的风水，当年的吴家也无法摆脱最终衰败的历史命运。由于清朝统治者的软弱无能，内忧外患，连年赔款，加之“八国联军”进京后，经济受到重创。在江山不保的大形势下，清政府以“索银赐官”的劣招苟延残喘，多次强迫吴家捐出大量白银，然后诰封吴家五花八门的官职，受封赏的先后有11人：咸丰四年赐封吴源为“军功议叙正八品”；咸丰六年赐赠吴时权为“卫千总”；咸丰六年诰赠吴浩为“卫千总”；光绪元年授吴思廉为“议叙守备”；光绪二十三年赐吴文尉为“奉直大夫”；光绪十二年赐吴思慎为“奉直大夫”；光绪十三年赐吴思智为“布政司”；光绪十九年授吴佩璠为“蒲县正堂”……吴家被赏赐的秀才及贡生也不计其数。如此，清政府以廉价的“官帽”换取吴家无尽的白银，将富可敌国的晋商吴家变成了统治者诈钱的机器，以维持岌岌可危的封建统治。无疑，清朝的积贫积弱，社会的动荡不安，贼寇的纷争四起，加之民国时期的军阀混战，生灵涂炭，更加速了吴家商业的衰败。吴氏家族作为晋西最具影响力的商家从此一蹶不振，独遗一座偌大的吴家大院，给后人留下了太多的遗憾。

红色记忆

在阎锡山统治时期，双池镇设有区公所、税务所、国民高小等。日渐衰败的吴家继续受到阎匪帮的盘剥，几近崩溃。1936年3月17日，毛主席率领中国工农红军东征路居西庄村，总部机关就驻扎在吴家的“麟厚堂”。在西庄村，毛主席看到群众生活饮水十分困难，就指示红军战士分头在村子四周察看，寻找水源，最后在村子后沟一处靠山低洼潮湿的地方，挖出一股清冽的甘泉！一时之间，村民奔走相告，纷纷聚集在井口旁，争相品尝甘甜的泉水。为缅怀毛主席和工农红军，当地百姓为此井命名“幸福泉”，并编了一首歌：“吃水不忘挖井人，恩人就是毛泽东；紧跟红军闹革命，全国奋起打日本。”红军驻守西庄村时，吴家第14代孙吴卓积极为红军捐钱捐粮，并跟随红军回到延安。新中国成立以后，吴卓曾任天津市纺织厂党委书记。此后，吴家大院一度成为抗战时期的灵西县抗日民主政府所在地，时任县长的王磊在新中国成立后曾任国家商业部部长。

在石楼县境内的“红军东征纪念馆”第三展厅内陈列着一件珍贵的国家一级文物——一个瓷碗。这个瓷碗还有一个动人的故事。故事发生在吴家大院，当年毛主席住在西庄的第二天，也就是 1936 年 3 月 18 日，一名红军战士来到村民王金柱家，发现老人正躺在土炕上痛苦地呻吟，就赶快带医生来给老人看病，还给老人买药服用。临走时，红军战士向王金柱老人借了一斗小米和一桶酸菜。过了一晚上，当红军和医生再次看望老人时，他已能坐立了，大家见状很高兴。这时，那个红军战士拿出一只细瓷碗对王金柱老人抱歉地说："这几天在这里住，麻烦您很多，红军马上就要出发，这点麦子和食盐给您留下。那天，不小心打碎了您家的碗，这只瓷碗就赔给您了。"老人听了心想：白给我看病不说，借了小米和酸菜，却还我小麦和食盐，打碎一只粗瓷碗却赔我一只细瓷碗，这不明显是占便宜吗？因此，他再三推让。红军战士说："借东西要还，损坏东西要赔，这是红军的纪律。"说罢，行了一个军礼就返身出门随部队出发了。事后，王金柱老人感动得逢人就讲："咱从来没见过这么好的军队，共产党将来一定会成大气候。"两年后，吴氏家族的吴崇林、吴子奇、吴证也参加了革命。新中国成立后，吴崇林曾任青海省卫生学校的副校长。

"文化大革命"破"四旧"给吴家大院带来了巨大的灾难。建筑精美的"贞节牌坊"、"绣楼"被拆毁，石雕精品"吻兽"被打碎，整个大院多处受伤，庭院楼阁均有当年"红卫兵"留下的痕迹。

改革开放 30 年来，交口的文物保护和红色旅游事业不断推进。2004 年 5 月，西庄村被山西省人民政府列为首批"省级历史文化名村"，这将为保护、开发和利用吴家大院这一文物旅游资源奠定坚实的基础，也必将为保护、传承晋商文化掀开新的一页。

屈地“三普”进行曲

石楼县文物旅游局　曹哲元

石楼古称屈地，位于晋西，东依吕梁山，西濒黄河水，全县土地面积为1808平方公里，辖4镇5乡134个村委会506个自然村11万人口，自然条件恶劣，经济文化滞后，属国家级贫困县。去年年底，县财政收入为3380万元，经济和社会发展水平为山西省倒数第一。

根据第二次文物普查情况分析，石楼县第三次普查的文物点在200处以上。面对任务的艰巨性和第三次全国文物普查的重要性，我们迎难而上，积极应对，在极其艰辛的工作环境中，谱写着屈地“三普”的进行曲。

一　查资料找史实

首先我们以《石楼县志》、《话说石楼》、《石楼文史资料》、《红军东征》、《雍正旧志》等为资料进行查找核对。史料显示石楼虽斗城僻壤、偏居一隅，但历史悠久，源远流长，夏乃鬼方，商是汢国，春秋称屈地，西汉名土军，隋初改石楼。这里不但是姜子牙的故里，而且是红军东征的主战场。《中国古史的传说时代》、《大中华山西地理志》、《韩非子·五蠹》、《周易·艾辞》、《三皇五帝时代》等典籍对石楼的风土人情、传奇故事、物产名胜均有记载。史料显示，在石楼有20多墓葬处均有殷商青铜器出土，因其数量多品位高，被确认为“全国三个殷商出土方国之一”。郭沫若、李学勤等专家为石楼殷商青铜器著述文章80多篇，可见在华夏文明发展史上，石楼有着十分重要的地位，因而，本文的石楼的“三普”工作也就更为重要。

二　勤学习钻业务

第三次全国文物普查，体现了国家对文化软实力的充分重视。从文物普查的设备及技术难度来看，普查的科技含量很高，要求每一位普查队员必须具备一定的专业知识和普查设备的操作技能。为此，我们积极抓了队员的业务学习，除参加上级培训之外，还根据相关资料深钻细研。与此同时，我们向“二普”老队员请教取经，还与柳林等周边兄弟县交流学习，取长补短，不断完善普查的方式方法和各个环节，为“三普”打下了坚实基础。

三　看地图明目标

根据有关资料，结合“二普”队员的指点，我们在县档案局买了几张地图，在地图上寻找和标明了“三普”的200余个点。按照普查点的分布情况，我们科学地确定了普查的具体路线。依照这张地图，我们的工作得到有关领导的支持；依着这张地图，我们走过了3个乡50多个自然村；依照这张地图，我们基本上没走弯路，节约不少时间。因此，这张地图被队员们称为“‘三普’军事地图”。

四　骑摩托搞普查

石楼的地理条件很差，全县95%以上的面积属25度以上的山坡地，我们的普查点自然都分布于这些没有公路的山沟之中。而交通工具只能是二轮摩托，有的普查点连二轮摩托也到不了，只能步行。从一个山头到另一个山，看上去很近，走起来却要几个钟头。在和合乡杨家沟普查时，队长李大勇为节约时间骑摩托赶路，结果掉到两米多高的土棱下，幸亏人没事，只是摩托损坏了一点。他调侃说这里是姜太公的故里，老人家一定会保佑的。就是在这样的条件下，李大勇扛着“三普”旗帜，骑着摩托行走在石楼的山山洼洼，行程2800公里，其中步行200余公里，翻越大小山头100多座。

五　勤走访寻遗址

在石楼县的不可移动文物中，古遗址占到2/3，但古遗址的寻找却最为不易。一是二普中有关古遗址的记录不太准确，只是个大概方位；二是石楼某山某沟的范围较大，某遗址在某山某沟的概述，寻找起来十分困难；三是农民耕种使瓦片、陶片所剩无几；四是多年水土流失已使一些遗址面目全非；五是石楼退耕还林力度大效果好，林草覆盖使一些遗址难以寻找；六是新农村建设毁坏了多处遗址。为搞清这些遗址，队员们不畏艰难，用自己的双脚，追寻着历史留下的遗迹。

六　克艰难攻“三普”

要圆满完成石楼县文物普查工作，仍面临着重重困难：石楼县是一个国家级贫困县，财小力薄，县里只能拨出3万元，解决普查所用的交通费用，资金缺口很大；人员少，能懂业务的更少；地形差，严重影响“三普”进程；吃住难，石楼扶贫移民工作名列山西省前茅，多数人搬到了新村，老村居住人口很少，队员吃住困难，基本以自带干粮为主。虽然困难较大，但我们坚信，在县委、县政府的领导下，在上级有关部门的支持和帮助下，我们一定会努力克服困难，按时、保持完成普查任务，谱写好屈地“三普”进行曲。

临 汾 市

露岩寺寻古

临汾市博物馆　张聚林

距北平二十余里，有村刘家圪垛，村西北数里有山曰凤凰岭，其上有古刹露岩寺，亦称露崖寺，分上、下二寺，下寺处山前，上寺踞山巅。《县志》云：“风岩仙洞露崖寺，峰峦峭岈，岩石下覆若风翼之高张，雪雨不能及其下。寺当崖阴，远望者但见崖不见寺，故号曰露崖。中有风洞，泉流溃冰，盛暑不解，至冬涣然消释，亦一奇也。”

到北平次日，相约数人探寻露岩寺。早饱食，以备午餐难果，两路分行，以车代步，约近巳时，会于刘家圪垛。寻知其路途者同往，摩托车、面包车、越野车先后前行。道路蜿蜒曲折，崎岖难渡。最先抛锚者乃越野车也，数人挤在两车上，走走停停，停停走走。临近露岩下寺，路更难前行，于是弃车徒步，沿小路而上。树林间突现空旷平坦草地，树枝老鸦驻足，草地牧牛悠闲，鸦声耳旁聒噪，牛铃山间回荡。行数十步，露岩下寺在望，同行者已于山门前招呼，寺前山门下，昔日碾盘犹存，虽碾子佚，依稀似有僧人碾米。至寺则满目荒芜，山门尚存，余皆坍塌。唯一碑静卧，然漫漶不清，细观时为乾隆五十五年。登记、照相、定点、测量，忙而不乱，各司其职。事毕小憩，折道东北前行，未几路尽，眼前朽木斜插，脚下落叶虚空，远望峭壁悬崖，近看怪石嶙嶙。蛇行食顷，同行诸君已相距数步乃数十步。余因腰疾所困，渐落其后，十步九折，气填胸臆，盖攀云扪天，若斯之难也。无奈折木为杖，逶迤登攀，上行数十步，至峭壁下，诸君已惫，皆席地而憩。仰视峰顶，其直如截，两峰对峙，中通一线，径虽不甚高，而孤险可畏，将自此问岭顶，感力不胜矣。欲以香烟解乏，奈何森林防火，囊中仅存些许瓶水润喉。稍憩未几，时已近午，目的未达，弗敢停留。诸君已前行，乃弃杖，手攀足登紧随。及至岭首，则诸岭顾在屐底，若揖若退，若俯若拱。环顾诸君，皆称倦矣，然登顶之悦，亦难抑止，乃复离朋散伍，竞逐幽胜。登者，止者，惫而喘者，恐而啸者，怡然若有乐者，怅然慷而慨者，虽所遇不同，然莫不皆有得也。

岭上松树成荫，落地松针如毡，静卧其上，闻松涛声声；峰下浓雾为烟，环绕山间似云，俯收眼底，观层林悠悠。憩约刻余，相呼前行，迤逦西循三里许，至露岩寺旧址，年久寺废，基址犹存。寺依岭而建，中轴布局，山门依稀可辨，献殿断壁残垣，观音殿、十王殿左右对列，然复颓败，烟火俱寂。大殿台基尚存，前有二碑，圆首方趺，一为明嘉靖癸卯，一为清乾隆庚戌，皆重修碑矣。明碑载，嘉靖壬寅金堆里范公复才避难于此，次年修缮古刹，寺貌焕然。奈地僻年久，虽几曾修葺，终寺困僧散，致殿陷墙颓，遂以寺庙遗址登记。卫星定位，高程测算，上、下二寺落差凡三百五十又三米矣。

未时三刻，恐日暮难归，皆云早行。然一僧墓未至，乃为今必至者，询土人，有径可达，奈途愈峻道愈险。议而分行，一复旧途归，一循新径至，相约会于下寺。余同七君循新径，新径陡且险，其旁诸峰罗列，或偃或立，或将仆坠，或属而合，或离而分，各奇各异，不一状。陡坡而下多凸石，石侧棘草杂生，石间落叶虚空，石上青苔湿滑，石旁枯枝难扶。诸君践凸石，援棘草，随陡坡下，愈下愈深，诸峰自相掩蔽，不能一目尽也。过申时，至僧墓，然墓已为不肖所盗。廿一年前，二普时来此，其墓冢犹存，冢顶造塔，塔上嵌碣。碣载，金壁峰，露岩寺住持，明景泰甲戌圆寂，安于此。今复查于此，奈塔毁墓盗，感有余，思且多。事毕弗敢憩，盖由腹中空，顺谷而下，饥渴难奈，捡白果以充饥，摇山梨杈果腹。约至酉时，众聚露岩下寺，恐日暮，返。

今探寻露岩寺，为“三普”责任。时在戊子九月辛丑，同行者：古县文物局任斌、曹廷元、崔洋洋、任永辉，北平范小兵，热留杨洪生，临汾“三普”一组马振龙、吉森、祁根斌、王磊，凡十一人。是为记。

古县石壁普查记

临汾市博物馆　张聚林

石壁是古县中南部的一个乡，距县城14公里。据县志记载，明嘉靖年间，村中有三教庙，内奉一石佛（造像碑），为唐天宝四年雕刻佛像。相传，碑得自村东治鹤崖石壁中，村人以为神，故村名为石壁。

石壁如诗如画，是一个幽古神奇的地方。石壁河自东向西，曲曲弯弯，河水裹带着古老的历史和浓浓的思绪，流向远方的山峦。汩汩的河水，恬静的村庄，陡峭的悬崖，平缓的山坡，俨然一幅幅浓缩的国画。那盘根错节的老树与窑洞老屋入笔入线，山水起伏宛若泼墨重彩，天空纤尘不染像是特意留白。走进这古老而又深远的乡村，就像走进如诗似歌的韵律，抑或是水墨丹青的意境，无不给人以宁静超然的感觉。

古文化遗址

石壁河自东向西流经石壁全境，其地貌为黄土丘陵与石质山地中间的过渡地带。石壁河冲淤而成的河谷川地，阡陌毗连。临水、阳坡是古人类生活的理想之地。沿石壁河行走，就有了一种从来未有过的人文责任感。石壁河流域的古遗址、古墓葬的调查也就作为这次普查的一项重要内容。

来到石壁，时值清明，春意正浓，草木复苏，一切都充满着生命的激情。石壁一方，玉米种植为当地的传统农业。村民们已开始翻耕土地，准备播种了。山前坡地、临河台地，在村民勤劳的操持下，平平坦坦，规规整整。就在这丰腴平整的土地下，深藏着多少文明与智慧。古人在地下，今人站地上，就这样古人与今人隔着一层地表对话、想象、凭吊、猜测、遐想……透过文化层，触摸大地原始脉搏，感到一股母性力量的召唤，然后无限扩大，无限轮回，直至生命延续。地表散布的陶器残片，有绳纹、有篮纹、有素面、有彩绘，它们在无声地讲述，那是一个穿草裹皮、渔猎耕作，间或你争我夺、打打杀杀的时代。在那个时代，先民们不仅要备受大自然炼狱般的灾难，而且要承受弱肉强食、胆颤心惊的煎熬。那是一个艰苦的时代。后人无法穿越时空去切身感受先民生活的艰辛。想问石壁，石壁无语。

在石壁，约半月。沿着石壁河及其支流上治河，循着先民的踪迹，寻找遗失的文明，惊叹古人的智慧。在石壁，共发现新石器时代、东周、汉代古遗址26处、古墓葬7处。石壁的山、石壁的水、石壁的先民都在书写着石壁的历史。

滚水坝·人字闸

据《古县志》记载："唐宋时期，三合既有自流渠浇地。至民国26年，县域内仅有高城灌渠三条，浇地200亩，三合灌渠一条，浇地200亩。"县志记载的高城、三合均在石壁境内。石壁人充分利用石壁河的水资源，筑坝建渠，引水灌溉，营造了许多水浇良田，成就了石壁历年的达产丰收。

滚水坝，石壁人的叫法。顾名思义，筑坝为拦水，小水时蓄之，大水时则自坝上滚流而下。因此，当地人很形象地称其为滚水坝。滚水坝多建在河道较窄处，均以石块砌筑，坝长15～30米不等，坝高2～5米，坝体下宽上窄，断面呈梯形，坝一侧或两侧设渠口，依山势建渠，引水自流灌溉农田。据调查，石壁河及其支流上治河现尚存有高城、三合、徐村、贾村、腊沟、上治、高庄等7处滚水坝，现存滚水坝多修建于20世纪30年代及六七十年代。在很长的时间里，滚水坝、自流渠一直是石壁农业生产的重要支撑。

人字闸是石壁人对滚水坝的改造和更新，是在滚水坝基础上的不断完善。人字闸由人字形支架、面板和基础三部分组成，面板可拆卸，汛期泄洪排淤，平时蓄水灌溉。1993 年在石壁河流域试验成功，被列为山西省临汾市科技推广项目。自此，全县先后建有人字闸 90 余处，蓄水 54 万立方米。人字闸的建造提高了滚水坝蓄水的功效，解决了滚水坝排淤的难题，是滚水坝的升级版。人字闸的使用成就了古县的蓝天碧水工程，功于当代，利在千秋。

三合牡丹园

三合村，旧名山河，因天灾战乱，村人几尽，后自燕家沟、段家坡、胡家庄三村人迁入，故今名。三合村有古牡丹，相传植于唐朝。在传说里，其与洛阳牡丹一样，同是武则天贬牡丹的故事。原植于村南佛庙内，后佛庙毁，惟牡丹存，与残垣断壁相依，受风剥雨侵，然牡丹依旧葱茏，花开富贵。现存古牡丹高为 1.83 米，冠幅为 4 米，丛围为 15 米，为中国之最。为保护古牡丹，1998 年，古县组织牡丹文化基金会，10 月创建牡丹亭，后续建丹阳门、仙子阁、牡丹碑廊等建筑构成牡丹园主园。2004 年起建牡丹园东陪园（富贵园）、西陪园（国色园），牡丹园始具规模。牡丹园坐北向南，现存建筑均为钢筋混凝土仿古建筑，仙子阁为面宽五间的二层重檐歇山顶建筑，内塑牡丹仙子神像，东西山墙上绘设色人物壁画，内容为牡丹仙子的传说，分“仙子下凡”和“济世利民”两部分。富贵园内植牡丹 36 个品种 16000 株，芍药 12 个品种 2000 丛；国色园内植牡丹 28 个品种 13000 株，芍药 8 个品种 3000 丛。

出牡丹园，经聚仙桥，过石壁河，来到牡丹广场。观牡丹壁，瞻仙子像，听飞瀑声，又是别样的惬意。牡丹壁长为 60 米，高为 5 米，中部为三合千年牡丹，两侧是百余种牡丹。采用了涅雕、镂雕、浮雕等多种传统工艺制作。整个牡丹壁由 1200 块（0.5 ×0.5 米/块）瓷画组成，而瓷画是在 1300 摄氏度下烧制而成的，是目前国内最大的瓷制牡丹壁。牡丹仙子像总高为 39 米，像高为 33.98 米，建于高为 5.02 米的长方形台基之上，台基四周浮雕，正面为牡丹仙子图案，背面为古县新貌，西侧为民间社火，东侧为修建题记。采用北京房山汉白玉塑成，制作工艺十分精湛。仙子像由719块汉白玉堆雕而成，总重达2375吨，面部由整块雕刻而成，总重达4立方11吨。2008年4月，由上海大世界吉尼斯总部认定为大世界吉尼斯之最“最大的瓷壁画——牡丹壁”、“最高的汉白玉雕塑——牡丹仙子”。飞瀑依阴南山北麓修建，飞瀑落差40余米，瀑布取三合之意，三波齐泻，瀑落三叠。瀑布依山势采用钢筋构架，水泥喷浆，成山石状。飞瀑利用石壁河人字闸蓄水，采用高扬程水泵，抽水至瀑顶，后飞流之下，由瀑前暗渠流入石壁河。沿阴南山麓古县人种植了500亩15万株牡丹。几年后，在三合这方热土，将会是花的海洋，香的世界，一片醉人的天地。

张家大院

石壁张家大院是太岳腹地保存较完整的深宅大院。张氏家族自明末清初迁居石壁，挖窑洞，扎篱笆，务农为本，惨淡经营。至清嘉庆、道光年间，张氏家族成为一个集习武从文、务农经商、出仕为官于一体的官宦富庶家族。百余年间，从大院走出大学士、举人、秀才、廪贡十余人，有“父子登科”、“兄弟同榜”的美誉。民国初年，以张庆澜为代表的张氏家族盛极一时，富甲一方，成为当时岳阳县最大的“万石侯”。传统的家族制度和文化理念主要根植于广布乡村的院落之中。以宗族聚居的院落均呈现出井然的秩序感与等级特征，并使围绕血脉的人以居住方式一脉相承。落叶归根的传统也使得乡村成为古代中国的财富聚集地。数代人苦心经营的财富逐渐汇聚成乡村的豪宅大院和万亩良田。张家大院也是如此。

站在张家大院前，豪华气派的门楼足以证明建造者雄厚的财力，而从大院高墙深宅的建筑形制中，也可以看出建造者保守自闭、墨守成规的弱点。置身院内，叩响一个个锈迹斑斑的老门环，推开一扇扇吱呀作响的陈年木门，走进一间间饱经风霜的老屋。面对它们，就像面对一位位静默于此的老人，但正是这地地道道的乡土本色，才最真切地展示了它独特的魅力。寂寞庭院锁清秋，一把锈迹斑斑的老锁，锁住了一院的冷清，也锁住了时空，然而昔日的繁华毕竟已不复在，而今剩下的只是供人凭吊的旧宅老屋罢了。透过门缝，仿佛还能看到绣楼上的小姐倚楼独望的孤寂神情。

据现存建筑的脊檩题记记载，张家大院为清同治九年（1870 年）至光绪五年（1879 年）重修后的遗存。大院建筑以北方传统的四合院为主体，宽敞豪华的会客厅显示着主人的富足，门侧楹联“泰而不骄正乎内外厚德载物，勤且尚俭永自春秋书剑传家”，那是张氏家族的治家准则。后院高大建筑上悬“深藏若虚”匾额，则告诉你那是张家小姐的深闺绣楼。大院的西跨院以北方特有的砖砌窑洞为主体，大院的主人在显示了富足以后，先辈居住的、冬暖夏凉的窑洞才是他最舒适的住所。也只有在窑洞里，才能静心地盘算他的店铺作坊，思谋当年的春种秋收，筹划张家子孙的未来前程。

张家大院由于保存了完整的古建筑，名气也越来越大，吸引了众多的人前来探访。修缮一新的大院展示了当地的民俗风情。石磨豆腐、磨面、碾米、纺线、织布等民俗活动带你身临其境，回味从前。来的人多了，也就打破了这座百年大院的平静，但也将它带出了石壁，带出了古县，让更多的人阅读它。这大概是当时这些房屋的建造者们所没想到的。

石壁河还在不知疲倦地流淌，世事却时过境迁了。只有历史和文化本身积淀了下来，孕育了一个新的石壁。新的石壁在不断地成长，一切又都显得那么古意盎然，像是一个被粉刷过的世外桃源。

“三普”有感

浮山县博物馆　乔　锋

2007年，国务院发布了第三次全国文物普查的通知，掀起了文物普查工作的序幕。我有幸参与其中，感受很深。

通过几个月的工作实践，我慢慢领悟了第三次全国文物普查的重大意义，对自己从事的职业有了新的认识，自身素质也得到了明显提高。

第一，文物资源是国家综合国力的重要组成部分，而且在综合国力竞争中的地位和作用越来越突出。开展文物普查工作有利于我们了解国情，增强民众对国家的认同感，增强民族凝聚力，增进国民的民族自尊心、自信心和民族自豪感。

我所在的普查队是临汾市第九小组。我们调查的第二个村子是浮山县天坛镇南王村。南王村三面临沟，交通极不便利，给我的感觉是落后、破旧。但令我奇怪的是，我们在村中走访时，没有一个村民说南王村不好。村中老者给我们详细介绍南王村的历史，南王村禹汤庙、玄帝楼、齐氏祠堂等。从村中建筑及村民的穿着上可以看出这个村并不富裕，但从他们的脸上丝毫看不出对所处环境的不满，且以身为南王村村民而骄傲。在南王村给我留下印象最深的是齐殿虎老人。老人是个老共产党员、老民兵。得知我们是来调查文物的，老人表现出了极大的热情。他带我们参观他收藏的磨制石器，并表示想将这些物品捐给国家。在老人的配合下，我们在南王村新发现了南王西遗址。该遗址分布较广，文化层明显，遗物较为丰富。在我们结束调查的时候，老人请求我们向政府报告，给他们村修修禹汤庙、玄帝楼。从老人殷切的目光中，我突然明白南王村的村民是幸福的。南王村村民的幸福是因为他们的先祖曾在这块土地上创造了辉煌的历史，使这块平凡的土地变得神奇。生活在这块土地上的人民为此而自豪，这种自豪已渗透到他们的血液当中，并代代传承。

一个村的村民尚且为自己村落的历史而自豪，一个县、一个国家，又何尝不是如此呢。我们常说我们是龙的传人，以有五千年的文明而自豪，我们自豪的依据就是我们脚下这片生我们、养我们的土地。古遗址、古建筑、古村落、古桥梁都是历史的注释，他们记载了中华民族的过去，有辉煌，有苦难，有幸福，有辛酸，所有的一切都是中华乐章上跳动的音符。通过他们，我们可以追溯历史的真相，并以史为鉴。他们把历史和现实连接起来，成为中华民族的脊梁，是我们前进的动力、奋斗的源泉。多少海外游子抛弃国外优异的条件，投身到国家的现代化建设中来。为何？根的力量。我们的职责就是通过普查，认识和准确把握我国文物资源的状况和变化。一个没有历史的民族，永远不可能成为一个伟大的民族，忘记历史就是否定现在。把文物普查工作做好，既是对历史负责，也是对自己负责。

第二，“三普”工作可以让我们摸清家底，认清国情，纠正以往工作中的错误，更好地为经济建设服务。

20 世纪 50 年代和 80 年代，我国先后开展了两次全国文物普查，对文物保护事业发挥了巨大的推动作用。但由于当时各方面条件所限，包括观念、认识水平、工作方法、技术手段等方面的原因，使我们所普查内容可能出现这样那样的错误。

浮山县诸葛村清微观系山西省重点文物保护单位。县志载：清微观原名清净庵，始建于唐，宋元祐七年（1092 年）重建。普查队员在调查清微观时发现其建筑风格呈现明显的元代特征，与县志所载宋代建筑不符。清微观省重点文物保护单位的身份使这一问题复杂化了。众所周知，我国宋代木结构建筑已存世不多。把一座宋代建筑改为元代建筑，从心里上说，普查队员是矛盾的。而且改年代需要充分的证据。为此，普查队员翻阅了大量资料。清版《浮山县志》和民国版《浮山县志》记载的清微观重建年代也均为宋代。普查队员对自己的判断产生了怀疑：是不是清微观确系宋代建筑？在向村民调查的时候，普查队员意外发现了一块古碑。古碑上的字已漫漶不清，在碑首依稀有“重建清微观记……元延祐七年……”的字样，碑阴内容是重建清微观时来贺人员名录，其中发现“晋宁路”这一地名，经翻阅辞海，辞海记载：晋宁路，元代建制。

证据找到了，普查队员以踏实的工作态度、严谨的工作作风纠正了历次编撰县志的错误（清微观重建年代），还历史一个真相。

第三，“三普”工作可以锻炼文物工作队伍，培养大批文物工作业务骨干，大力提高工作人员素质。

第三次全国文物普查提出一个全新的概念，改过去的“普查”为“清查”，文物的“内涵”和“外延”都与过去不同，被赋予了新的时代特征。普查采用的是现代化、高科技手段，与以往比较，普查内容更全、更广、更细。如何熟练掌握普查设备，运用科学方法完成普查任务成了摆在每个队员眼前的难题。队员们没有被困难吓到，他们认为压力有多大动力就有多大，所有的困难都是可以克服的。通过查资料、翻书籍、互相讨论，队员们在实践中逐渐熟悉了业务。每个人都抓紧一切机会和时间充实和完善自己，对自己严格要求，使自己的业务水平尽快得到提高。

金色的油糕

吉县文物管理所所长　阎雅梅

冬至虽然已过了十多天，我还是五点钟就赶紧起床，洗了一把脸就走进厨房，打开电磁炉把卫生油倒进锅里，开始为梁军他们炸捏好的烫面油糕。

梁军是临汾艺校文物班的高才生，在侯马市文物局工作，文物摄影是他的强项。他小我几岁，是父亲的好友山西省考古研究所梁子明先生的儿子。和我既是同行又有世交。我叫了他爸二十多年伯伯，他叫了我二十多年大姐。这次全国文物普查他领着单位的赵晋、王涛、赵志远，数九寒天地来吉县工作。用他的话说："这回是来帮大姐盘点家底的，也是市局让大家来吉县学习和锻炼的，咱走时可得多给大姐留下些祖业才对。"所以我准备按家乡"冬至吃油糕，太阳回头照；皮红馅儿甜，娃娃变圣贤"的乡俗，冬至那天想让他们吃上一顿油糕，到了元旦再吃上一回像样点的年饭。谁知冬至那天大家都在乡下，元旦日程路线又安排的是沿清水河西去壶口一线，本想乘便到了壶口抽出一点时间让梁军乘着三九时节好好地照几张冰挂景象，没想到从中寺下来已是日落天黑。回到县城，由于太累了，再加上晚上还要整理资料，为了节省时间，大家只随便吃了一顿家常饭。三件事一件也没落实。虽然大家都说"咱吉县是贫困县，吃饱了就行"，可总是让人觉着过意不去。今天他们就要回去过年了，由于时间关系壶口去不成了，可我这个东道主还能不给这些天冻得鼻青手肿的小弟和几个年轻娃娃炸几个油糕补一下冬至吗？

我把一个个雪白的、包着糖馅的面糕放入热油内，锅里立即泛起沙沙沙的气泡，面糕在锅里不停地翻滚着，一会便变得金黄金黄。我不由得想起了父亲每次吃油糕时总要不厌其烦地说过的话：“这油糕原名叫做‘罗汉果’。”没有入锅前就是佛学上说的“乳糜”（像乳一样白的糜子面），是佛的象征，入油锅炸犹如舍身炼狱，经过一番火与油的高温煎熬，便修成了金身。每年到了四月初八的“浴佛节”，佛徒在寺院炸油糕，其一为纪念悉达多王太子舍身向善，食乳糜后在菩提树下修成正果而成释迦牟尼（释迦族的圣人）；其二以油糕施斋周济众生，意在启人向善。油糕象征着小乘佛教修行者所能达到的最高果位。想着想着，眼前忽然一亮，梁军和几个出生在晋南的都到山区参加普查的年轻人不也像锅里的油糕吗？刚来时，一个个白白静静，一派城里后生的样儿，我真还有点不信他们能经受住这三九天的煎熬。十多天来，和他们在一起的一次次经历让我不得不用“刮目相看”四个字对他们又作别论了。

柿子滩遗址是一处国保单位。20 世纪 80 年代，父亲在遗址西北部的防风崖下发现了两方岩画；90 年代，又在遗址西南两公里之遥的一个叫绵羊疙瘩的崖龛上发现下一方舞蹈崖画。这在我国旧石器时代遗址中是罕见的。几年来我每次去柿子滩，站在防风崖和绵羊疙瘩中间河谷的高碣上，望着一个个崖龛心中估算，今天这些崖龛随着河水水位的下降已经人迹难至，成了山鸽野雀的栖息地。两万年前它并没有这么高，柿子滩人光顾和利用过它吗？我向周边村中的每个羊工打听。月前一个老羊工对我说，他记得小时曾听说桐卜岭的崖龛上有仙人留下的手印。于是，我立即前往并作了实地考查。这次普查启动开始的当天，我把这一新的发现向市局李兆祥副局长、狄跟飞科长和梁军他们作了汇报。当天，大家带着 GPS 定位仪、专业相机与县政府分管县长白占奎、文体局局长强朝辉、分管局长陈振林一行驱车前往桐卜岭测照、录档。

桐卜岭是清水河下游河谷北岸高碣上的一处从北向南迤的山峁。新修的东西向公路从峁中穿过。岩画位于峁梢头和西去河谷交接处偏东的高碣崖龛下。下车后，大家跟着我踩着干枯的白草在坡度几近垂直的陡崖上往前走，脚下是五层楼高的悬崖，头上是三层楼高的悬崖。我不时回过头看看大家。走着走着，走到了危险的几步时，只见除了1982年曾和父亲沿黄河高碣考查过清长城的李兆祥副局长，所有人的双腿都在哆嗦，有的人死死地抓住茅稍不敢举步，有的人干脆坐在地上不准备走了。我一下醒悟到梁军他们这些从小至今一天也没离开过闭上眼睛也敢走的侯马平川的小青年们何曾攀过“头顶崖悬不见天，脚踩万丈深沟沿。一脚下去没踩稳，粉身碎骨成馍片”的险山恶崖呢？于是便把父亲传我的“攀崖经”念给大家：“两眼往前瞅，不要朝下看。单手扶崖上，踩稳把脚换。”李局长接着说：“这比我和雅梅她家老爷子当年在黄河边爬过的‘手爬崖’差多啦。你们这些小伙子一定比我这个小老头强。”不知是父亲的“攀崖经”管用，还是李局长的鼓励起了作用，大家总算顺顺当当地爬到了先民留在石崖上的这些红手印、白手印的跟前。尽管满头大汗、个个面露惊惧之色，但大家还是不忘责任所在，各司其职，绘图的绘图，测高程的测高程，记数据的记数据，尤其是梁军，他和狄跟飞科长手牵手战战兢兢找角度，手脚并用拍照片。作记录时，他问我“时代，内容，怎么写？”我说：“这叫手印岩画，距柿子滩第一地点约2000米，距河谷高度为60米。根据山间河流下游下切的规律，它相当于二级阶地。和柿子滩裸女、鹿龙岩画遗存同属旧石器时代晚期，是目前我国发现的最早的手印岩画之一。参照国内外研究资料，把手印在崖壁上，可能表示了‘占有’、‘权力’、‘数字’；其目的不外‘增强精力’、‘祛病除灾’；或是‘某种神秘仪式的记录’、‘为着人口增值的祈生巫仪’。它是人类特有的区别于动物靠视觉和嗅觉划分地盘（领地）本能的意识活动，是艺术实践。可同两万七千年前法国科斯凯洞窟和我国阿拉善深山中、孟根布拉格苏木锡林布鲁格发现的同类岩画相媲美。左边的一双左右交叉手印，其做法是用手蘸上与柿子滩第一地点裸女、鹿龙岩画相同的赭石磨成的颜色直接印在崖面上的。向右15米的这些白色单手印可能是蘸些白垩土颜料印上去的。其间两处不同色彩和印法所含的内容尚待考究。”“时代呢?”梁军问。“就写旧石器时代晚期，和柿子滩同期。”返回到公路上时，白县长、强局长、陈局长他们握大家的手连声赞道：“辛苦！辛苦！平川小伙子真不简单”。回来的路上，车后座不知谁说：“艰险！艰险！想起过悬崖我现在还怕!”“猜猜我身上的汗怎么出来的？告诉你们吧，是吓出来的!”“幸福，幸福！想到和两万年前的古人拍手我觉得值啦!”后一个是梁军的声音。

卦甲山坤柔圣母庙是一座独具特点的元代古建，为省级文物保护单位。普查的那天遇上了大风降温，西北风可着劲地刮，梁军指挥大家绘图，测量 GPS、高程。做完记录后太阳已经偏西，是这座坐东向西的建筑光线最好的时刻。他要大家赶紧把借来的竹梯竖在圣母殿西的庙院畔，背着相机就向上爬。我生怕这么冷的天，竹梯光滑，万一有个丁点闪失，便阻止他上梯子。他抬头看了一下说：“照片要正投影，只有用梯子才能把大殿的脊刹和瓦作取全。这个殿是省保，殿里的女娲圣母会保佑我的，我小心就是了。”没奈何，我只得让地上所有的人给他扶着梯子，盯着他一节节爬到梯子顶头脱掉手套，左手抓着冰冷的梯子，右手举着相机拍照。我戴着手套的手都冻麻了，冷风刀割般吹得脸生痛，可以想见他的双手一定痛得已经钻到心里去了。他照完相从梯子上好不容易爬下来，发紫的脸上鼻涕直往下流。我赶紧掏出手纸递上去。没想到他一边擦一边却风趣地说：“大姐，小弟今天可在咱吉县实实在在地算是风流了一回!”当大家醒悟到他说的“风流”指的是被寒风吹得流鼻涕时，笑声中我想对成语“苦中作乐”作“勉强欢乐”的注释在梁军身上应当换为“不改其乐”。文物干部这种艰苦的工作中所包含着的收获之喜悦、发现之兴奋、使命之神圣，是局外人很难体会到的。从山上下来返回旅社的途中，路过佛阁寺时我看着“佛在心中，心存菩提即成佛；道在足下，足行正道乃得道”的门联在想，成佛得道是佛徒和道家追求的人生最高境界。那对一般人来说什么是生命的意义呢？不经夏日三伏酷暑，庄稼不会稔熟。不历冬月三九严寒，腊梅不吐清香。软绵的白面糕只有放进火上的油锅炸，身上才能闪出金色的光。还有什么能比“吃油糕”这顿饭能表达我对梁军他们的真心称赞呢？

七点半，我把一个个金黄色的油糕小心地放到洁白如玉的搪瓷盘里，用崭新的毛巾包好，双手端着大步向梁军他们住的旅社走去。

大宁文物普查记

大宁县文物管理所　李宁莲

眼下正值隆冬季节，凛冽的寒风吹过重重山冈，吹过道道峡谷，发出阵阵低沉的吼声。往日喧嚣的昕水河，如今被厚厚的冰层覆盖，仿佛变成了一条舞动的银色丝带；往日水花四溅的瀑布，如今已经被凝固，仿佛变成了一座座精美的冰雕作品；往日色彩斑斓的花草树木，如今已经褪色，把大地染成了淡淡的黄色。

在这黄白相间的世界里，有一道亮丽的风景线格外引人注目。远远望去，有一队人马正穿行在这崇山峻岭中。走在前面的人手执一面色彩鲜艳的红旗。红旗被西北风吹得咧咧作响，旗上写着“全国第三次文物普查大宁分队”13 个金黄色大字，后面跟着十多个身着各种色彩服装的人，一字排开，行进在布满荆棘的羊肠小道上，仿佛一条彩龙在山水间舞动。原来，这是一支文物普查队伍。这支队伍由临汾市文物普查队梁军队长等 4 名普查队员和我县文管所的 6 名工作人员共 10 人组成。

大宁县位于吕梁山南麓，临汾市西侧。北靠永和，南连吉县，东与蒲县、隰县相邻，西与陕西省延长县隔黄河相望，占地面积为 967 平方公里，总人口为六万余人，辖两镇四乡。

这是一片承载着历史和文化的沃土，芝麻滩旧石器遗址、翠微山新石器遗址、曹娘娘庙等星罗棋布的古遗址、古建筑向现代的人们展示着这片古老的土地上曾经的文明。仅此前已经发现并建立档案的就有 69 处，其中省级重点文物保护单位 3 处、市级文物保护单位 1 处、县级文物保护单位 65 处。

为了搞好“三普”工作，政府成立了大宁县“三普”领导组，召开了“大宁县第三次文物普查工作启动会议”。参会人员有政府副县长王蛇英、临汾市“三普”办常务副主任、市文物局副局长李兆祥、市文物局文物科科长狄跟飞、县文体局局长王录明等。会上，政府副县长王蛇英、市文物局副局长李兆祥等领导作了重要讲话，会后市、县领导及文物普查工作人员一同对徐家垛乡北桑峨村的龙王庙、清代民居和60年代的典型建筑进行了实地调研和考察。李兆祥副局长结合现场文物的具体特点进行了讲解和解说，使随行人员受到了一次难得的文物知识熏陶。

大宁县文物普查工作开始后，普查队员们每天都要背着普查所用的各种设备和器材，冒着凛冽的寒风，开展田野普查工作。

12月22日，“三普”工作人员决定到“笊篱寨”采集数据。这一天，队员们起了个大早，匆匆吃过早饭，带上工作所需的工具，便驱车向目的地赶去。“笊篱寨”位于县城以西25公里以外的徐家垛乡李家垛村的笊篱把上。一路上，同志们精神饱满，情绪高涨，有的讲故事，有的讲笑话。汽车沿着昕水河畔的公路一路飞驰，身后留下一串串笑声。我告诉大家，“笊篱寨”是清代土财主们为了躲避战乱而特意修建在石头山梁上的防卫性建筑群，海拔为1000米左右。在长约四五百米、宽不过30米、窄处仅有10米的山梁上建有5座院落，61孔窑洞，3间石墙房子，还设有碾米用的碾子和水井等附属设施。此石梁三面悬崖绝壁，只有一面靠山，也只有在这里才能进入寨门。这里地势十分险要，易守难攻，大有一夫当关，万夫莫开之势。由于这道石梁看上去酷似我们做饭用的笊篱把，所以得此名。听完我的介绍，队员们个个精神抖擞，摩拳擦掌。此时，梁军队长不失时机地讲了三点意见：一是要求大家注意安全；二是采集数据要准确、客观；三是大家要互相帮助，齐心协力，圆满完成工作任务。

说话间，汽车已经来到了山脚下。这里离寨子还有大约两公里的路程，剩下的路都是羊肠小道，只有徒步行走了。我们稍做整理，队员们便迫不及待地背上行囊出发了。刺骨的寒风不停地刮着，而且一阵紧似一阵，似乎能穿透衣服。一开始，队员们为了保暖还尽量把手和脸蜷缩在厚厚的衣服里。坡越来越陡，路也越来越窄，队员们不得不手脚并用地往上爬。这是一座孤岛，由于长年无人行走，蒿草、荆棘几乎长满了山冈。越往上走越难行，男队员们便拿起镐头在前面开路；有的路段女队员上不去，男队员们便排成队一个个的往上拉。等到了山顶，个个身上大汗淋漓。放眼望去，杂草丛中，寨门高筑，寨子里窑洞错落有致，有的尚且完好，有的已经坍塌。尽管山头的风很大，队员们顾不上休息着手数据采集工作。有的拉尺子测量，有的画图，有的拍照，有条不紊地采集着各种数据。为了能够采集到更准确的数据资料，队员们不断出入于荆棘丛中。不知过了多久，大伙又被冻得瑟瑟发抖了，实在无法忍受时，便原地跺跺脚、搓搓手，或者把手放到嘴边哈哈气，或者把手插进贴身的衣服里取取暖，然后接着工作。转眼间已经过了中午时分，但数据采集工作才刚刚过半。此时队员们饥渴交加，又冻又累，队长梁军决定稍事休息，让大家顺便吃点干粮，喝口矿泉水。可拿出来一摸，饼子和矿泉水早已被冻得硬硬的。看到这种情况，胃口好的还敢吃上几口，胃口差一点的就只能欣赏同伴们在寒冬里野餐了。当吃过午饭、干完所有的工作，队员们拖着疲惫的身躯回到县城的时候，已经是下午 4 点钟了。这时候，我们才发现有的人衣服被刮破了，有的人皮肤被划出了道道血口，现在才感到隐隐作痛，几乎所有人的鞋都已经伤痕累累。

大宁文物普查队就是这样一支不怕苦、不怕累、不怕风吹、不畏严寒且特别能战斗的队伍。有这样的一支队伍在，我们相信，我县的文物普查工作一定能够高标准、高质量、按时圆满地完成各项普查工作任务。

累并快乐着

霍州市文物局　闫　雪

随着一阵喜庆的鞭炮声……

随着一阵紧锣密鼓的锣鼓声……

随着霍州市副市长、临汾文物局副局长、霍州文物局局长一番激励人心的讲话……

霍州市第三次全国文物普查野外调查阶段工作全面启动。在今天这个特殊的日子，霍州文物局的工作人员肩负了一项为国家文物事业再立新功的重任。

霍州市是一座有着几千年悠久历史文化积淀的名城，是古代帝王封号“五岳、五镇”的中镇宝地，其历史悠久，气候宜人，文物众多，风景名胜如云。凸显人文历史的名胜有“华夏第一州署”霍州署、闻名遐迩的明代鼓楼、精美绝伦的娲皇庙壁画、典型的清代许村民居等。除这些以外，还有更多古代遗留的文物古迹期待我们在这次普查工作中去发现与保护。

接下来的日子里，我市“三普”工作人员按照国家文物局“三普”工作的指导方针和任务规划开始了紧张而有序的工作。

每天早晨，当大多数的人仍在享受被窝的温暖时，我们的室外工作人员已经由刘组长带领着出发了。带着各自的装备，迎着凛冽的寒风，一天的工作便开始了。有的做测量，有的拍照片，有的做记录……每到一处文物普查点，我们都会认认真真地做详细的测量、详尽的记录和全方位的拍照。很多时候天气寒冷、坡陡路远，但我们从不叫苦，每个人都把这项看似枯燥繁琐的任务当成热爱的事业，积极快乐地做着每天的工作；当夕阳西下、傍晚来临，我们拖着一身的疲惫离开寒冷的工作地点，满载一天的收获凯旋而归。

值得我们欣喜的是：每到一个村庄，都有热心的村民主动做引路人，把我们带到一些未曾发现、未曾保护的文物古迹点。更有些热心的村民还拿出了自己拣到的古代石器。

当室外人员冒着严寒工作时，室内工作人员也不甘落后，积极做好配合，每天将室外采集到的资料、记录、照片、图纸等逐项输入电脑。在孙副局长的带领下，室内人员坚持做到详细填写每处资料、仔细画好每幅图纸、认真筛选每张照片、严格把好每个环节的质量关、反复核查并校验每项数据……

当我们看到我们共同劳动的成果时，一天的疲惫就立刻消失殆尽。每个人对自己的工作都是态度严谨、认真努力、尽职尽责。大家分工协作，为国家文物事业增砖添瓦。其实就是这些看似一个个简单的测量，看似一次次轻松的拍照，为后人留下了中华五千年悠久历史的印记。

我们劳动着，我们收获着，我们紧张着，我们快乐着……

韩略，那场疾风骤雨般的战斗

洪洞县文物局　张小星

四三年九月二十六，老百姓刚刚收罢秋。
秋收毕，麦种完，来了三八六旅十六团。
带了队伍一个营，军法纪律很严明。
日本鬼子来扫荡，“观战团”给咱送给养。
指挥员，作考虑，准备在汽路上打伏击。
……
三八六旅指挥员，要在韩略把敌歼。
民兵前头做向导，一直朝着高处跑。
南北高，汽路低，咱们埋伏在村子西。
……
四面八方埋伏好，防备敌人来得早。
你说哩，他讲哩，听得汽车倒响哩。
刚刚听得汽车响，一下上来七八辆。
一辆走，一辆跟，头辆快进韩略村。
指挥员，下命令，截住两头打当中。
……
汽路上打的一股烟，鬼子死了一大摊。
打死一个旅团长，砍死六个联队长。
鬼子倒的哪都是，一看总有百八十。
……

这是在洪洞县乡间传唱了六十余年的洪洞干板《伏击日寇观战团》的一段说词。洪洞干板是洪洞县乡间流传很广、群众喜闻乐见、耳熟能详的曲艺形式，俗称说板，是一种不用乐器或竹板伴奏，单凭嘴用地道的洪洞方言讲述一件事或一个故事。干板艺人根据抗日战争时期，太岳第二军分区司令员王近山率领的三八六旅十六团一部在洪洞县曲亭镇韩略村西伏击歼灭日本军官“观战团”的成功战例，编就一曲脍炙人口的歌谣。如今，在故事的发生地韩略村及其周围一带的村子里口口相传着，吟诵着。人们哼着它，都会从心底涌出一种荣耀和自豪。

我的家就在洪洞县曲亭镇。小时候，总能时不时地听到老人们在吟唱着这首歌谣，讲述着这个故事。他们用这种特殊的形式给后辈们延续着这段历史。第三次文物普查开始后，为了详细的记述韩略伏击战这一光辉的成功战例，我查阅了有关伏击战的史料记载，脑海中也不时地会涌出儿时熟悉的那首歌谣。先进战斗现场，看一看当年八路军伏击日寇观战团的那条沟；再找一找当年参加伏击战的民兵是否尚有英雄健在；而后听一听英雄讲述他们当年参加战斗的亲身经历和那一场疾风骤雨般的战斗。

我探访韩略，也在秋日，只是秋末收毕，麦尚未种。秋雨初晴，我来到韩略，站在了那条曾经硝烟弥漫的山沟旁。这是一条至今都没有名字的山沟，几十年的风雨侵蚀、泥沙淤积，已没有当年那么深了，而且公路早已改道，这条老路也废弃多年了。就在这个山沟里，就在这条老路上，英勇的八路军上演了一场震惊日本朝野的如同烈火霹雳、疾风骤雨般的战斗……

1943 年 10 月，日军华北派遣军总司令冈村宁次亲自布置和指挥，纠集日伪军两万余人，在飞机大炮的配合下，对太岳根据地实行所谓“铁滚式三层阵地新战法”的大扫荡，企图将太岳根据地变成他的“山岳剿共实验区”。妄想用这次实战中的经验来指导其他地区的扫荡，还特地把正在“支那派遣军步兵学校”里受训的一百八十多名学员和教官调到临汾。这些人原来都是华北各地日本军队里中队长以上的军官，由他们组成“观战团”，来到扫荡的现场“观战”。

就在太岳根据地的军民反扫荡的同时，国民党政府调集四五十万军队，紧缩包围陕甘宁边区，准备兵分九路“闪击延安”，发动了第三次反共高潮。太岳第二军分区司令员王近山奉命率领三八六旅十六团西渡黄河，开赴延安，支援反对国民党第三次反共高潮的斗争。10 月中旬，十六团从长子县横水出发，10 月 22 日行进到韩略村附近。韩略村西距临汾约 30 公里。临汾城里驻扎着日军精锐六十九师团，韩略村东碉堡里驻有日伪军四十余人，附近日伪据点密布。临（汾）屯（留）公路从村中通过，是日军防守力量很强的区域。十六团到达韩略村后，村干部向部队介绍，在经过韩略村的那条临屯公路上，每天上午有几辆由小股日军押运汽车为在山区“扫荡”的日军运送物资。王近山司令员遂决定打一次伏击战，以配合太岳根据地的反扫荡斗争。经侦察，在韩略村西有一条山沟，公路从十余米高的陡壁中穿过，是一个理想的伏击阵地。

10 月 24 日（农历九月二十六）凌晨 3 时，十六团一营进入韩略村西公路两侧的埋伏地点。早 8 时许，13 辆日军汽车从临汾开来进入伏击圈，埋伏部队突然发起攻击，六连首先炸毁最后一辆汽车，切断了日军的退路，九连在前迎头痛击，四连、五连在公路两侧同时发起了攻击。“汽车上坡跑得慢，八路军扔开了手榴弹。鬼子慌忙要还击，八路军的机枪先叫起。四面枪声不停地响，鬼子下车东西撞。往东冲，有埋伏，往西退，被截住。往南往北是土山，鬼子只好车下钻。八路军，真英勇，刺刀一上打冲锋。又是拼，又是杀，车底下就把活的抓。”一时间，杀声震天，烟雾蔽日，一条凹道变成了火沟。冲锋号响起，五连指导员郑光南抱起一捆手榴弹冲向敌群，炸毁了日军的机枪，用自己的生命开辟了一条通向胜利的道路。经过一个小时的激战，歼灭了由 1800 多名军官组成的“观战团”（仅有三名漏网）。“观战团”被歼，沉重地打击了日军的嚣张气焰，有力地配合了太岳根据地的反扫荡斗争。

这个山沟，这条老路，当地的乡亲在这里栽上了杨树，种上了庄稼，杨树长得郁郁葱葱，庄稼也是收获在即。从这里看，这的确是一条很不起眼的山沟，起码没有资料中说的那么险峻，但是如果出其不意，这里的确又是一个理想的伏击阵地，只要敌人进入沟底，那就只有挨打被歼的份了。就在沟北，就在当年八路军战士埋伏的地方，就在当年战斗中牺牲的烈士们长眠的地方，有一座烈士陵园。陵园是简朴的，简朴中渗透着那份凝重；陵园是宁静的，宁静中闪现着当年的炮火硝烟；陵园是无声的，无声中叙述着那段历史。历史是不能忘记的，这里是郑光南等二十余名烈士长眠的地方，这里是烈士们鲜血浸润过的热土……

暮色已沉，在普查队友催促声中，再回头望一眼那条曾经硝烟弥漫的山沟。耳边似乎响起隆隆炮声……韩略，历史不会忘记，人民不会忘记，在这里有一场疾风骤雨般的战斗。

“三普”工作记略

永和县行政审批中心　冯东平

永和县地处山西省西南部，黄河中游东岸。在西汉时属于河东郡地，北齐时设为永和镇，至隋代改为永和县，隶属隰州，县名沿用至今，境内地形复杂。这里民风淳朴，文化底蕴深厚，方言土语中也渗透着上古时期的文言和词义。

2008 年 12 月，永和县第三次文物普查正式开始。首先进行普查的地点是芝河镇，芝河镇辖围绕县城附近的 89 个自然村。

普查组成员们每天早上七点半就出发，至傍晚再回到县城进行数据整理和录入工作。尽管有车代步，但几乎所有的古遗址、古庙宇仍需徒步前行。队员们每天风餐露宿，翻山越岭，没有放过一个村组，没有放过一个山头，没有放过一个故事。

行走在苍林古木的山路间，行走在羊倌猎人们行进的崎岖山梁上，看着眼前的古村落、古遗址，仿佛又回到了远古，感受着远古的气息，感受着远古的文化。

普查组成员们走一路问一路。虽然有热心朴实的乡亲们详细的讲述和指点，但要真正找到文物遗址的准确所在地，还是让我们颇费周折。

在历史上，永和县寺庙众多，佛教文化发达，但随着岁月的流逝，这些分布在县城内的寺庙大多已损毁，留下了许多寺庙的残垣断壁和建筑构件，默默地在深山旷野中无言地诉说着它们昔日的辉煌，等待着我们去发现和保护。

有一天，普查队在姚家沟朝阳洞发现了两根蟠龙石柱，一根已经残损，另一根完好无缺。虽然经历了岁月的侵蚀，石柱表面已经风化得斑斑驳驳，但上面所刻蟠龙依旧面目清晰、刚劲有力，龙鳞龙爪清晰可见。

就在发现蟠龙石柱的第二天，普查队又在魏家山发现了两尊塑像。在进行了将近两个小时的挖探之后，在队员们小心呵护和细致清理之下，塑像终于露出了庐山真面目。一尊为罗汉塑像，一尊为菩萨头像。

罗汉像高1.8米，眉骨突出，额头上皱纹细腻，面容淡定，气度恬适。通肩衣着轻柔细软，富有质感。菩萨面容慈祥，神态怡静，惟妙惟肖。从佛像造型、服饰等特征看，初步推定为宋代初期作品。

在前桑壁佛祖庙附近，发现了造像碑两通。大碑高1.7米，宽0.8米。上刻佛像27尊。小碑高1米，宽0.6米，上刻佛像5尊。碑身由于时代久远，表面风化较为严重，但造像尚可辨识。从雕刻技艺和手法推断为北魏时期的造像碑。这些塑像碑刻的发现进一步见证了民族文化在永和当地的传承和延续，记录了古代佛教文化在永和县的传播，对研究永和县佛教文化有一定的价值。

运　城　市

南头烈士陵园有感

运城市文物局　王大奇

深秋十月，天高气爽，花果飘香。今天，我们几人怀着无比崇敬的心情来到南头烈士陵园普查，这里安葬着1946年6月天台寺战役中死难的一百多位烈士的遗体。陵园位居南头村南，峨嵋岭北坡底，东南距天台寺遗址约4公里。低矮的围墙，破旧的小板门，近乎消失的坟茔，满园杂草丛生，给人以满目疮痍之感。

岁月已经尘封了遥远的往事，只能靠史料或口述得到点滴回忆。震耳欲聋的枪炮声也只能在现代影视中耳闻目睹。翻开近现代中国史，每页都是沉重的、屈辱的。无数革命先烈为了人民的利益，抛头颅，洒热血，浴血奋战，不怕牺牲，经历无数挫折和磨难，终于建立起了独立自主、文明昌盛的社会主义新中国。可以说，没有千千万万革命先烈的昨天，便没有我们的今天。

在21世纪的今天，战争早已离我们远去。我们中的许多人对近现代中国史漠然置之，对英烈的名字和事迹知之甚少。英烈们用他们的鲜血和生命开创了我们民族的千秋大业，培育出了一种崇高的民族气质、革命精神和高尚风范。大家生活在烈士营造的绿荫下，享受着幸福的生活。时光冲淡了人们的记忆，部分年轻人受拜金主义、享乐主义和个人主义思潮的影响，认为享受是应该的。近几年，时不时见诸新闻传媒或搞笑节目丑化英烈的言行。民政部门负责烈士陵园的修建和监管工作，现而今又是低保发放单位。在我们普查过程中，远的不论，就三泉烈士陵园、稷山烈士陵园、天台寺烈士崖墓来说，皆面积狭小，破烂不堪，杂草丛生，无人管理。领导干部一桌饭一头牛，却挤不出百八十元用于烈士陵园的杂草清除、园墙砌护。前些日子，我们去普查刘培九烈士墓及其故居，见到他的女儿，今年已经70岁。她仍住在烈士以前住过的屋子内，房子很旧、很破。她说想从县民政局要点钱修房、为父亲立碑，可跑了许多次，人家都说研究研究再说。所有这些做法都让人流泪，让人心寒。

时间可以冲淡记忆，但是革命精神永世相传。我们生在新社会，长在红旗下（这种口气在讲效益、讲实际的今天，似乎让人笑掉大牙）。“吃水不忘打井人”。我们没有理由不缅怀先烈英灵，继承先烈遗志，追求真理，不懈奋进，走一条辉煌的人生之路。为共和国英勇献身的英烈们永垂不朽！

普查结束后，我们在《登记表》建议一栏写上了：“建议县民政部门加大对烈士陵园的投资监管力度，责成专人看护，整治周边环境，杜绝人为蚕食陵园用地，真正发挥其爱国主义教育作用。”

我因他们而感动

运城市文物局　王大奇

文物普查的每一天，我常被周围的一些人和事感动着。这些人和事增添了我继续探索的勇气，增强了我战胜困难的决心，增加了我持之以恒的信心，更培养了我一丝不苟的工作作风。

去年9月11日，我们一行6人去泽掌镇复查清濂洞，因其位于吕梁山支脉—姑射山东南坡，距离乔沟头村第九居民（黄土坡）组最近也十余里，可谓藏在深山人未知。山路崎岖不平，大家只好弃车前往。考虑时间紧迫，我建议可去黄土坡租辆三轮车。在村头的一座旧门楼前，我们驻足打听。原本以为十多里的山路人家会要四五十元钱。一问才知：正值种麦时节，村民都赶着犁地下种，没有闲人。正犯愁间，一位中年汉子走来说："这样吧，我正准备犁地，拖拉机还没来，给25元，我带你们去。"大家赶快坐到三轮车上，6个人塞了满满一车出发了。山路崎岖，颠簸不平，一会右边是悬崖，一会左边是陡峭。因为刚下雨没几天，山体塌方崩下的石块随处可见，有的挡住了去路。我们几位男同志跳下车将其移开，大的挪不动，司机师傅停下车帮忙。碰到坡陡的地方，我说："下去吧?"师父说："不用，那样太误事!"一轰油门，机器喷出一股黑烟便冲到了坡顶。一连走了四十多分钟，实在没路了，师傅只好将车停放好，主动为我们当起了向导。他为我们讲当地的风土人情、神话传说以及清廉洞的故事。大家忘记了山路的危险和步行的疲劳，走到清廉洞时已是中午时分。我们分头工作，有不明情况的，请教师傅，他一一作答，并帮助拉尺子、搬移碑刻、前后讲解。从山上下来，已是下午三点半钟。师傅挽留我们，一定不让空着肚子走，并唤他媳妇赶快为大家做面条吃。他自已则火急火燎地去了地里招呼拖拉机犁地了。

在物欲横流、金钱至上、利益驱动的今天，25 元算啥？但从中我看到了山民乐于助人的情怀、果敢率真的勇气和憨厚朴实的性格。师傅的名字叫吴天明。

10 月 8 日，又次感动日。我们一行 5 人去吕梁山支脉——马首山普查。登上九龙沟庙儿岭的真武庙，已是气喘吁吁、汗流浃背。登记完碑刻稍事休息，走下山来已是下午五点多钟。因计划明天转移阵地，所以想将该乡镇的云居寺遗址一并复查完。来到沐浴村口，迎面碰到两个年轻人，一问才知不是本地人，很是扫兴。继续走访，有位五十余岁的男子向我们走来。说明来意后，他爽快地答应带我们去云居寺。夕阳西下，我和刘彦俊、鲁崇刚紧随师傅大步流星往前赶。翻过了一个山头，又是一个山头，太阳没入了云海，天色有些发暗，我们三个人疲惫不堪，各自放慢了脚步。我问：“到了没?”答：“过了这个山头就是。”强打精神，小跑几步，我撵上了师傅和他聊了起来。问他多大年纪，家庭情况以及村内详情。知道他姓崔，虚岁 62。这时，我真是佩服老崔的身体和性格：他气不喘，腿不乏，兴致蛮高，挺有热情。顺着崔师傅手指的方向看去，遗址就在对面的半山腰，可是还越过了一条深沟。天色暗了下来。我上气不接下气、深一脚浅一脚地往前跑，直害怕掉队。另两位同事这时已远远落在了山的那边。穿行在枣刺窝和不知名的灌木丛中，手臂、小腿刮伤了，针刺一般地疼。我只想说：算了吧！不就是个寺庙遗址嘛，往《消失表》上一填了事。但崔师傅强健的脚步、满腔的热情、诚实的品格激励我继续走下去。终于，擦黑时分，我们完成了遗址测量、测点、拍照任务。走下山时，才发现每个人的鞋上扎有许多枣刺，裤腿已被撕成细条。过意不去，我给崔师傅 20 元钱，他执意不要。又从路边小卖部买了两盒烟给他，左推右塞，还是不要，最后只收下一盒。事后打听，才知道老崔的真名叫印财。

今年1月10日，我与李杰、刘彦君等去稷山吉峰镇马村青龙寺普查，刚进门就见李所长带了个人说要见我。来人手里拿了个鼓囊的布包。我想：又有人拿什么古董来让我给瞧瞧，看能值多少钱。这是我下乡常碰到的事。正思忖时，他自我介绍叫宁学真，吴城人，原从事教育工作，已退休。吴城与马村仅一千米之距。此前一天，我们刚去那里复查过一座清代戏台。说着，老宁打开布包，拿出几块陶片和两段动物化石。这都是在他们村发现的。我直觉纳闷。因为走访过程中，未反映还有其他遗迹遗物啊。记下联系方式后，我决定用一整天的时间去吴城走走。早上，天空灰蒙蒙的，刮着西北风。车一出县城，我马上就联系老宁。到了村口，发现他已站在公路边等候。寒风飕飕，老宁脸有点发青。他先带我们看了两通碑刻，然后沿村北小路蜿蜒而上，越沟攀崖，我们被带到一个中间地势低平、四周土崖围护的岭上。地表发现有许多陶片和条形砖，中心偏南处有一直径约1.2米的窖穴，深度在10米左右。老宁说："砖就是盗墓的从窖里挖出的，该处地表以前陶片挺多，近年来因农业生产活动，许多都被扔掉了"。初步断定这是一处小型聚落遗址。我们从这里往北，跟随老宁爬上一个断崖。不远处便发现墓冢两座，直径5～7米。其中较近的一座顶部有盗洞，周围散落多块楔形墓砖。应是一处北魏时期墓地。老宁说前两天他过来还没发现盗洞。该死的盗墓贼！

对于文物普查，群众走访一环很重要，所走访的对象更是关键之关键。由此，我们总结出一条经验：每到一村庄，必先找"三老"，即：老支书、退休老教师或有文化的老者（以戴老花镜为主攻目标）。这样会少跑冤枉腿，少走冤枉路。

目前，在我们社会上还有多少这样的乡民呢：他们不为名所驱，不为利所诱，不计得失，不计报酬，诚实守信，一腔热情，默默无闻，甘愿奉献。

“开锡记”摩崖石刻调查记

运城市文物局　席九龙

普查队一行5人到坡底乡已住两天了。昨天晚上和博文商量，决定今天一大早去锥子山调查摩崖石刻。看看地图，调查地距坡底乡政府约20来公里样子，可都是山路，路肯定不好走。于是一大早就召集大家，携带普查设备，乘车向目的地出发。因前几天下过雨，山路特难走，路上还有积水，汽车遇到坡道容易打滑，到危险地段，大家还的下车步行，让车慢慢通过。快到马涧村时，遇到当地一退休教师，准备回贺峪村种麦。知道我们的意图后，他非常热心，说摩崖石刻还在，但非常难找，要翻三座山才能到达。听说石刻还在，大家心里都很兴奋，也顾不得路途艰险，表示一定要去。在退休老师的协助下，我们在贺峪村找到一个向导，一位70多岁的老大爷姓胡。胡向导已76岁，但身体硬朗，爬山显得很轻松。爬过第一座山峰，我们队员都已气喘吁吁，浑身湿透，两腿发沉，可老人家面不改色，轻松自如。我暗暗羡慕山里人的身体素质，告诫自己今后一定要注意锻炼，经过两个半小时的艰难跋涉，11点左右，我们终于到达了目的地。大家顾不得劳累，分头在沟边寻找。十几分钟后，终于在沟边草丛中一块不大的岩石上发现了目标，“永安元年十一月，开锡记”，字径约10厘米，字迹清晰可辨。大家非常高兴，因为这是北魏时期摩崖石刻，当地并不多见。同志们不顾辛劳，根据分工，立刻开展各项普查登录工作。半个小时后，完成了各项数据采集工作。我们感到一阵轻松，因为我们的辛苦有了收获。于是，纷纷在石刻前拍照留影，之后带着胜利的喜悦向山下走去，并向另一个村庄前进，去进行新的普查工作。

平陆“三普”感想

运城市文物局　席九龙

今天早上，天气十分寒冷，野外普查，寒风刺骨。可我的心里还是感到轻松，因为田野工作就剩下三个村了，赶在天黑前一定能够完成。虽然天气预报说明天降雪，可我们已经不怕了。下乡回来时，便立即给市局李百勤副局长通了电话，汇报一下田野结束，因为李局长多次发短信，督促进度，要求在11月底前必须完成田野普查工作。晚上在宾馆静下心来，对这几个月来在平陆的第三次全国文物普查（以下简称“三普”）工作进行回顾，感触颇深。

我是2009年6月24日受市局委派，前往平陆县指导“三普”工作。作为市级“三普”专家，我的确感到有些担当不起，因为在此之前全市“三普”工作我从未介入，培训、开会我均未参加。省“三普”专家来运城检查工作中，发现平陆普查中存在一些问题，要求市局派专家前去指导，而市属单位所有业务骨干都已下去，包括局机关文物科、安全科两位科长。为了不影响全市的“三普”工作，李波局长和百勤副局长多次商量，最终还是决定让我前去平陆。临危受命，我感到责任重大，任务艰巨。因为全市“三普”工作已开展一年多了。平陆情况如何？我心里没底。为了开展好平陆“三普”工作，一方面自己找着“三普”文件资料，认真学习，把握要求；另一方面邀请市“三普”专家组成员之一、市研究所所长王立忠一并前往平陆，为平陆“三普”把脉，找出问题所在，商讨解决办法。从6月27日开始到现在，我已在平陆待了5个月，目前平陆“三普”的野外调查工作就算告一段落了。回想这5个月，历经磨炼，爬山涉水，走遍全县所有乡镇和行政村，新发现不可移动文物达270余处，复查140余处，我认为我们的工作还是有成效的。这些成绩的取得，的确来之不易，主要有几方面因素。

一是省、市“三普”办公室对平陆县“三普”工作的高度重视。省“三普”办公室专家组组长师悦菊老师和谢尧亭、任毅敏两位专家多次到平陆指导工作，从文本到绘图、照相逐个辅导把关；市局多次召集普查队员听专家授课，解决工作中存在的困难和问题，从根本上保证了平陆工作得以有效开展。

二是平陆文物局的全力支持。平陆县文物局一共只有5人，而且还同时担负平陆县的旅游外事工作，日常工作相当繁杂。除局长外，其余4人都是“三普”队员。张程远局长为了平陆“三普”工作，常常是光杆司令一人支撑，不拉队员，有效保证了普查队在野外工作的时间。同时，张局长在后勤方面给予保证。平陆财政困难，普查经费难以及时到位，张局长想方设法筹措资金，予以争取，同时还为普查队员购置人身保险、防寒用品等，提高了同志们的工作积极性。

三是普查队员的团结协作，共同努力。平陆地处山区，地势沟壑纵横，素有“平陆不平沟三千”之称。平陆文物的特点是古遗址比较多，田野工作十分艰辛，有时复查一个遗址就得半天，而且极具危险性。记得在调查黄河栈道遗址时，我们常常是在绝壁上攀行，稍有不慎就有掉进黄河的危险。在山区调查，路况极差，同志们多步行爬涉，衣服被划烂是常有的事。博文同志在调查西娘庙遗址时被山草滑倒，腿上跌破、红肿；小芳在常乐镇调查时脚部扭伤；常佳和我都被马蜂蜇过；胥龙测点时被雪滑倒，手部受伤等，但这些同志们都一一加以克服，从不叫苦喊冤。晴天一身土，雨天一身泥那是家常便饭。白天普查，晚上整理，常常熬到深夜。同志们辛苦劳累那是可想而知。永新同志留在局里也不轻松，第七批国保的文本档案他要编制，“三普”的宣传资料他要整理，还要处理单位的日常工作等。在工作中，大家总是相互帮助、团结协作，使普查队锻炼成为一个能打硬仗的战斗团队。

庭里村普查“历险记”

运城市文物局　席九龙

今天虽然是星期日，但是我们的普查队仍在张店镇开展文物普查。由于11月上旬这里突降百年不遇的暴雪，交通全部中断，田野普查也不得不暂停。大家心里都特别着急，怕年底前完不成任务，无法交账。天刚晴没几天，田野积雪还很深，普查队员都强烈要求抓紧时间外出进行野外调查。昨天路过庭里村时因为路雪融化，泥泞不堪，无法进村，可庭里村有两个文物点，一个还是县级文物保护单位，即使地处沟底，我们必须克服困难完成任务。

昨天决定今天一大早趁路雪未化之前，对庭里观音堂和遗址进行复查。车沿着弯弯曲曲的山路，刚下到沟底，我们便下车向对岸山上爬去，到地处半山上的庭里村，同时让司机小窦驱车原路返回，在山顶等我们。可就在我们普查期间，车发生了意外。车在返回途中，因山坡的一块巨石将车一侧后轮架空，原地打滑，无法前进。待我们返回时发现车子困在半山，外侧后轮已滑至崖边不足5厘米处，十分危险。大家赶忙搬石头、取土填坑、推车，经过一番紧张搏斗，车总算被挪动，爬过巨石。然而，更大的困难又出现了。原来在我们推车的半个钟头里，向阳坡的路面解冻，路面上软下滑，坡又很陡，车根本无法前行。这时同志们也顾不得很多，在泥地里挖土填路，一米一米向上爬行。从早上9点到中午11点，车才爬行了大约50米。这时，大家已经是满身泥巴、筋疲力尽，而山上路面的雪仍在继续消融。到山顶的路还很长，看来一时半会难以上去，我们只好派人到山顶的村里求助。村长很热心，不但亲自来帮忙，还叫来一辆蹦蹦车。不料蹦蹦车下来了，不但没有把我们的车拖上去，他们自己的车也陷进去，不能上去。这下大伙都气馁了，只好休息，准备等到天黑时路面封冻时再上。下午 3 点多，大家在村里老乡家吃了点便饭，便赶到抛锚处，给路面撒干土，清理积雪。4 点多，村长又从村里找来 4 个年轻人，大伙齐心协力填土推车。历经种种坎坷，终于在下午 6 点钟将两辆车全部推上山去。到了山顶，我们终于长长地松了口气，才发现鞋已全部湿透，浑身上下全是泥。我想大家今天虽然受了些累，吃了点苦，可人是安全的已是万幸了。在以后的普查中，我一定吸取教训，时刻牢记安全第一，使普查工作善始善终，平安而顺利地完成。

登黄沙洞

王立忠

黄沙洞位于永济东20公里清华村南的中条山上。为何说“登”，只因其在海拔一千米以上的山上，且要翻几座山。久闻黄沙洞名，只因为在王官谷的另一山谷中。王官谷来了多次，奈何无缘一睹黄沙洞。这次文物第三次全国文物普查（以下简称“三普”），终于有机会亲身前去。

沿着村级公路，顺着路旁潺潺泉水，驱车进入王官谷。谷口有村曰王官村，数千年不断的泉水，灌溉了他们的良田，养育了他们祖祖辈辈。谷中是晚唐著名诗人、诗论家司空图隐居之所。他的《诗品》在中国文学史上有着不可估量的影响，他的避世归隐、不趋荣华的洒脱情怀为后世景仰。这里建有“休休亭”、“司空图祠”等，并成为旅游之所。笔然矗立的天柱峰将山谷分为东西两谷，东谷有一线飞天，水帘洞天，千年碧绿苔被，给人以清凉宜人、心旷神驰之感；西谷泉水渐干，有点干涩，游人罕至。

黄沙洞要从西谷上，询向导有多远，答曰：“不远。上得天柱峰，过三个山梁子便到。”随其沿西谷走千米左右，绕至天柱峰后一山谷，开始登山。山坡几乎是七八十度坡度，路仅容一人过，两边是枣刺荆棘，脚下多是冲下的碎石，“之”字形折而向上，一不小心会滑倒溜下。我们一行7人（包括向导），男队员前面开路，女队员在队中，我殿后。有时不得不手脚并用，手破了，滑倒了，歇一歇继续爬。看到女同志多次摔倒了一次又一次爬起来，继续前进，我心里暗暗为她们竖起拇指，并不停地为她们加油鼓劲。将近一个小时，终于爬上山顶。

回望天柱峰已在脚下，眼前又是诸峰在即，可毕竟平缓多了。

稍作休整，我们继续前行。

沿着山脊，起起伏伏，绕了又绕，往前行才知一山更比一山高。突然一声，“看上面，那就是!”向导喊道。顺着他的手指，远远看见半山峰上一个山洞，“啊，还在上面?”有的队员已经很累了，耐不住前面的漫漫征途，发出了感叹。爬山就如走夜路，只要前方出现一点亮光，哪怕是一丁点，再疲惫的心也会燃起希望的火苗，再劳累也会振作起来。看到洞口，我们欢欣雀跃，向洞口前进!

终于到达黄沙洞口。躺的，坐的，伸懒腰的，大叫的，队员们如释重负。往下看，一览众山小，往上伸，手可触蓝天。猛然看见洞口左上方数米处亦有处两尺见方洞口，奇怪的是洞口下方流有长长如血斑斑。向导说：“那是鸡精洞。”相传，很久很久以前，里面有一野鸡成精，每当发现下面有人经过，便鸣叫一声，将人的灵魂叫去，然后将人血吸干。以至下面驿道多年未有人敢经过。最后，大家去解州请来关老爷。关老爷提着大刀，手起刀落杀了鸡精。那红斑便是鸡精流的鲜血。听着传说，不由得对黄沙洞又有一种神秘之感，没想到竟有一段关老爷的英雄故事。

吃点东西喝点水，休息片刻，大家分头工作。测点、照相、记录、测量，才知道这里海拔已达一千三百多米。我们今天已登垂直高度近九百米，走山路约十里。

接着，进山洞。洞口只有几米见方，下得洞来，豁然开朗，凉气沁人，不由打个冷战，竟如置身一个巨大的神仙洞，怪石林立，神台仙座，台上竟有焚香的痕迹。凭借洞口光线一看，此处有数米高，如一大厅，最少也能容几百人，再里面黑漆漆看不清了。向导告诉我们，这里面的洞深不见底，洞洞相连。在其带领下，我们拿着手电筒进入一洞，踩着潮湿的沙子，偶尔叮咚的水滴滴在头上，小心前行，窄处仅容侧身挤过，忽而又宽敞无比，高不可攀。向导指着旁边一洞说，这是白虎洞，原来有一巨石貌似白虎卧于洞口，故名。往前行，有时又发现前方深不可下，只得折回。“上面有字”，喊声将我们从惶恐中唤醒，于是全力找起了古人题字。白虎洞口有题字“白虎洞……壬寅十八月一日玉峰子游……”往前又见“大定岁壬寅三月廿四日道友共五人……”“大宋庆历四年甲申岁三月癸亥朔二日……”“……洪武二十一年十二月二十日”。太多了，到处都是题字。明清时居多，宋金元亦不少。向导言有唐代的，可惜未见。无非几个人到此一游之类，或题诗一首。在一洞口有毛笔书写“此洞深不见底”，落款为元至正九年，可见这位古人亦有探险之趣。又探了几个洞，有玉鼠洞、黄蛇洞、天井洞等，里面各有特色，各不相同。正如向导所言，深不见底，洞里有洞。直到腹中饥饿，手电光有点暗，我们才退至洞口，一个个意犹未尽，皆有不虚此行之感，因为中条山竟有如此美妙之所。人们常说，旅行的享受不在乎结果，过程就是一种享受。对于我们“三普”，经常走几十里山路，目的却是一座小庙或一个土冢，尽管我们不抱怨，但心里未免有点失落；然而今天，完成工作之余，我们享受了过程与结果的同样的欢乐。

汉薛村名的来历

运城市文物保护研究所　李向峰

今天我们普查组在皇甫乡乌苏村登记了一处薛尚书坟，又来到该村第二处文物点——薛儆墓前调查登记。这两处薛氏文物都距汉薛镇仅数公里之遥。前几天我们在荣河镇刘村调查时，听该村薛氏父老讲了一个旧家谱中流传的故事。

薛姓在全国算不得大姓，而在万荣属于第四大姓。究其原因，只能从汉薛村名说起。薛氏出自远古的任姓。在夏后之世，奚仲为车正。殷商之世，仲虺为相，封于薛地，即今山东薛城，子孙遂以薛为姓。周武王克商，封姬姓子弟于薛，迁任姓薛氏于邳，即今江苏下邳。历数百载，刘备屯兵下邳。当地人薛永率族兵归刘备，刘备入蜀，薛永率族人数千人进蜀。晋军灭蜀，囚刘禅至邺都，同时迫迁蜀汉世家大族于北方。薛强率族人迁于河东，居孤峰山、稷王山之间，即今汉薛，意谓蜀汉之薛。薛氏居此地后，繁衍生息，终成大族。北朝时，五胡乱华，赫连勃勃一度入侵中原，掠夺人畜。薛氏族人于孤峰山北麓筑垒自守，击退赫氏。前秦苻氏定鼎关中，派丞相王猛略地河东，薛通与语大悦，薛氏即与地归苻秦。隋杨立国，辟汾阴东部、闻喜西部析置万泉县，以故薛垒为县治。从此，薛氏居地西渐，至荣河、临晋一带，称西薛。著名人物有薛道实居临晋县平宜村，薛道衡居荣河县街里（今薛稷村）。李唐王朝审定世族郡望，汾阴薛氏与永济柳氏、闻喜裴氏俱称河东三姓。薛道衡之子薛收受业于王通门下，人称长雏；薛道衡之孙薛德音人才出众，世人誉为鸑鷟。薛道衡之孙薛元敬曾被李世民选为十八学士登瀛洲，当时人称鵷雏，叔侄三人一时誉满天下，并称“河东三凤”。薛收之孙薛稷，学书于褚遂良，业绩颇佳。求字者有语曰：“买褚得薛，不失其节。”市井有言曰：“买褚得薛，老本不折。”后将街里村为薛稷村。万荣、薛氏一门，世出大儒，于金元之世，一支迁居河津县平原村，后有薛瑄，终成有明一代宗师。明代荣河后土祠下建有“三凤书院”，主讲官都是薛氏子弟。薛氏一支定居荣河刘村。民国十八年（1929 年），荣河县迁治冯村，薛氏又一支迁居荣河新城，时人多称冯村城，即今荣河镇。万泉薛氏武将名人有薛万彻。北朝时，一支北迁河津，后有名将薛仁贵。

天下薛氏，虽同为薛，而出自不同源流。万泉薛氏、河津薛氏和绛州薛氏同出汉薛，即为远古华夏任姓之薛氏。

兔儿泉

运城市文物保护研究所　宁毅峰

我们普查组，近几天在万泉调查时，听到有人说，稷山没山，万泉无泉，其实，这都是现代人的误解。万泉古代有100多眼泉水，因泉水众多，而称之为“万泉”，其中兔儿泉最大，曾经长期供应万荣县城用水。在兔儿泉两边分布着众多古文化遗址，最著名的荆村遗址就分布在兔儿泉溪流两边，面积多达数百万平方米，仰韶文化、庙底沟二期文化、龙山文化以至商周时期遗存都有发现。

原来的万泉县位于峨嵋岭上。峨嵋岭东起中条山北麓，绵延百余里，西至黄河东岸，岭南为运城盆地，岭北为汾河南岸台地，岭上自古以来缺水。孤峰山是峨嵋岭上一座古老的死火山，山下四周有许多泉眼，隋代以薛垒为县治，析置万泉县。详细地考察一下，古时的泉眼有一百多个。因有人希望水多，故名万泉。其中最大的一孔泉眼叫兔儿泉，一度供全县城的人畜用水。在发现这个泉眼之前是无法建城的。相传山下的一个大户人家，家中有众徒弟和多名家丁。农闲时节，小伙子要上山打柴，同时拉弓射箭，练习武功。有一天，姓薛的小伙子扛起扁担，腰间别了斧子，又背上了箭，上山打柴。走上山坡，发现一只雪白的兔子，搭箭拉弓，忽然就不见了，一会又出现了。小伙子看见这只兔子与一般的兔子不同，不仅皮毛雪白，十分好看，而且特别灵巧。如果能抓只活的养在家中多好玩啊。小伙子打着这个主意就奔跑着去抓，有趣的是一次次总觉得能抓住它，就是每次都不能。这样重重复复多少次，一直无果。跑跑抓抓，抓抓跑跑，来到一个悬崖之下，想兔子无路可逃了，而兔子蓦地钻进一个小洞。小伙子卷袖探臂，向洞里摸去，探到洞底，只有一块石头并无兔子。他用力把那块石头拔了出来。顿时，清澈的水从洞内淌出，泉眼有小碗口那么粗。后来，薛氏筑垒山腰，把泉水引进城，供全城的人吃水。原来是一只神兔为人们引导泉水所在之地，人们便把这股泉命名为兔儿泉。

1954年，万泉与荣河两县合并，县治也定在万泉县的解店镇，人们又把兔儿泉引到新县城。1969年，“三支两军”的宋团长兼任万荣县委书记。宋书记以为万荣缺水，如果能把泉眼放大一点，不是更好吗？于是命令爆破连装好炸药，在泉边放了一炮。可惜的是，泉水不仅没有增多，而且原来的那一股泉水顿时就不见了。当时有人以为，也许一时憋住了，即使这儿出不来，以后总会在另一地方流出来。可是一直等到现在，四十多年过去了，就是没有流出来。

孤峰山的扭扭柏

运城市文物保护研究所　宁毅峰

今天我们普查组来到万泉乡万泉村，调查登记全国重点文物保护单位——万泉文庙。走进大门，7 棵茂盛挺拔的古柏登时映入我的眼帘，仔细一瞧，大柏树都已合抱不拢，苍劲的身躯，全是扭曲而上，好像裹了一身战国秦汉时期的衣裳。登记结束后，我怀着一颗好奇的心，访诸当地老者。这种树的形成原因，几位长者给我们讲述了一个有趣的故事。

当地有一个传说，从前孤峰山下住着一户姓曹的人家。曹家有两个儿子，老大是前母生的，老二是继母所生。两个儿子都十多岁时，继母姚氏就指使他们上山打柴。每次回来两人扛回的柴草一般多时，老大就受到母亲的责骂；若是老大比老二多扛回一半来，姚氏便不做声，让两人吃同样的饭。一旦因各种原因，老大比老二扛回的柴草少了，姚氏便不让老大吃饭。曹老二生来顽皮，上了山爬树掏鸟窝、掘土挖田鼠是很家常的事。曹家这种情况，久而久之，四邻五舍都知道了，就连半山腰金顶庙的道士和仙姑都有所耳闻。有一天，曹老大和曹老二来到金顶庙后打草，老大把割下的草一堆一堆放在地上。老二干了一会，就去采野果子去了。等他转回来，太阳就要下山了，他干脆把哥哥放在地上的草收了收，捆起来就挑回去了。老大看到日落西山，准备收草时，看不见草堆了，老二的扁担也不见了，就知道老二把自己割的草收去了，今天回去又得挨饿了，有心回去说明情况，恐怕母亲也不相信，如果不回去，天寒地冷，夜里还会有野兽出没。正犹豫不决、一筹莫展之时，金顶庙的几个仙姑一起出来，帮这个可怜的小伙子割草。不一会儿，地方堆满了青草。其中一位年龄最小的仙姑说："这位哥哥，你把草收起来，挑回去吧，这下就不至于挨饿了。"老大回家之后，老二见了感觉到纳闷，哥哥怎么这么快就打下这么多呢？这下好了，老二就不再割草了，总是等在一边，等哥哥打好后收了就回，反正哥哥有办法。姚氏见两个儿子每天都挑回很多柴草，很是乐意，便问老二究竟，老二就实话实说了。姚氏就命老二收完草后就假装回家，藏起来观察究竟。他发现原来有几个仙姑帮哥哥割草，很快就是一挑子，回去就给母亲说了。次日，姚氏等到太阳快落山时，悄悄来金顶山观看，老二收草走了以后，仙姑们就帮老大。她一出现，仙姑们就发觉了，个个发出咒语，身边几棵大树都敞开肚皮把仙姑藏进去，把身子一扭，刚才张开的口子就不见了。等姚氏走到跟前，仍见老大一个人在割草。姚氏觉得老大这孩子一定是神人天助，从此不再虐待孩子，便让两个儿子上学去了。两个孩子后来都学有所成，在县城创建了文庙。文庙建成后，专门把金顶下面扭着长的柏树移栽到文庙，好生供养。一代又一代的生员都这样做，代代相传至今，万泉文庙的扭扭柏树仍然茂盛高大。

传说只是传说，是人们对不可理解的事物编出来的美好故事。仔细观察，柏树之所以长成这个样子，是山风吹拂的结果。柏树自小生长在多风的山坡，长期在风中摇曳，久而久之，就形成了树皮扭曲关系，进而影响了躯干。

孤峰山柏林庙

运城市民俗博物馆　宁毅峰

今天，我们准备前往孤峰山调查登记柏林庙。

孤峰山，又称孤山、方山、绵山和景山。它山体庞大，呈四方形状，东南西北每边长度均在10公里左右，其总周长约40公里以上。传说孤山有八景，即：孤峰拥翠、双泉流碧、桃洞春晴、柏林晚照、雕岩霁雪、唐寨秋风、云远眺和范台夜月。除了山北麓的薛通城和秦王寨，东麓又有昆仑台、风伯雨师庙（又称柏林庙）；南麓则有药王洞、桃花洞、龙凤庵；西麓有槛泉寺等。可以自豪地说，孤峰山是一座典型的历史文化名山。

据传说，东汉时期的开国皇帝刘秀未登基前被王莽部下大刀苏显一路追杀，逃到孤峰山一带，进了柏林庙。王莽大军把此山团团围住，找到柏林庙，看见所有门窗上都被蜘蛛网网上。大军认为蜘蛛网完好无损，肯定不会有人在里面。这时柏林树上的麻雀用鸟语叫说："叽叽喳，叽叽喳，这不是刘秀这是啥。"只可惜大军听不懂鸟语，很快就撤军往南追赶。大军走后，刘秀出来吐了麻雀一口唾沫："呸，闭上你的臭嘴。"因为刘秀是真命天子，金口玉言。从此以后，孤峰山柏林庙的树林中再也见不到麻雀，再也听不到叫声。

刘秀到南阳称帝后，于东汉建武九年（33年）亲祭河东汾阴后土祠。为报答风伯雨师的救命之恩，曾登孤峰山。并于东麓名曰："昆仑峰"，建风伯雨师之庙。对柏林庙大兴土木，在原庙基础上进行了扩建，设有南楼、北楼、东西南门，主楼规模宏大，有四根柱子吊在半空，号称"悬天楼"，并御赐"风伯雨师庙"（因庙建在柏树林丛中，当地老百姓叫柏林庙)。

柏林庙的周围还有刘秀碑，上面写道：无极生太极，太极生两仪，两仪生四象，四象生八卦。外围有青龙、白虎、朱雀、玄武、二十八宿。此地有句俗语：“二十八宿保刘秀。”周围还有跪龙台手指碑。这座石碑十分奇妙，人站在前面两三丈远用手一指，看见石碑摇来摇去，到跟前一看一点都不动。铁铸的大吕洪钟，方圆30里都能听到钟声。

传说当年钟楼盖好后，重达几千斤的铁钟无法挂上去。这时，不知从哪里来了一位身穿白衣、童颜鹤发、手持拐杖的老人。众人上前去问老人有何办法将此钟挂上去。老人说：“我已活到土拥脖子齐，能有什么办法呢？我走后三天再敲钟。”老人说完便不知去向。老人走后，众人恍然大悟，用土拥的办法将钟挂了上去。由于众人心情激动，没有等三天就把钟敲响了。本来老人走到哪里，钟的声音可以传到哪里，预计三天后可走百里，但由于操之过急，钟的声音只能传30里左右。

千百年来形成的每年旧历六月二十三日（风伯神生日）的传统庙会，就是纪念风伯雨师流传下来的习俗。尤其是抗日战争以前，年年的这一天，柏林庙必然要举行盛会。四县八乡一齐上庙，敲锣鼓，跑旱船，耍龙灯，请剧团演出。“皇甫村上庙会，独顶一社”是说皇甫村子人多，红火热闹。山前马家庄与新寺庄联合搞演出，参加庙会。抗日战争时期，被人们称为“馍馍队”的二战区34军害怕日本人占领柏林庙的制高点、控制南北大通道，便一把火把柏林庙烧了个精光。据老辈人说，大火一直烧了近40天，可见庙宇的建筑宏大。柏林庙的庙会传统文化仍在周边各村庄广为流传。

程子华故居

运城市盐湖区文物局　韩世荣

在群众引导下，我们普查组来到无产阶级革命家程子华同志的故居进行调查。

程子华同志故居位于盐湖区解州镇红旗路39号。院子坐北朝南，整体布局为前后二进院式，前院建筑保存基本完整，后院仅存东厢房。门房面宽三间，进深二椽，单檐硬山顶，明间额题：“温良恭俭”。东西厢房皆面宽三间，进深二椽，单檐悬山顶。过厅面宽三间，进深三椽，前檐辟廊。后院东厢房面宽三间，进深二椽，一面坡单檐悬山顶。

程子华是我党久经考验的共产主义战士、无产阶级革命家和军事家，为中国共产党的革命事业作出了杰出贡献。

站在故居前，缅怀老一辈革命家的丰功伟绩，无限感慨。作为一名普通文物工作者，要像老一辈革命家一样，勤勤恳恳学习，扎扎实实工作，努力做好自己的本职工作，做一名合格的文物工作者。

东郭镇古民居——葛氏宅院

运城市盐湖区博物馆　霍建民

今天，我们盐湖区第三次全国文物普查队来到盐湖区东郭镇进行文物普查。来之前，队员们细细翻阅了东郭镇的有关资料及文物分布状况，得知辖区内有古遗址、古建筑、古民居等遗迹多处。早上八点多，我们来到东郭村。按以往普查经验，我们很快找到当地一位百姓，问当地民居建筑等情况。根据指引，我们来到东郭元宝巷内，发现了一处保存相对完整的古民居——葛氏宅院。

葛氏宅院位于盐湖区东郭镇东郭村元宝巷西段。整个院落坐北朝南，四合院式布局，院内建筑保存基本完整，由门房、东西厢房和正房组成。房面宽五间，进深三椽，前檐辟廊，装格扇门。东西厢房皆面宽三间，进深一椽，一面坡屋顶，明间辟门，次间开方格子窗。正房面宽五间，进深三椽，上下二层，单檐硬山顶，一楼为窑洞式，故称窑院。院子建筑基本保持原貌，不论在用材还是在做工上都非常考究。正房上下两层，一层为窑洞式，砖券屋顶，冬暖夏凉。

该院落不论从布局还是选材、做工上讲，都可以说是当地民居中的精品，亦是研究当地清代至民国时期民居不可多得的实物资料。

厚重的历史　光荣的使命

——我对“三普”的一点认识和感受

运城市盐湖区博物馆　霍建民

中华历史源远流长，华夏文明博大精深。作为一个文物工作者，通过参加第三次全国文物普查工作，对于华夏文明的崇敬之情更是与日俱增，对中国文化的耀眼光芒更有切身之感。随着普查工作的深入进行，越来越强烈地感受到作为一个文物工作者的艰辛与神圣，平凡与伟大，也更加坚定了自己做好文物工作的决心与信心，对文物工作的眷恋之情与日俱增。越是研究，越是乐在其中，越为之深深吸引。

文物普查从根本上说是一项文化遗产摸家底工作。在这个跑道上的每一个人都事关全局，责任重大。作为一名普通的文物普查工作者，从接到任务起，心中既激动又紧张。这次普查涉及的不可移动文物类别包括古遗址、古墓葬、古建筑、石窟寺及石刻、近现代重要史迹及代表性建筑和其他等6大类59小类。普查要以新发现的不可移动文物为重点，对盐湖区境内的地上、地下的所有文物点的位置、数量、规模、价值等基本情况进行全面调查；要对已登记的文物点进行复查与核实，切实掌握它们的保存现状、环境状况、损毁原因；查清各类文物点的所有权属和使用管理情况，最终建立完整的文物点登记档案。可以说是任务重大，使命光荣。

在文物普查工作中，我们始终以忘我的工作热情、严谨负责的工作态度走在第一线。面对野外调查对体力、耐力带来的挑战，全体队员没有叫苦连天，没有动摇退缩，更没有马虎应付。为了不漏掉任何一处新发现的文物点，大家真是跑断了腿、磨破了嘴。不管是炎炎烈日，还是三九寒天，我们始终把盐湖的山水作为我们的责任田。在这里洒下执著的汗水，留下求索的足迹。早出晚归、披星戴月是常有的事。泥泞的乡间山路，臭气熏天的污水沟，尘土飞扬的黄土高坡，满是荆棘的中条山，而这一切只是增添了我们战胜困难的乐趣。我们收获了一次次因发现而带来的喜悦。自2008年5月份以来，我们共登录文物点500余处，其中大半为新发现文物点。

文物普查队既是工作队，又是宣传队。我们认真的工作作风也感染着普通的群众，使他们认识到文物保护工作的神圣和重要。同时，我们也抓住时机向广大群众宣传文物普查的意义和文物保护的法律法规。可以这么说，在文物普查工作中，与我们的脚印一起留下的就是文物保护的意识。

普查的过程是辛苦的，然而比工作更令人苦恼的是文物点没有得到应有的保护而受到破坏，是广大群众文物保护意识的淡薄。虽然我们在普查工作中取得了一点成绩，但是文物保护工作的征程却是漫长的，文物保护意识的觉醒也是艰难的。它还需要我们的不懈努力，更需要每一个人的积极参与。记得有这样一句话：靠近你，温暖我。是的，文物是中华文明的血脉，它承担着传承历史的使命。在迈向现代化的征程中，我们要珍视历史文化，保护好文化遗产，弘扬好历史文明的精髓。文物普查是提高文物保护队伍整体素质的重要机遇和提升全民文化遗产保护意识的重要手段。因此，搞好文物普查具有重要意义。

难以补偿的亏欠

绛县文物局　柴广胜

2008年5月25日，绛县第三次全国文物普查（以下简称“三普”）田野调查工作以省电视台来绛录制“三普”节目为标志，正式启动。出征前，局里开会宣布了普查队的组成，讲了讲“三普”的重要性，提了几点要求，算是为他们壮行。会上，普查队负责人黄海做了表态发言。他语出惊人：“我带这5个人出去，只提一点要求，局里再不能安排其他工作。普查工作结束后，如果市里要排队的话，我代表普查队立个军令状，成绩是争一、保二、不出三。”我没有重复黄海的话，我不想让大家记住他的军令状，因为我明白，绛县无论国土面积，还是人口数量，在运城市都是个小县。第二次全国文物普查资料登录的不可移动文物只有120处。县文物局成立不到两年，人才匮乏，财力不足。我们没有争一保二的先决条件。

没有人攀比待遇

田野调查遇到的第一个难题就是每天都要下乡，如何解决交通工具问题。2008年，为了保证全县重点工程卫庄至横水的一级路的开通，各单位都紧缩开支。在县财政十分困难的情况下，还是为文物普查预算了两万元经费。与其他县相比，我们的普查经费确实很少。但是，困难再大，工作不能不做。我们在一起细细盘算怎么用好这仅有的两万元普查经费。租车，我们想过，费用太大；买车，没有那么多钱。怎么办？大家集资买车。局办公室主任崔宝龙出大头，购置了一辆新面包车。面对这样的境况，普查队员表示，先保证普查的日常开支，我们的田野调查补助可以缓发，如果经费实在紧张，我们可以放弃。普查工作就这样起步了。一直到第四个月，才给他们每人发了700元的补助。发多少是多少，没有一个人提起，也没有一个人问过别的县队员的待遇。在外参加培训学习，没有人预支费用，大家都是个人垫支。队员们经常打听的倒是其他地方的普查经验和工作进度。

有一次，市文物局的同志看到我们的队员在野外的工作条件非常艰苦，就顺便问他们："你们的补助发放到位了吗？"他们回答："到位了。"问发了多少，他们委婉地说："不是都给市里报告了么。"其实，我给市里汇报说和其他县一样多，而在队员那里，他们得到的却仅仅是一个承诺。

没有人提及困苦

我们的普查队中，有三位同志是每人担负一种任务的主力队员。他们一起行动，从始至终，坚持了一年多时间。他们走遍了全县的每一个村村寨寨，饱尝了个中的酸甜苦辣。

黄海和我一样，都是近50岁的人了。1982年从新疆阿克苏师范英语专业班毕业后，和我一起在同一个学校参加工作。一直到2006年5月绛县文物局正式成立，我把他从县直初中初三年级主任的岗位上挖过来，担任了文物股股长。教学工作中，他是一个拼命三郎式的业务骨干。来文物局前，他爱人告诉我说："黄海这些年在学校太累了，到你单位后，希望你能给他点钓鱼的时间，让他放松放松。"没想到刚到文物局就碰上了全国"三普"，他没有放松的机会。面对陌生的环境和生疏的专业，黄海同志拿出了当学生时刻苦钻研的攻关劲头，广泛借阅有关文物方面的书籍和资料。他几乎每天晚上和每个休息日都是在书房里度过的。他全程参加了省文物局组织的第三次全国普查业务培训班的学习和全省万荣试点的文物普查。绛县第三次全国文物普查田野调查工作正式启动后，黄海同志在运城市正式组队之前的三个多月时间里，担任绛县第三次全国文物普查队的队长，全面负责全县的文物普查工作。在这段时间里，他既担任队长，负责下乡村镇的联系和协调，同时担负照相、文本登录任务，还兼任司机。他给普查工作制订了严格的工作纪律，并以身作则，带头执行。他规定：没有特殊情况，队员不准请假。老人在临汾生病，他让爱人代为看望。他规定每天早上7点钟集合。他像给学生上课一样，总是提前10分钟到达集合地点。连当过兵的普查队员高帅都佩服地说："比我们部队的领导要求都严。"铁的纪律首先保证了普查的有效时间。

为了兑现诺言，他强忍腰椎间盘突出带来的疼痛，和其他队员一道，不分昼夜，不计得失，不顾疲劳，风雨兼程，白天调查，晚上回来做文本，经常熬夜到深夜1点；为了兑现诺言，他体重下降了20斤，满头乌丝也已是两鬓斑白；为了兑现诺言，他把手机撞坏在爬山的途中，只顾拍照，把钱包丢在荒无人烟的深山，却不曾对人提起。为了文物普查事业，他无怨无悔。他在疲惫的煎熬中体味着文物新发现的兴奋，在不停地奔波中享受着普查业绩和成就的惬意。

许艳红是一个只有初中文化程度的女同志。当时抽她到普查队，只是想让她做个帮手。阴差阳错，她竟成了主力。

许艳红在普查队里担负CAD制图和电脑录入的任务。这是个技术活。对于她来讲，除了坚持以外，最艰难的还是学习。为了胜任工作，她不耻下问，向建筑设计室的同学讨教，与外县的技术人员从QQ聊天中沟通，硬是一点点地学会了一项项的技术，攻克了一个个的难关。为了获得第一手的实测资料，她一次不落地全程参加田野调查。在家里，她是一个受人宠惯的对象，普查时却和男同志一起顶烈日，冒严寒，一起冒雨上山，披荆斩棘。爱美是女孩的天性。开始下乡时，她舍不得脱下心爱的高跟鞋。可在上山的路上，两次把她的高跟鞋鞋跟磕掉，枣刺挂烂她心仪的长裙后，她不得不换上笨重的旅游鞋和工作服。一年多下来，防晒霜没有保护住白皙的皮肤，但黝黑的脸庞却与她磨炼出的坚强意志十分相配。

许艳红的丈夫是一名公安干警。她还有一个上小学一年级的孩子。

平时在家既要为公婆做饭，还要照顾孩子的起居。普查中，一般是早上七点集合，晚上七八点钟才能回到家里。许艳红同志早上走时孩子还没睡醒，基本上是吻别孩子后就出发，晚上回来后，孩子已经睡觉，一天和孩子说不上一句话。有一次，公婆有事外出，把孩子交给她丈夫照顾。丈夫执行紧急任务，许艳红在山里普查，手机没有信号，孩子放学回家后进不了门，就地爬在门口做作业。当她摸黑回到家时，孩子已经在门口睡着了。她心疼地抱起孩子大哭了一场，但她没有因此掉队，第二天她把娘家妈叫来看家，照样 7 点出发。在参加田野调查的一年多时间里，许艳红在工作和家务上无可选择地抛下了家。在谈到这些时，许艳红没有遗憾，她反而自豪地说："一天到晚，两头看着孩子入睡，和孩子生疏了，但我却和文物亲近了，这也是收获啊。"

高帅是三个主力队员中最年轻的，今年只有 23 岁。他是一名复员军人，是普查队中的"骆驼"，出门时总是背着一个学生书包，为队员们带足干粮、水，回来时还要驮回采集到的标本。每到一个地方，高帅既要完成 GPS 测点任务，还当先头侦察兵。他负荷最重，走的路也最多。

23 岁，这是一个贪玩的年龄。他喜欢上网，喜欢找朋友海侃，但每天白天下乡，晚上回来，还有文本电脑录入的任务，他没有时间上网游戏，更没时间找朋友聊天，一年多下来，他的性格都变了，变得沉默寡言了，变得更加腼腆了。23 岁，是一个谈情说爱的年龄。高帅 1.78 米的个子，五官清秀，人长得像他的名字一样，是一个人见人爱的帅小伙。可是这一年来，见过的姑娘不下六七个，一个也没谈成。原因是普查下乡，没空相亲。只有等他晚上回来，姑娘等了好长时间，高帅来不及换掉身上的工作服，一身泥土，一脸疲惫，第一印象就把姑娘吓跑了。后来，接受教训，相亲前先洗脸换装。可是，被风吹日晒的皲裂和黝黑怎么也不能还原白净细嫩的小脸，再加上没有时间交流，姑娘就这一样一个个从高帅的身边溜走了。23 岁，是一个稚气未脱的年龄。在田野调查一周年时，我随队参加普查，回来后我请他们喝酒，喝高了的他，坐在车上不让我下车，拉着我的手，放声大哭。他说："参加普查后，两周才放一天假。家在农村，好多农活要等着我做。不要说替父母干活了，有时候，一两个月都不能回家一次。我不怕苦，我不怕累，可我见不到妈妈，我想我妈啊！"他的父母和我是同龄人。这个时候我才觉得，他还是个孩子。

为了鼓舞士气，共同体验生活，局班子成员在普查条件差、任务重的地方都要随队参战。田野调查一周年时，我随他们到全县最远的续鲁峪南坂、北坂村普查。车行至积有厚厚的石子的河滩地时搁浅了，我们只好下来推车。车轮刨起的石子，打在人身上，生生的疼。车轮原地打转，磨焦的轮胎橡胶味令人作呕。走出河滩行至陡坡上时，车又被石头卡住，不能移动。为了不耽误时间，我们徒步上山，留下司机用千斤顶打起才移动了车子。中午吃饭时，我们在一户老乡家烧了点开水，围在老乡院子里泡方便面吃。老乡为我们炒了盘鸡蛋。临走时，黄海给老乡留了20元钱，他还让高帅把方便面盒等收起来，放到垃圾堆上。他们告诉我，托局长的福，这顿饭吃得很好。在磨里峪普查时，他们原计划在老乡家搭伙吃饭。可村子里的人都搬下山去了，他们只好折回磨里村吃饭。吃中午饭时，已经是3点钟了。那天随队上山，早上不到8点就进了山，手机没有信号，大家就一起关机。晚上8点出山，手机一开，队员们的手机都响了，因为家里人焦急地盼了一天，等着问声平安。

没有人张扬成果

去年10月13日，当我第一次随队参加下柏寨子关帝庙普查时，发现了在正殿内西山墙上张贴有一张用毛笔正楷书写在梅红纸上的历经177年依然色泽鲜艳、清新如初的《道光十一年八月初十日同众清算庙工账目》。我告诉队员："应该把你们的新发现报道出去。"把你们的艰辛报道出去，但他们只知道默默地工作，不愿意，也没时间张扬（他们认为这是在张扬）他们的普查成果。截至目前，引起新华社、《山西日报》、《运城日报》、山西文物网、佛教在线和市县电视台等新闻媒体广泛关注的10多篇有关我县普查成果的报道中，没有一篇是队员们主动撰写的。

到目前为止，我县已对200个行政村进行了拉网式普查，覆盖率超过90%，共登录682处不可移动文物。其中，新发现562处。文物普查总量和新发现量均位居运城市第一。实现了黄海同志在出征时提出的“争一、保二、不出三”的承诺，创造了令人难以相信的奇迹。

普查队员的工作成就不仅体现在数量上，更重要的是他们在实践中提高了对文物的识别能力，增长了文物方面的专业知识。说实话，开始普查时，他们遗址找不到，标本识别不出年代，古建筑构件叫不上名称。面对这样的基础，队员们没有畏惧；面对这样的困难，他们没有退缩。他们从国家博物馆找来了涑水河流域绛县段的遗址调查资料；从山西省考古研究所找来了浍水流域遗址的调查资料；在市派专家队长丁金龙同志手把手的指导下，学会了识标本，找遗址。在实地参观古墓勘探的过程中，初步学会了判断古墓年代的本领。对照书本和实物，掌握了古建筑构件特征和年代的判断。

今年3月3日，黄海同志带领其他两名普查队员在卫庄镇任村普查时，发现了一处龙王庙。由于该庙正面已改建为现代民房，所以过去一直未被发现。正殿梁记记载为清乾隆六年（1741年）重修，该庙正殿面宽三间，进深四椽，建筑面积为68.25平方米。东西有配殿，对面有戏台。从整个建筑来看，戏台象鼻形的斗拱和斗拱后尾的雕刻都明显是清代的风格。大殿的斗拱部分元代的建筑特征比较明显，昂身起楞，昂嘴较厚，昂底出槽，耍头也比较规矩，与明清的耍头差别较大，另外加上大额承重等特征，黄海当即判断这是一处具有元代建筑风格的古建筑。他们为这一发现兴奋不已。我当时正在运城开会，他们请我回来后，直接到任村看看。路上，我一直怀疑他们判断的准确性，因为这是一处过去文物资料从来没有登记过的建筑。回来后，我把他们所拍的各个部位的照片从网上发给北京大学的古建专家，他们证实了黄海的初步判断。专家意见是：大殿后期改建修缮的痕迹较重，但仍保留有元代建筑风格。接着，他们在普查中又新发现了沸泉村的元代建筑九龙庙和10多处明代古建筑以及大量的清代民居和重要史迹。

第六批国家级重点文物保护单位公布后，绛县共有三处国家级重点文物保护单位，数量上在运城市处于下游。根据第七批国家级重点文物保护单位推荐标准，在第三次文物普查的基础上，运城市文物局筛选出了120多处推荐上报的第七批国家级重点文物保护单位，绛县共23处，居运城市之首。这其中有普查队员多少功劳，凝结了他们多少汗水，有目共睹，成就在册。

写完稿子，我突然觉得，没有把他们的普查成果宣传出去，又是一大亏欠。

走进横岭关

绛县文物局　靳凌雯

今天是星期六，天气很好。我同文物普查组的黄海、高帅、许艳红到冷口乡横岭关村搞文物普查。

横岭关村有耕地994亩（含退耕还林面积700亩），人口730人，以“张”、“赵”姓居多。

首先去了一个山岭上，据说那里有一座当年英雄的人民军队抗击日本侵略者的一个堡垒。顺着极窄的一条小路艰难地一步一步往上爬，荆棘划破了手臂，汗水湿透了衣背，终于爬到了山顶。看到依稀残存的砖石围墙炮台，感慨万千。现在树木葱葱、芳草萋萋的自然美景，当年曾是怎样的战火纷飞、浴血奋战，有多少英雄儿女血洒疆场、壮烈捐躯……

后来又步行十几里，登记了几通石碑，都是当地清朝时期一些取得功名者的墓碑。静卧草丛中的残碑断简、散落墙角的柱础石墩处处传递着旧时的信息。这里曾设过国防工程的厂子，现已人去屋空。看着这些废弃的厂房和居民楼，仿佛又回到了轰轰烈烈的“工业学大庆，农业学大寨”的年代。光阴流失，时代变迁，带给人的是更多的思索和回味。

虽然跑了一天非常累，但是队员们没有一个喊苦喊累。我在钦佩他们敬业精神的同时，也感到了浑身的神清气爽。远离都市的嘈杂，投入大自然的怀抱真的很惬意。

一通石碑，泛起一段几近湮灭的历史

绛县文物局　赵　晖

今天，根据局务会议的安排，我随普查队到古绛镇柴家坡村普查。经该村柴青山老人介绍，我们发现了一通立于民国二十六年（1937 年）的《柴王渠重整渠规碑》。该碑原立于柴家坡村柴家祠堂内。1980 年祠堂被拆后，柴青山将此碑移至自家院门外，精心守护至今。

该碑为青石质，碑高 1.31 米，宽 0.49 米，厚 0.10 米。碑阳正文所记述的史事，村里 20 世纪 60 年代以后出生的人几乎无人知晓。问及该村在外工作的知识分子，他们说，只是在有关资料上看过有“白马将军为柴王两姓分水”的神话故事。柴青山老人说那是后来人根据柴王渠传说故事杜撰出来的，这块石碑记述的才是史实。该碑碑阳以 1455 个汉字的篇幅详细记述了柴王渠的来历、渠规沿革及现录渠规立碑勒石的意义。柴王渠是柴家坡柴姓和毛家坡王姓祖先明初开凿的一道“可灌田一千余亩”的洪水渠。明初开渠至民国初年，由于有渠规之约束，柴王两姓轮流浇灌。该渠水利兴农，乡民和谐相处。然至民国之初，“世风日下人心不古，灌地既广家户亦多，每以亨利不均，遂起争执涉讼不已，是又因水利而反受水累”。最后发展到民国“二十二年（1933 年），毛家坡张步林铲坏渠塄偷水浇地三亩，涉讼一二年之久，终经中央政府判罚”的地步。于是由“渠经理人柴自诚”等 10 人发起，以民国十二年（1923 年）五月柴生辉、柴成玉“搜集先年湮没未尽残余条例，重新编制轮流浇地”的十条规则为蓝本，经水渠受益人商议修订、重新报县政府备案后，“兹乃镌立一样二碑，柴毛二坡各竖一石，用志永远不朽而俾合渠实地履行”。

碑文所录十条渠规详尽、严密，从如何轮流浇灌、怎样交接到浇地时如何护渠、应注意哪些事项，一直到违犯渠规后怎样处罚，一应俱全。

碑阴刻有老渠、分渠各段渠深、渠宽及夹口等水渠设施现状，水渠受益户地块方位、地亩数。

据柴青山老人介绍，柴王渠一直沿用至 20 世纪五六十年代。关于该渠及其使用在当地有许多传说。甚至有些是神话传说。原立二碑，现仅存一通。此碑的发现对研究当地水利设施的发展历史以及民风民俗有着重要的参考价值。

群众是文物保护的主力

——冯村关帝庙普查札记

绛县文物局　黄　海

绛县全国第三次文物普查工作队在安峪镇冯村进行普查时，在距该村中心6公里外的一个叫下柏寨子的山岭上发现了一处没有登记过的关帝庙。该庙修建于清代，现存正殿、献殿、财神庙三座建筑和16通碑刻。

令人惊奇的是在正殿内西山墙上张贴有一张用毛笔正楷书写在梅红纸上的《道光十一年八月初十日同众清算庙工账目》。账目所列5笔收入和12笔支出清晰醒目，红纸历经177年风吹日晒依然色泽鲜艳，清新如初，实属罕见。

这天，县文物局局长柴广胜，副局长李红双、靳凌雯，局办公室主任崔宝龙一同参加普查。从县城出发到冯村有50分钟的路程，出发时我们给冯村村委主任张建设打了电话。赶到冯村时，村支书、村委主任，还有两位老人早早站在村口等我们到来。张建设介绍，两位老人是关帝庙的义务保护员。

关帝庙坐落在距冯村6公里外的一个叫下柏寨子的山岭上，沿着崎岖的小路，我们一直向上攀登。一路上冯村的四位同志不停地向我们介绍关帝庙的情况及村民们保护关帝庙的故事。在关帝庙正殿前，我们发现了一个奇怪的现象：每根柱子下面都有一个厚重的“水泥包”。还没等我们问起，张建设主任就告诉我们，那是前几年，有几个文物贩子要盗走柱子下面的柱础，为了保护这些柱础，村里人就用水泥把它包裹起来了。

这个关帝庙的建筑风格比较独特，正殿和献殿之间只有 0.30 米的间距，取数据时转了几圈，不见进献殿的门。原来，他们为了保护献殿内那张清代张贴的红纸账目，把献殿两边的门都用砖封死了。为了让我们亲眼目睹这一宝贵文物，也为了方便我们提取普查数据，张主任当即同意将门打开，并说我们走后他会派人马上堵住。

下山的路上，张主任边走边实地向我们介绍他们去年秋天抓获盗窃文物的犯罪分子的经过。那天晚上，张主任和同村的一个年轻人回家时发现有几个人影在向下柏寨子去的路上移动。他俩就尾随上山，当他俩发现山下有小汽车接应时，当即做出了是盗窃文物分子的判断，张建设马上用手机通知村里的年轻人上山抓贼。盗窃分子发现有人跟踪后，立即逃窜，张建设他们两人穷追不舍，山下上来的上百名村民合围堵截，当即抓获了五名盗窃分子。

冯村村干部极负责任的文物保护意识和冯村村民的行动令我们感动，下山后，在局长柴广胜同志的提议下，局班子成员当即商定，年底邀请县四套班子领导参加，召开大规模的表彰大会，对冯村、南柳村等文物保护先进集体和先进个人进行大张旗鼓地表扬，激励全县群众积极参与文物保护的热情。

北坂访古

绛县文物局　黄　海

今天，我县文物普查工作整整一年了。柴局长决定和我们一起过一个有特别意义的纪念日。我决定去中条山东的续鲁河东之端，绛县和翼城县交界的北坂村。出发前，我们在县城准备了方便面、矿泉水、火腿肠等食品。在进入山区的路上，两侧群山翠绿，环境幽静，仿佛是人间仙境。我们一路的笑声、歌声、汽车的马达声惊飞了草丛中的山鸡、惊跑了野兔。新的一天就在各种声音的交响中开始了。我们怀着对新发现的期待向北坂进发。路越走越陡，车越行越慢。看着两旁深深的壕沟，车里一片寂静，大家都紧张了起来。车在一陡坡上终于筋疲力尽，留下司机和办公室主任想办法。我们只好弃车步行。站在山上俯瞰北坂村，柴局长说，我仿佛嗅到了北坂村几百年的气息。

我们决定先进北坂村中走走。真想不到首先发现了一座规模宏大的清代关帝庙，接着又发现了一座清乾隆年间的古城楼，一处明代的白衣堂遗址，以及一排排依山而建的石窑洞和放置在院落中的石槽、石碾、石磨。大家十分兴奋。要知道，一个村子能有这么多有价值的新发现实属不易。大家随即投入到紧张而又细致的信息采集工作中。

关帝庙坐落在北坂村的东南角中轴线上，有戏台、正殿，两侧是配殿、看楼。为了搞清楚关帝庙的年代，我和柴局长从村民家中借了梯子，登上正殿顶棚进行拍照登记。不知有多少年没有人上去过，等我们下来时已是土人两个。其他队员也各自完成了自己的工作。中午在一村民院落中，大家纷纷打开准备的干粮开始就餐。北坂村民风淳朴，热情好客的村民为我们端来了开水和山韭菜炒鸡蛋。走了一段山路又紧张工作了一上午，大家都觉得饿了，狼吞虎咽。简单的饭让一盘山韭菜炒鸡蛋提高了档次，大家吃得很香。下午，我们对另外几处新发现逐一进行了登录。之后，怀着对村民的感激和对北坂村历史以及对关帝庙的敬意离开了北坂。

蛤蟆峪寻迹

绛县文物局　黄　海

早就听说磨里镇蛤蟆峪风景秀丽、迷人，但因路途遥远，始终没有勇气前往。因为“三普”，今天公私兼顾，饱览一下蛤蟆峪的风光。在路上，我问高帅为什么叫蛤蟆峪？高帅说可能是峪里蛤蟆多。到了峪口，一座20世纪70年代修建的水库挡住了车路。我们早有思想准备，大家立即拿着各自的普查工具，背着干粮开始步行。深山幽谷中的景色果然养眼。两侧群山翠绿，脚下潺潺流水，耳旁阵阵鸟鸣。在这人间的仙境中留下了我们一路的欢声笑语。在峪的中段听到了几声狗叫，于是知道快有人家了，于是加快了步伐。远远看见了一座被绿树环绕的茅草房，房前站着一对饱经沧桑的老夫妇。走进院落，我们向老人询问了蛤蟆峪的情况。老人告诉我们，再走两小时，前面就有一座庙。我们立刻兴奋起来，老人留我们歇脚，但为了赶时间我们告别老两口继续赶路。不知不觉两小时过去了。在峪的尽头一块三角缓坡上，我们看见了盼望已久的庙宇。庙宇不大，但从残存中可看出当时的建筑很全。在中轴线上有戏台、正殿，两侧有配殿，在配殿门口竖有一通碑。据碑文记载，这是一座道光年间创建的三圣庙。虽然到午餐时间，但我们顾不上吃饭便马上开始工作。在庙的不远处，我们还发现了村落的遗迹，有石碾、石磨，倒塌的房屋以及废弃的生活用品。看来这里原来是大山里居民比较集中的地方。在这远离繁华的山里，三圣庙寄托了山里人的信仰。工作完后，我们用溪水洗净了一块巨石当餐桌，就着溪水吃着方便面。望着170年前创建的庙宇，体会着前人的生活状况。

回来的路上，又经过老两口的院落。他们已为我们熬了米汤，早早地等着我们，这让我们感动万分。我无法感谢，只好拿出相机为老两口拍了几张照片，心想再有机会来时送给他们。

坐在车上，我突然想起一件事，问高帅："你今天见蛤蟆了吗?"回答："没有。"为什么叫蛤蟆峪，我们不得而知。

回首“三普”

绛县文物局　黄　海

第三次全国文物普查田野调查工作到现在已快接近尾声了。近两年的时间，在苦中有乐、乐中有苦的普查工作中，我感慨万千。

在每一处村寨，我们都感受到淳朴的民风民情；每到一处古遗址，我们都寻找着古人的足迹；每发现一个灰坑和一块陶片，我们都感到无比兴奋。通过一块块陶片，我们在和古人进行着对话，在和古人进行心灵的沟通；每到一处古建筑，我们为古人的杰作而感叹，每座建筑都凝聚着古人的聪明才智，让我们感受到它的艺术魅力和当时的政治、经济、文化状况；每到一处古墓葬，我们都在猜测着墓主人生前的悲伤和辉煌；每看到一通碑刻，我们解读它记录的人和事，分析着它的历史背景；每到一处近现代的重要史迹，它所发生的事仿佛就在眼前，就能亲手触摸到它的历史。我们在大自然中享受着阳光的沐浴，我们在青山绿水间欣赏着绛县的一草一木，我们在广漠的大地上寻找人类远去的背影，我们在时间的长河中打捞人们失去的记忆。

牤牛蛋的枪声

绛县文物局　黄　海

在西崖下村南一个叫牤牛蛋的山岭上，我们发现了抗战时期的“牤牛蛋战斗遗址”。站在山岭上，西边是里册峪口，东边是磨里峪口。只有身临其境才能体会到此处是一战略要地。当时的战壕依稀可见，顺着山岭的走势延伸着。只有22岁的高帅稀奇地看着战壕，一会趴在战壕做出拿枪射击的样子，一会站在山上向下瞭望。好像他是当时的指挥员一样，觉得很好玩。就是这个不起眼的山头曾经发生过一场激烈的战斗。听当地人讲，这场战斗是为了阻击进山扫荡的日军，国民党军队与日军之间的一场战斗。是什么部队已记不清了，只听老辈人说战斗打得很激烈，敌我双方死伤都不少。我们站在山上，仿佛能听到当年的枪炮声和激烈的喊杀声。

小时候，战斗英雄是第一崇拜对象，许多战斗故事耳熟能详，我们被战斗英雄的故事感动得热泪盈眶。现在的孩子对于抗战时期和解放战争时期的事情觉得很遥远，他们的崇拜对象是“超女”、“帅男”。有的孩子对邱少云宁可被烧死也不暴露目标、董存瑞舍身炸碉堡的做法觉得不可思议。我在学校教书20多年，学校的课程安排很紧，留给这方面教育的时间少之又少。再过几十年，不知还有多少人记得这些为了今天的幸福生活而牺牲的烈士们。

“三八节”的重大收获

绛县博物馆　许艳红

今天是3月8日，妇女们的节日，我却一大早跟着普查组出发了。今天要普查的是涧东和东官庄一带。我们先来到涧东村，一进村一座座新房便摆在了眼前。由于涧东是个新村，所以也没抱多大希望。事实证明了我们的判断，在走访过程中真的一无所获。接下来，我们把希望锁定在了东官庄。

由于现在的季节是遗址调查的黄金季节，所以我们按照市里的要求，先对遗址进行登录。到了东官庄，先对东官庄遗址进行复查。根据第二次全国文物普查提供的资料，东官庄遗址位于村西200米，于是车子停靠在东官庄村西的沟边上。我跟黄老师、高帅三人开始分头行动了，预定还在此处会合。我沿着下沟的路一个地堰一个地堰地查找，也发现了文化层及少量的陶片，但我还是希望至少可以找到一处灰坑。走着走着，冥冥之中把我带到一个荒废的院落里。这是一处窑院，有两孔窑已经坍塌，砖砌窑门，门额上方有刻的石匾。我好奇地走了过去，上面写着“大明嘉靖”。“呀！是明代建筑啊。”对我们来说，这无疑又是一个惊喜啊。我赶快把黄老师喊了过来，也让他分享一下我的喜悦。我们又进行了更加深入的探索。我还在看着匾上的题记，黄老师则一孔窑一孔窑地搜索。忽然，他惊喜地喊我过去，原来他在中间这孔窑里发现了壁画以及残留的塑像。此时，我再也按捺不住心中的喜悦，打电话通知了柴局长，并向他报告了这一喜讯。等到高帅领来了村民，我们才知道，这以前是个寺院，叫华严洞，已废弃好些年了。随后，我们又探查了村里的每个角落。到中午两点多，东官庄的调查工作才全部结束。我们都在为今天的普查成果而高兴，这也是“三·八”节我收到最好的礼物。

第一次接触古遗址和古墓葬

绛县博物馆　许艳红

2008年6月1日，按照局里的安排，我们普查队先进行试点调查。

今天的第一站定在南城村。早上8点，我们就准时出发了。南城是个老村子，历史悠久，历史上的车厢城闻名遐迩。当地村民家中保留刻有“车厢古迹”和“晋大夫士蔿故里”字样的古碑。从地图上看，南城分东南城、西南城、裴家堡三个自然村，距县城大约5公里。沿路全是柏油路，不到20分钟就到了。我们普查组共4个人。队长黄老师负责照片，苏馆长负责写文本，高帅负责测点，我负责绘图。一下车，我们就先去复查了车厢城遗址。车厢城在裴家堡西南约500米的小山岭上，由于这里就是黄老师的老家，他对这里再熟悉不过了，所以也就没有找这里的负责人，黄老师也就兼顾作了我们的向导。这是我工作以来第一次来这里，因此怀着好奇的心情想先看看晋国的旧都到底是什么样子。由于现在正值麦子成熟的季节，村民们正在地里割麦子，虽然是早上，但天气还是很热。没走多大一会，汗水已经渗透了黄老师的后背。不一会，一段残破的城墙映入眼帘。“这就是车厢城?”我不由地叫出声来，顿时有点失望。黄老师一看我的表情，就给我讲起了好多关于车厢城的传说。我的兴趣也就随着提高了好多，于是都各自忙起来。在车厢城的附近，还有一处要复查的汉代遗址。在车厢城南约100米的地方，我们又发现了多处灰坑，断崖上还有大量白灰面房址。我们采集了几片陶片，很快结束了这里的工作。按照第二次全国文物普查（以下简称二普）记录，在南城的裴家堡内还有一处南城墓群。1954年，曾经对一座墓室清理过。在一村民的带领下，我们找到了这座墓室。当年所发掘的墓室还在原地，现在墓室已经被村民用玉米秆覆盖。在村民的帮助下，我们清理了杂物。我开始我的工作，简单的画好了草图；高帅则忙着测点和帮我拉尺子；苏馆长忙着记录她的笔记。我们的到来吸引了好多村民。他们得知我们的来意后，都热情地给我们说起村里的情况。黄老师很快照完相，就和一位老大爷攀谈起来。得知在西南城的进村口路南的地堰上有许多陶片，看来是个有价值的线索，于是我们按照老大爷的指引找到了这里。地表散落了许多陶片，地堰上还发现了一处灰坑。和二普资料对照后，我们确定这就是要复查的西南城遗址。复查完这一处已经是下午4点多了。今天复查4处，新发现2处，业绩也算不错了。由于天气热，又跑了一天，所以黄老师决定今天早点收工。

登太峰顶

芮城县文物局　景宏波

太峰顶位于芮城县学张乡水峪村后山。听张灵敏局长说太峰顶有一块很有名气的太峰福碑，是明代进士阴润亲自撰文的一块碑。我作为一名文物考古工作者，一直想看一看这块碑。2008年8月15日，我与芮城文物局全国第三次文物普查（以下简称“三普”）队有幸登了一次太峰顶。一大早我们备好水与干粮，便驱车来到水峪山脚下。我们一行7人沿着陡峭的山路一步一步往山上攀登着。早上的天气还不算太热，尽管早晨气温不高，但崎岖的山路已使我们几个“三普”队员气喘吁吁，汗流浃背。当登到玄帝庙醮宫遗址时，已经将近午时。炎炎烈日炙烤着大地，山上树木只有零星的几棵，只是低矮的灌木，高大的树木绝无仅有。玄帝庙醮宫遗址仅见建筑基址及残垣断壁，太峰福碑就耸立在眼前。碑看起来厚重高大，碑首跌落在地上，碑文有少部分漫漶不清。解读了20分钟，才大致领会了碑文要义。地面散落着几块碑刻与石雕。我们几名普查队员很快将玄帝庙醮宫遗址做了测量、拍照。已经午后2时了，太阳更加火毒了，又没有阴凉。抬眼望一望太峰顶，好高好险峻。根本没有路可走，山坡上是厚厚的草。“既来之，则安之”，还是慢慢向上爬吧。高山草甸地形，草的确很滑，稍不留神就会滑下山去。偶尔能抓住一株小灌木的树杆，一步一步向山顶的方向攀爬着。几个普查队员的脸、胳膊被阳光烤得通红。大约午后3时，我们才登上太峰顶。太峰顶建有玄帝庙正殿、献殿、厢房、山门等，最南端为石砌阶梯，阶梯两侧有石雕文吏像，阶梯两侧建有两座石砌殿堂，再往上便是玄帝庙正殿了，为砖券窑洞式，面宽三间。我们几名队员对正殿及献殿等建筑进行测量和数据采集，还对几块碑进行解读并作了拓片。

工作完毕已经下午5点了，是到下山的时候了。队员们一步一步地慢慢往下挪动着。下山更比上山难。草太滑，必须抓住小灌木。我们小心翼翼地向下艰难行进着，下到醮宫遗址时已经6点了。上山的干粮已所剩无几。下山吧，到乡镇的街道上再吃饭。水是已经喝完，干渴得要命。想步子迈大点，速度放快些，腿脚就是不听使唤。此时，干渴、饥饿、疲惫统统袭来。我们拖着沉重的步子，终于到了山脚下。有两名拓印碑刻的队员掉队了，于是我们在车旁边又等了半个多小时。眼巴巴地望着，就是不见下来，又过了好大一会儿，才瞧见山路上隐约的身影，人终于到齐了。一声令下“回家”，普查车才从山峪内向山外驶出。回首太峰顶，那里留下了我们“三普”队员艰辛的足迹。

家有一老　如有一宝

芮城县博物馆　李秋霞

俗话说："家有一老，如有一宝"，这句话在第三次全国文物普查（以下简称"三普"）中重新得到了诠释。

野外调查开始了，但大部分队员对"三普"没有经验。该从哪里入手呢？我们怎样才能找到需要的东西呢？这时有人提议："我们进村先找老人，找到老人就能找到'老古'。"大家认为这个思路很正确。因此，我们每到一村，首先走访年龄最大的老人，看到他们布满皱纹的脸就知道他们身上的故事一定不少。他们耐心地给我们指出本村的一些古建筑及遗址所在的位置，然后再细细地讲解或几十年或几百年建筑物所体现的意义，而这些古老的建筑也像这些饱经沧桑的老者一样，向我们诉说着历史故事。临走时，他们会拄着拐杖颤巍巍地与我们告别。看到他们浑浊而期待的眼神，我觉得肩上的担子更重了。我们要感谢这些老人，是他们提供了信息，促进了"三普"工作的进度。

野外普查工作已经结束很长时间了，可我无论走到哪里，只要看到老人就会感到非常亲切，就会走上前去问候几句。队员们诙谐地说我留下了后遗症——有老人情结。这件事情使我感悟到，孝敬老人和保护文物一样重要。因为有了老人对历史故事的讲述，我们这些后来人才能知道文物的重要性，所以我们有义务把文物保护好，并一代一代地传承下去。这是"三普"工作中的意外收获。

峨嵋涑水文物情

——记临猗县“三普”队长王立忠

临猗县文物局　王　峰

2008年11月7日9点42分，临猗县文物普查队的同志们正在猗氏镇陈范屯丈量一所宅院的尺寸时，清冷的寒风“嗖嗖”地吹着，大家不由裹了裹衣服。此时，由于已连续在野外工作了三个月之久，五位同志有四位患了感冒，你打喷嚏，他流鼻涕，神色疲惫。此时，忽然大家的手机同时响了，奇怪，咋就都有了短信，同志们一起打开手机，屏幕上清晰地出现了一首长诗：风干物燥，五脏浮火，茫茫原野，试看风流；翻沟越坎，爬墙钻洞。披星戴月，几闻鸡鸣。病毒顽疾，屡屡刁缠，看我队员，力乏神倦。困难骤至，群情激扬，思谋良方，自我调剂，其效虽微，其情可喜！精神不倒，方显神奇，堂堂中华，精萃兆亿，“三普”决策，毕其一役，河东临猗，不让当仁，领导有方，队员竭力。当代神功，千秋留史！送“三普”兄弟姐妹以共勉——王立忠。同志们顿时精神一振：呀，这是王队长给咱发的鼓劲诗！大家似乎看到了他期望的目光，看到了他风尘仆仆的身影……

王立忠，运城市文物研究所所长，受市局委派担任临猗县第三次全国文物普查队队长。前几天带领队员在野外普查时因患严重感冒不得不住院治疗，病情刚有好转，当即拔掉输液针头又赶赴普查现场，因再受风寒二度染病，他只好忍痛放下手头的工作去医治。病床上，他想着肩上的责任，想着正在进展的工作，想着风餐露宿、忘我工作的普查队员，一边输着液，一边开着玩笑，发送短信，鼓励队员。同志们动情地读着这滚烫的诗句，顿时心里热乎乎的。王所长同大家一同工作的日日夜夜浮现在眼前：

2008年9月3日早7：30，王所长身着运动服，精神抖擞地来到临猗，他第一句话就是：“我来报到，今天开始下乡吧！”我拉着他的手说：“走，先到宾馆住下，工作容后再说。”他眉头一皱，说：“住啥宾馆？咱是来工作的，又不是客人！”接着，顺手一指，爽快地说：“住你办公室就行！”随即领着四名普查队员下了乡。

文物普查专业性很强，一开始基层的同志们都摸不着头脑，他便一遍一遍地讲，手把手地教。在三管镇新庄复查汉代遗址时，据资料显示，这是一个聚落遗址，在村西50米处，但大家跑了几个来回就是找不到，他便现场讲解遗址的类型特征及分布规律，在他的指点下，果然在村西不远处找到了陶片等标本。当下，他还不失时机地向大家传授寻找遗址的办法，即拿着不同时期的陶片让群众辨识，提供线索。就这样，在他的指导下，大家一步一步提升了业务素质，提高了工作效率。

他不但有渊博的知识，更有专家的敏锐与责任感。在北景乡尉庄村普查时，他发现一个斗拱大门，一个念头立刻在脑海里闪过：这应该是一件文物。便让大家停步，马上赶上前仔细观察，终于在附记板上发现了“民国二十三年”字样。他如获珍宝，立刻带着大家走访家主，几经周折，终于在一处果园内见到了家主，但家主却说，这所场院是他从一位财主手中买来的，具体情况他也不清楚。他又按家主提供的线索找到了那位财主的后人，但这家的后辈也说不下个什么。他并不灰心，又继续寻访知情的老人，整整一个上午，他共找了5位老人，才问明了关于这所打麦场的情况。有一位队员问：“这所不起眼的场院，真有什么价值么？”他说：“当然，这对研究民国时期的农业生产和规模都有参考价值。”

在野外普查有时也会碰上危险，每逢这时，他总是冲在最前面。一次在庙上乡牌首村发现了一处早已废弃的地道，据群众讲，此地道早年四通八达，里面还有锅台，他便深入寻访，在与几位老年人谈话后得知：牌首村曾有前营、中营、后营之说，村内邓氏家族中有一位先祖曾是明代军队中的一位总旗。于是，他果断决定挖开地道考察。地道口挖开后，里面黑漆漆的，阴暗幽深，队员们望而却步，说："这地道多年封闭，里面肯定缺氧，说不定还有蛇蝎毒虫！"他却说："这是一个难得的发现，如果能确认，这对研究明代军事颇有价值，我有经验，先进去。"说完，他便打着手电，猫着腰钻进地洞，遇到狭窄处，他干脆爬着前行，大约一个小时后，他才满脸通红、满身泥土地爬上来。同志们心疼地说：实在难为你这位大专家了。他却指着照相机高兴地说："我在里面拍下了不少照片，回去咱们好好研究研究。"

白天，他带着同志们辛苦辗转，感冒了吞一把药丸，硬顶着干。晚上，回到那不到10平方米的办公室，趴在灯下，打开电脑，常常熬到午夜。9月中旬，县城因施工，自来水管挖开了，楼上停了水，厕所也不能使用。他累了想洗一把脸，还得跑到外边去打水，有时，很累不想去找水，干脆在用过的水中洗一把。有几个晚上，整理文本的同志实在熬不住了，将文本一推想回家，他忙挡住说，再坚持一会儿，等我检查过，没问题了再走，如果发现文本有不妥之处，他总要帮着改好才休息。

从6月份开始普查，经过数月昼夜奋战，临猗县普查队已普查过280多个村庄，新发现文物点200多处，复查100多处，整体工作走在了全市前列。此时此刻，大家首先想到的是王所长手把手、良师益友般的指导，是他那从地道内爬出的身影，是他那高度敬业、认真负责的文物情怀。在他的模范言行的感召下，队员们每天艰辛而愉快地工作着，满怀激情地期待着一个个"复查"和"新发现"。

“三普”，我们全身心投入

临猗县文物局　王碧新

2008年无疑是我从事文博工作以来最紧张、最繁忙的一年，所幸，每天都能艰辛而愉快地工作着，能如此全身心投入，乐此不疲，也是一种享受吧。

是啊，从事文博工作多年，我常常会问自己：我们能留给后人的就仅仅是这些了吗？有什么办法能让我们交付给下一代时觉得没有遗憾呢？

参加完省里的“三普”培训，我就被安排书写文本工作。从那天起，我就开始着手收集整理所有“复查”单位的现有资料，并以乡镇为单位收集任何有可能是“新发现”的线索，查阅新旧县志、临猗县地名集、文史资料、党史资料、抗战资料等等。自知能力有限而责任重大，不敢有一点懈怠。

有如天助，年初我县新成立了文物局，王峰局长上任伊始即着手狠抓“三普”，召开了全县文物普查工作动员会，安排多位代表发言，发放了普查表，要求各乡镇各村先摸底排查。“三普”开赴野外普查当天，还举行了授旗仪式，并请来电视台予以报道。起初我们嘴上不说，心里却犯嘀咕，具体工作还不就是几个人在完成，何必搞得这么忙上加忙呢？随着工作的展开，我们越来越发现因为宣传在社会上引起了强烈反响，使我们得到了意想不到的支持和帮助。每到一个乡镇，王局长还亲自率领普查队到乡镇政府，联系相关领导，解决吃住问题，安排“助普”人员。在庙上乡，由负责各村的大学生村官陪同，我们请求已经调离单位的老文化站长宋云桥帮助，他当时作了全面口头介绍，回头又迅速书写了两页相关信息表，追到普查点亲自交到我们手中，这样负责任的热心人，让我们深受感动。在嵋阳镇，老文化站长苏旭强参加了县文物普查工作会议，按要求先逐村了解情况，并填写了相关表格，这次又全程陪同队员十多天，他总是提前联系好村长及相关人员，队员们完成一处“新发现”，另一处早已在等候了。他对乡镇的了解可谓得天独厚，每到一处都有熟人，每到一个村都清楚向谁询问就可全面掌握情况；遇到需要当地配合的工作，他也游刃有余。高强度的工作很快就把他累倒了，但得知我们每天晚上回到单位还要加班赶写文本、绘图、输入电脑等，就一边吃药，一边坚持配合我们。我们劝他停下来休息，他打趣道：“就像钦差大臣下来定要有地方官员陪同，我不当向导，介绍情况，怕是你们的工作难度就要加大许多。”

随着普查工作的深入开展和县电视台接二连三的新闻报道，所到之处，我们常会听到“文物普查到咱们村了”这样的话，更多的是群众一看到我们专车上醒目的“全国第三次文物普查”标志，就主动上前与我们攀谈，建议我们去找谁。东张镇张仙村吴安有拿出了一沓资料，猗氏镇上里村刘清华老人提供了自己发表的文章和书籍，更有很多热心人主动打电话到普查办公室提供线索……

王局长不仅重视电视宣传，还很重视网络、报纸等新闻媒体的宣传，在他的督促下，《“三普”简报》一期期刊出；山西文物网站上我们的“新发现”频频闪现；王局长的《真抓实干，搞好“三普”工作》也被《中国文物报》发表；我所书写的有关佛造像碑及唐开元经幢的报道也在《中国文物报》登载，生平第一次投稿即被这样的大报刊用，令人不胜欣喜。

媒体不断促进着我们的工作，一些乡镇尚未到达，新线索已排队等候了，又有相关人员一再要求，“到我们村一定叫我陪同前往，队员的吃饭问题我全包了”。群众对文物的珍爱更是令我们感受颇深，作为实地走访人员，每次调查，我都要拉上一个同伴一同询问以查缺补充，保证没有遗漏；每次我都要调整好自己的状态，以恰当的称呼、谦和的态度、愉悦的心情和群众交谈，使自己的言行与这项美好的工作相适宜。

实际工作中困难重重，好在我们有市局派来的专家王立忠所长，每遇疑难，他都予以详尽解答，比如找寻遗址，他都能指明方向并说明具体缘由，教授发现方法，令人受益匪浅；电脑、照相机不够用时，他就带来自家的。他的工作难度比我们要大得多。我们晚上可以回家梳洗放松、替换衣物，而他一来就是一周。长期野外工作，吃住不能尽如人意，使自恃身强体壮的他也感冒了多日，几次不得不输液治疗。尽管身体不适，每晚还坚持像督促学生一样非得要我们完成当天的作业，常常工作到夜里十一二点，又亲自驾车送我们安全到家。王所长还是乐于为他人考虑、风趣的人，每次爬沟上崖，他就习惯地用手铲为我们修一条路，保证我们安全上下；工作间歇，还不时制造一些笑料，使我们每天都艰辛而愉快地工作着。队员们称赞他不愧是“英明领导”，送他一个谐称就是“党”。在他的带领下，我们顺利地登录了一处又一处“复查”或“新发现”，并为之感到欢欣鼓舞。

几个月的朝夕相处，同志们亲如兄弟姐妹，情同手足。这大概缘于起初晓丽的称呼，因为每到一处，大家分工明确，各司其职，而她得有人帮忙拉尺，情急之下“哥哥”“姐姐”请求帮忙。乔娟是我们的“大姐大”，她几次敏锐地觉察到 PDA 与 GPS 的数据出入，使大家免于返工之劳，立了大功。红武是司机兼摄影，每每开车，常要提醒我们睁大眼睛，注意观察两边，因为我们结合我县实际顺便登录的“可移动文物”，现在登录在册已三百余件。王所长是大家既尊敬又喜欢的专家，有一次，蓦然间，王所长的形象与我弟弟形象相叠在一起：父母曾多次谈起弟弟，担心他忠厚老实，只身闯京城，与同事相处可好？前年我陪同父母前往京城，先是专程走一遍他上班的路，围着他单位的大楼转了又转。虽然我们做亲人的不能明了他的工作状况以及与同事的相处情况，但从他的言谈中，也是与王所长一样吧，在工作中有担当、负责任，与同事相处和睦融洽，能快乐自己，愉悦别人，这也是一种风采吧。我期许自己和亲人也能如此，不断进步。

年届不惑，我对自己说：能躬逢太平盛世，共襄“三普”盛举，真乃人生一大幸事；能全身心投入工作，把工作当做一种享受，乐在其中，就一定会交出一份令自己和社会都满意的答卷。

珍贵的关圣石刻真像与风雨竹

临猗县博物馆　乔　娟

野外普查已全部结束。回顾许许多多的“新发现”，我对猗氏镇关原头村的“关氏家庙”印象最为深刻。其距县城仅1公里。工作余暇，我邀约普查队的伙伴又一起进行了一番深入调查。

关原头村故名“崇关里”，东汉末年名将关羽的后裔从元代始即居住于此。经进一步考察，在关氏后人家中发现关公石刻真像碑一通，石刻风雨竹两通。四幅图像虽无作者名姓，但从其画风技艺、镌刻功力以及刻画考究的构图，可知其不仅有重要的史料价值，还是极其珍贵的艺术精品。

汉寿亭侯关公五十三岁真像

真像镌刻于青石。石通高1.15米，宽0.60米，厚0.12米。上部镌文，下刻影像。

碑文自右而左，12行，凡81字。首行题文篆书：“汉寿亭侯关公五十三岁真像”。内文行楷：“此，帝君五十三岁小照也，为建安中所写，相传至今，面有七痣，须髯苍白。仪容雄杰，英气逼人，威武凛烈。见于图画，藏於解庙，普天之下，见是图者，莫不绘像而祀瞻仰而奉焉，谨识。”

碑石下部为线刻关公坐像。高0.60米。头冠幞头巾，身着蟒袍，腰系玉带，脚蹬朝靴。左手执带，右手抚垫。卧蚕眉，丹凤眼，五绺美髯徐徐飘扬。双目深邃而有神地凝视着远方。仪容雄杰，神态安详，威武凛然，豪气照人，似闲暇之余静心小憩。

碑文载称“汉寿亭侯”，当为三国时曹操表封。又载此像为关公五十三岁小照，写于东汉建安年间。以此推出，时间应为建安十八年(213 年)，距今已将近 1800 年。此真像虽系清人所摹刻，但实属罕见。

此像镌刻于坐像石背面。立体全身像。高 0.90 米。头戴幞巾，身着蟒袍，足蹬云纹靴。左手执握玉带，右手轻捋五绺美髯。正身向左遥视，神态庄重，仪表堂堂，袍衣飘逸，威武凛凛。观之，令人肃然起敬。图像上方自右而左镌文。题首楷书：“汉寿亭侯关公像”。内文四言为篆书：“义存汉室，致志以忠。春秋之旨，独得其宗。天地合德，君师同功。圣诅文武，百世所崇。”像的右方篆刻一枚 7 厘米见方的大印：“汉寿亭侯之印”。

此像造型准确，姿态生动，雕刻技法娴熟，线条遒劲豪放，流畅优美。特别是面部采用“减地凸雕”技法，凸显出卧蚕眉、丹凤眼、鼻翼与飘逸的美髯长须，细腻写实，形象逼真，更显得栩栩如生，神态超凡。真实地展现了关羽忠义仁勇的英雄气概，实属雕刻艺术的上乘之作。

汉夫子风雨竹

风雨竹两幅。石刻，均高 0.73 米，宽 0.41 米，厚 0.11 米。

风竹图：右上方竖刻楷文：“汉夫子风竹”。左上方竖文两行：“莫嫌孤叶淡，终久不凋零。”下为线刻风竹图。图为一劲挺的主竹干，分出多枝叶。竹叶在风中向右上方伸展。其竹叶因风吹动，变化为竖横交叉、左右相参之势。粗看似竹叶飘动，细辨方知竹叶巧妙地组成 10 个字，正如上文所书：“莫嫌孤叶淡，终久不凋零。”

雨竹图：图中繁茂的竹叶，挺伸向左上方，与风竹图正好对称，两相呼应。竹叶组成诗句为：“不谢东君意，丹青独立名。”据说，此图诗意是：三国时，刘备战败下邳（今江苏睢宁），关羽为保全刘备二夫人，依附曹操。关羽虽身居曹营，承蒙恩惠，但始终不忘桃园结义之盟。当得知刘备音讯后，便毅然挂印封金，不辞而别。真可谓“忠义”二字昭日月。此风雨竹之意正体现了关羽赤胆忠诚的刚烈义气。

这两幅石刻风雨竹，枝叶劲挺，潇洒生动。以叶成字，繁而不杂。刀势纵横，层次分明，俱见功力的娴熟。粗看枝枝傲雪、叶叶干霄，似有君子豪气凌云。细详叶叶为字、枝枝抒情，可谓石刻艺术的精品。

牛村侵华日军碉堡调查记

临猗县文物局　文红武

今天是我们普查队来到孙吉镇南赵的第二个星期了。南赵位于临猗县西北，西依黄河，与陕西洽川隔河相望，南北面均为陡峭的黄河台地，仅有一条蜿蜒山路与外界相连。独特的自然条件使它就像黄河岸边的孤岛一样。南赵原来是一个独立乡镇，后来因为人口稀少（全镇仅有6000余人），经济欠发达，在“撤乡并镇”中并入孙吉镇。由于地处黄河岸边，南赵乡西边的一级台地上分布着许多新石器时代庙底沟二期文化遗址，而其东边的台地上东周至汉时期遗址星罗棋布，在纵横的沟壑断崖上还有更早的旧时器时代的古脊椎动物化石出土点，这些遗址无不见证着人类历史发展的每一个坚实的脚印。

普查队安营扎寨于南赵希望小学内。小学老师的宿舍和床铺被我们一一侵占。说是老师宿舍，实际上原来是教室。空旷的房子内，三张床躲在角落里。因为学校没有钱，没生火炉。幸好每个床上都有电褥子，要不我们真要被冻僵了。这里的温度至少比县城低四五度。条件虽然艰苦，但学校里孩子们的欢乐气氛深深地感染着我们每一位队员。

今天，普查队将接着昨天的任务，继续普查安昌村。我们要走的是安昌村的自然村——牛村。牛村只有二十几户人家，村子非常小。这样的小村子最好普查。找个年长的人采访一下，有无东西就一目了然了。我们找到了队长（即牛村村长）。此人五十多岁，身材魁梧。经过“采访员”景克长达20分钟从古遗址到古墓葬、从旧时器时代到近现代一顿“狂轰滥炸”之后，老人就领我们去一处据说是本村最老的房子。房子确实是这个村子年龄最长的，不过除了门楼上砖雕的几朵花以外，没有什么再令我们留恋的东西。“日本人曾来过我们这里，还建有炮楼呢”，在闲谈中，老人说了这么一句话。什么，日本人来这穷乡僻壤干什么？我暗自寻思。“那你带我们去见识一下日本人的炮楼，”我说。“你们真要去？那地方又远又难走，再说炮楼已经不在了，只有一个土堆，”老头说。“我们就是干这个的，必须去。”

在出村走了四五里之后，我们终于见到了那个炮楼。在沟壑纵横的一个土梁上，远远地看去有一个像馒头一样的东西。“看见了吗？就在那里，要去你们去，我可不去，即使上去了也下不来。”我们看了看地形，现在我们正位于沟口，中间有一道梁蜿蜒向后伸展。如果我们去那里，必须先爬上土梁，再沿着梁脊走，到最高处就到达目的地了，而那里的海拔比我们现在的位置至少要高出 50 米。“既然来了就上吧，这个点必须登记，大家小心点。”王所说。景克一马当先，头一个爬坡垴。路非常窄，两边布满荆棘。景克用第三次全国文物普查旗杆拨开荆棘，我们趁机依次侧着身子爬上了这道梁。梁上荒草遍地，依稀能看到放羊人走的小道。沿着小道一路前行，遇到高的台地，就相互连拉带推一起翻越。走了约有一个小时，脚下的这道梁变得异常狭窄，就像一座天桥。桥长二十余米，最窄处不到一尺，最宽也不到两米，两边是三十余米的深沟，而日军碉堡就在前面 500 米的不远处。放弃还是继续？如果放弃心有不甘；如果继续又太危险。万一出事，谁也承担不了这个责任。女队员胆小想放弃，但考虑到要原路返回，又退缩了。一路走来真是太艰难了，而且上山容易下山难，看来只有硬着头皮过了。仍然是景克在前，我断后，女队员在中间，手拉着手侧着身子，一步一步往前挪。眼睛若是看下面沟底，恐惧立马笼罩全身，所以只能盯着脚下。而且海拔太高，四周没有障碍，一不小心，风就能把人吹下山崖。经过努力，我们终于走过去了。回头看看走过的路，觉得真不可思议，想想都后怕。此时此刻，每个人都很兴奋，不仅因为我们登记了炮楼这个点，更因为大伙团结一心，克服困难，最终完成了我们共同的任务。

老宅里的惊人发现

——长旺村发现侵华日军刻字

永济市文物局　尚晋平

长旺村属于韩阳镇，位于永济的最南端，东面是中条山的末端首阳山，也就是古时两位圣贤伯夷、叔齐归隐之所；村西、村南便是大片黄河滩涂，有着大片的河湾良田；村中有太风公路穿过，向南几里是有名的渡口——风陵渡，出了风陵渡向东是河南，向西是陕西；村边还有一座小型火车站——首阳站，已停止客运。

今天，我们文物普查队来到了长旺村。此村人口约四千多，为一大村，以前是首阳乡政府所在地。村民利用黄河滩涂及丘陵，除小麦玉米外，多种植芦笋、花椒、棉花、果树等经济作物。由于距县城较远，这里的古民居保存较好。我们在村北就发现了一处。这座民宅坐北朝南，南北长为41米，东西宽为7.8米，创建年代不详。据81岁的女房主介绍及建筑样式初考，应为晚清时期。院落以前为门房、东厢房、上房三合院布局，今上房拆除，余两间门房与6间东厢房，皆为砖木结构。大门门匾砖雕楷书“居之安”，上有一八卦形洞眼，大门为对开两扇，两侧有青石浮雕门墩。门房进深两椽，硬山顶，门洞与门房内设阁楼，阁楼口与地面的木梯尚完好，门为四抹两开隔扇门，外罩木雕帘架，做工精美。东厢房6间，皆为单坡硬山顶，双扇门外罩方格风门，砖表前墙山墙，每间辟窗。房主尽管年逾80岁，但健康硬朗，耳不聋，说话清晰。其一人居住厢房，儿孙居别院，时常过来照料。上房拆除，只余两侧山墙及后墙。这座院子较窄，主人利用地方大小合理布局，房屋设计紧凑合理，又间杂砖雕木雕，椽檩梁硕大整齐，为当时平民中较好的建筑。

我们正在咨询谈话，突然有人喊道："墙上刻有字！"引得大家纷纷前去看个究竟。果然，在东厢房的前沿砖墙上有许多刀刻字迹。经过仔细辨认，清晰与模糊的共有七八处，清晰的主要有："北支长旺村宿泊纪念、铃木武官"、"东京世田□谷、野重八联队"、"北支出征纪念，昭和十六年八月二日，外国严"、"纪念北支出征，机械化部队"等处。很显然，为侵华日军所刻。昭和十六年为1940年，正是日军侵华期间。其侵占永济为1938年至1945年，这些字无疑是其驻扎在长旺村时所刻。据房主讲，她以前听人说过日本侵略者曾在本村驻扎，专门挑上好的房子作为住所。当年，日军占领了中国华北大片领土后，为全面控制中国，企图西渡黄河，占领西北广袤地区，然而其狼子野心没有得逞。长旺村地处渡河要塞，是他们的驻军之所。

本来只是一所晚清民宅，竟又发现一处日军侵华罪证。也许是这些罪证深藏了将近60年，它要跳出来，让我们将它昭示人类，以揭露侵略者罪行。队员对这座老宅做了登记，测量、定位、拍照、绘图。保护文物，我们责无旁贷，更重要的是我们要让国人以及后代牢记历史，不忘国耻。

探寻嘛喇寺

永济市文物局　祁　涛

今天，我们在韩阳镇辛店村进行普查，这里距县城及韩阳镇较远。中午，我们在村里的一个小饭店里用餐。因为打听到东边山上有一座石头庙，山不是很高，所以我们计划下午登山寻庙。这时，突然打来电话，说运城领导要来现场视察工作，对我们进行慰问。听到这个消息，欣喜之情顿时赶走疲劳。我们便将车开到公路边，等候他们。

约半小时后，他们来了。有运城文物局副局长李红霞同志、办公室席主任及一名干事，我局党委书记与两名副局长陪同。首先，李副局长对我们的工作给予鼓励，对我们的辛苦表示肯定；接着又讲解了“三普”工作的重要意义，要求我们认真对待，不辜负上级领导对我们的期望。当听说我们准备普查那座石头庙时，便毅然决定与我们一同前往。

我们在村里找了位向导，开车来到中条山下，将车停好，便随向导进山。

这里是中条山的尾系，山势较缓。我们从桥洞下穿过高速公路，经过一片庄稼地，来到山谷下。正是春季，午后的太阳还是有点焦灼。沿着山间小路，拨开蒿草枣刺，我们向山里走去。尽管热，领导依然与我们有说有笑。我们一起鼓励着、拽拉着往上爬，并把疲劳丢于脑后。好在不远，跋涉一会便到。

寺庙位于半山腰，坐北朝南，共有 6 眼石窑，依山而建，分上下两层，石窑前有一大片约几十平方米的平地。据向导介绍，此地原名景风寺，曾有康熙皇帝亲题御匾，新中国成立后遗失。相传，当年韩阳一带闹瘟疫，百姓深受其苦，后来来了一位喇嘛熬药救治了大家。为了纪念这位喇嘛，村民便建了这座嘛喇寺。当年，洞前建有庙门，两边建有厢房，下有山门。如今，仅有下层西边石洞和塑像，其余洞口皆散落残砖断瓦。下层石窑面阔2.6～3米，高3米，进深5～7米，上层较窄浅，有的里面凿有小佛龛。在一层残墙中，砌有一通清康熙四十二年（1703年）的青石碑，高0.87米，宽0.50米，碑文内容较模糊，大致记述康熙巡游山西、陕西、河南时，驾游嘛喇寺、僧众恭迎时的境况。可见，这里曾经住有僧人，且规模很大。据讲，庙毁于侵华日军占领时期，新中国成立后亦有损毁。近几年，村民计划重修。每年正月还有庙会。尽管毁坏严重，文物也遗失无几，但作为一处清代寺庙遗址，对研究清代佛教文化以及永济的地方历史文化都有一定的价值。

俗话说：上山容易下山难。登记完后，我们离开嘛喇寺，互相搀扶着向山下走去。下山后，李副局长对我们的工作再一次表示支持："永济山多，山上文物多，你们辛苦了！"我们表示，一定完成上级分配的任务。

目送他们离去后，我们便继续向下一个村庄进发。

解梁古城普查记

永济市文物局　王晓玫

解梁故城，亦名智城、虞乡故城，位于永济市开张镇古城村四周。传为春秋时期晋国后期四卿之一智伯所建，故名智城。据《永济县地志》载："故智城在蒲州虞乡县西北四十里。"解梁古为虞地。据清光绪十二年（1885年）《虞乡县志》载："周，虞乡故城在五姓湖北，故城颓垣尚存。春秋解梁，汉、魏、晋解县，后魏安定，西魏南解、绥化郡皆在此处。"唐于解西五十里别筑虞乡县后，该城始废弃。

今天，我们将要对这座两千多年的古城进行普查。正是秋收农忙时，我们在古城村走访了几位老者。古城村人口约一千七百多，南接五姓湖滩涂，以前是盐碱地，现已改善为良田，村民以种棉、粮、水果为主。据载，原城南临五姓湖，东、西、北三面夯筑曲线形土城墙，三门九口，周有城壕。现东、西城墙，由于村庄建设仅存数段残垣，古城村就建在西城墙上，村中几段残垣分布于村民家中。一位老者带我们在巷中看了几处，他讲，以前城墙有两丈高，十多米宽，城外有护城河，现已填平。我们在西南墙垣基址上还发现了一口古井，村民讲，这口井曾位于城墙上，村民从墙上提水，也许是以前的守城将士在城墙上便于提水所凿，古井犹存，只是已停用，被封盖起来。村子西南尚余几十米城墙，约四五米高，两边是农田，墙上蒿草丛生，碱蚀、取土破坏严重。城南两千年以前是五姓湖，现水位下降，早已变成农田，勤劳的农民是不会放过一块空地的，古城南未建城墙，凭借五姓湖为天险。拍照，测点，了解完之后，我们向东南进发。古城东西约一千五百米，驱车来到东墙处，墙内建一小村，约二百人，属古城一自然村。东边城墙除公路穿过及两处挖掘地方，大多土墙残存，掘开处夯层明显，有二十厘米左右不等，历经两千五百多年的风风雨雨依然矗立。据史书记载，春秋后期，三家分晋前，智伯在晋国四卿中实力最强，控制晋国国君，为了占领更多的土地，他联合韩、魏去攻打赵氏，结果侵略不成，反为韩、赵、魏所灭并瓜分，这座智氏古城未及用砖裹就荒弃了。我们沿着城墙上部向北走，尽管上面长满荆棘杂草，但大多地方还是很宽敞，两辆马车可顺畅通过。时而爬上爬下累得慌，但想着走在两千多年的古城墙上，体味着古人的艰辛，又不时摘着甜甜的酸枣，品味一下野果的香味，我们一点也不觉得累。古城址南北约一千四百米，为了得到准确数据，我们决定徒步走完东部及北部城墙，司机将车开到古城村等待。北部墙保存较好，只是墙上被老百姓辟为耕地，种了枣树，我们无法上去，只得沿城墙下行走。据载，解梁古城有三门九口，因无砖筑痕迹毁坏较多，难于找寻。墙下多是庄稼地，玉米成熟，棉花采摘，穿梭于其中，磕磕绊绊，细心探索着古迹。繁忙的农民告诉我们，地里曾经捡过铜箭头，各种陶片。望着高高的城墙，似乎听到了攻城的厮杀声。一条正在浇筑的南北水泥路从中将北城墙分为两截，亘古的老路变得通坦，只是不见北门的痕迹。北墙折而向南与西城墙相连，西墙至古城村北边毁平。探寻完这段古城墙，我们已是筋疲力尽，汇总完资料，遥望古老的城垣，几千年前，这里曾住着我们勤劳的祖先，曾有着他们的辉煌，一切都成了历史，成了过去。

如今，解梁故城已划为保护单位，两千五百年的城址亟须保护，这是老祖先留下的宝贵遗产，是历史的见证。我们不需要对它进行过多的奢求与开发，不该在它风蚀岁剥的躯骸上糟蹋它，我们要保护它，让它静静地见证历史与未来。

马铺头村清代民居

永济市文物局　王晓玫

今天，我们在城东区马铺头村普查时，发现一组保存较好的清代民居，颇有晋南民居特色。

这组民居位于村中央一大巷中，坐南朝北，依次相连。我们从西向东暂定为一号、二号、三号民宅。现在，房屋仍为村民居住使用。三组宅院皆为传统四合院形制，一、二号宅今保存门房、东西两厢房，上房拆除，只余台基屋址及柱础；三号宅今余门房、西厢房、上房，东厢房拆除。一号宅西有偏院，今无建筑，与正院有小门相连。

三组院落门房皆保存完整，面宽三间，进深二椽，大门面北开于门房西侧，屋基较高，门房对巷不开窗，屋檐下用砖砌 90 厘米高平台；门口用青石铺五层台阶，内缩双开门，门口两侧皆有青石浮雕曲尺形门墩。

一号宅院门额砖雕牌匾“居安资深”。四字出自《孟子》，意为掌握学问牢固而根底深厚。门洞内上置木阁楼，门房内彻上明造，无天花板，开一扇门。院心低于四围檐下台基，有水道从门洞下流出，铺砖尚在。东西厢房各面阔四间分两房，开双扇木门，各辟一窗，进深一间，单坡硬山顶。厢房起架较高，檐檩下置插板，上施彩绘，已剥落不清，插板间虚设斗拱。西厢房的北山墙对门处辟神龛，龛周阴刻楷书楹联，上联“草野一犁供国税”，下联“云窗几卷养家风”，横批“有那其居”，反映了主人传统的“耕读传家”思想，是两千年儒家文化的体现。上房仅剩两边山墙及后墙，柱础与地铺方砖犹存，应为三间两椽深，后墙西侧留有小门通后院，后院无建筑。除门房屋顶曾修补外，其余基本保持原貌。

二号宅院门匾无字，神龛边无楹联，而门房大门为四扇六抹头格扇门，门前有木雕帘架，内置阁楼。三号宅院门房与二号相同，只是格扇门上印有艺术体字“革命委员会好”、“无限忠于毛主席”、“为人民服务”等标语；上房仍存，从保存梁记上可知，此房建于清光绪元年（1875 年）。经房主介绍，知二、三号宅为同时修建，原本是兄弟俩，两院有小门相通，小门仍在，只是被堵。此上房面宽三间，进深两椽，中间六抹格扇四扇门，另两间窗下为砖墙，上置花菱透窗到顶。前坡无内柱，后坡内柱立于房中，立柱直径达 50 厘米，后檐柱包于后墙中，梁上有彩绘，彻上见椽。

这三座宅院历经一百三十多年，新中国成立后又做过集体食堂、大队部，至今还在使用，但其建筑格局未变，基本保持完整，是清代晋南典型四合院的样式。四合院一般由正房、厢房及门房组成，中间穿插各种砖雕木刻，彰显主人的富有；或者一些贤人佳句，暗示主人的品德修养。永济一带开偏门较多，门房设套间，在对门山墙辟神龛或土地爷龛；也有开中门的，门口两边有耳房，进门后建一照壁，前为土地龛，后有精美雕刻，为福禄寿、竹梅菊兰等。一般院心较低，四周有抄手游廊，用来避雨。厢房一般为单坡，水往内流，意为“财不外流”，住青年人。上房一般较气派，梁柱硕大，甚至雕梁画栋，有套间，中间供奉祖先神位，里间住年长者。从一号宅可知，有的院落经常有偏院或后院。以前我们还见过一进院、二进院，院院相套，可只有一个大门。古时候讲究家大业大，和睦相处不分家。据说这种四合院形制起源于汉代，而在以后的建制格局中处处体现着儒家文化。

三座宅院尽管都有修葺与不全，但在为数不多的遗存中仍保持了清代的建筑风格，为我们研究探讨永济一带的古民居建筑提供了实例，具有一定的保护价值。

保护文物　见证历史

——蒲州火车站普查记

永济市文物局　吴军昌

今天，我们对蒲州火车站进行了普查。以往的文物普查主要是对一些不可移动文物，如古寺庙、古遗址、古民居以及一些有价值的石雕、石碑、石构件等认知程度较高的文物进行普查。随着文化遗产内涵的丰富及外延的拓展，需要我们在调查过程中，理清思路，放宽视野，掌握标准，不能只着眼于1911年前的历史，民国、抗日期间、建国后、“文化大革命”期间以及改革开放年代，特定历史时期具有一定科学、文化、教育、历史意义的遗存，都将是我们考察的对象。

蒲州火车站是我国铁路史的一段见证，具有一定的文物价值。1933年，即民国二十二年，同蒲线（大同—蒲州）正式开工。至1936年元旦，南同蒲通车，蒲州火车站始建运营。其原名永济站，为民国时阎锡山所建，当时是宽一米的窄轨铁路。侵华日军占领期间，继续使用。如今，在火车站东北边还有一座日军建的炮楼，上面弹痕累累，是日本侵华的又一罪证。1945年，国内战争爆发，该站停运。1949年新中国成立后恢复通车，主要为客货两运。1956年，轨距改为1.435的标准距。1957年，改为蒲州站。

如今的蒲州火车站已经停止客运，以货运为主。原候车室与票房（现已改成办公室）还保持了当年的欧式建筑风格，屋顶为高高的攒尖式屋顶，上铺长条红瓦，窗户为细高格扇窗，屋檐与外墙齐。在北面的大门门额上用水泥雕“永济站”三字，南面票房门额上雕五角星，下雕“1950”字样，这一建筑是1950年前苏联援助我们国家时所建。

站台还有四棵合抱不住的五角枫树，据说也是当时从苏联引进的。1950年，《中苏友好同盟互助条约》正式签订，目的是防止帝国主义侵略，巩固远东和世界和平发展，巩固两国间的经济文化互助合作关系。两个当时的社会主义国家结成同盟，互相援助（包括经济、军事、文化等各个领域），共同对付美帝国主义。这个火车站正是当时两国关系的见证。

火车站东西长400米，南北宽100米，主要有站台、候车室、票房、行车室、给水室、宿舍等建筑，主要为20世纪五六十年代所建。在解放初期，尤其在国民经济恢复时期，对南北物资运输、祖国经济建设及地方经济发展，发挥了巨大的作用。

深山访古庙

——虞乡石鹿峪普查记

永济市文物局　吴军昌

石鹿峪村位于虞乡镇东南 7 公里的中条山里。该村的大多村民已迁居山下，只剩几户人家。山里有三处复查点，我们今天要去复查一处祖师庙。2006 年，我们进山调查时，因为没有向导，结果空跑一天没找到。今天，我们特地在山下找了一位向导带我们进山。

向导正是从山上迁下的居民，且老家还在山里。他路很熟。我们将车开进山里。这里有石料厂，修了路，拉料车不停上下。路较宽，但是弯急又陡，我们只能小心前行。爬行十几里，在一拐弯岔路处，我们停下车，沿岔路向上走去。由于路在山谷里，两边岔路较多，我们以前分不清是哪条，所以上次没有找到目的地。顺着山路绕行，不一会，山谷已在眼前消失。平整的山坡上，梯田果树分布，不时有颓废的院落、石头垒的院墙及窑洞。以前山里人住得分散，那些院墙与窑洞都是老祖先一块一块、一镐一镐建造的。梯田还有人耕种，只是还未到播种季节。沿途我们只遇见两户人家。他们都是老夫妻俩，放牧一群牛羊，住在山里，儿女已迁居山外。也不是儿女不孝，只是他们习惯了大山，不愿离开这里。告别了两户老乡，不知绕了几个山梁，在一处山谷的树林里，我们找到了那座祖师庙。

祖师庙坐南朝北，只余两侧石垒院墙、献殿东西山墙、一座正殿。正殿一间，进深两坡两椽，门两侧开直棂小窗，前立两座方形碑座及石碑。正殿后有佛床，塑像已毁。据碑文载，应有三尊塑像。如今仍挂了许多锦旗红拂，应是还有人来此上香祭拜。两侧山墙有墨色圆形壁画，东画白虎，西绘青龙，绘画生动，只是方向有点不妥。佛床后正墙上绘有六扇屏人物花鸟画，划分两层，上层为“渔樵耕读”间隔花鸟，下层为折枝花，花卉皆为彩绘，屏画保存完整。脊檩下有题记：“大中华民国二十年岁次辛未十月下旬吉日重修款旦谨志”。门口一石碑为“祖师庙碑记”，落款为“大清道光二十五年”。碑文记载了以前石鹿峪的这座祖师庙，不知建于何时，道光二十四年至二十五年，村民进行维修的情况。另一块石碑为清咸丰十一年“禁规碑记”，主要记录对村里的打架、窃盗、赌博等不良行为进行处罚事由。将村规民约立于神庙前，有震慑作用。献殿山墙用石条砌筑，两侧砖砌墀头仍存，殿前石台阶还在。由此应知，此庙建于清以前，道光、民国重修，正殿为民国建筑，保存完好。据向导介绍，献殿毁于“文化大革命”时期，近几年又有人来此上香。这座庙深处山谷树林中，若没人引路，我们根本不可能找见。很久很久以前，也许是避战乱、隐世等原因，人们隐居于此，代代相传。然而，不管是谁，只要是中国人，无论走到哪里，有人就有他的信仰，就有他的神灵，就有他的神庙。不管庙里供奉的是祖师爷、佛祖、玉皇大帝，还是药王、关公、雷公等，都是人们的精神寄托，祈求神灵保佑他们平安祥和。因此，从繁华的闹市到偏远的乡村，从遥远的小岛到高峻的山巅，都会有庙宇出现。那不仅是一座建筑，而且是一种祈求平安、渴望太平的体现。

田野文物保护刻不容缓

永济市文物局　吴军昌

永济第三次全国文物普查野外调查工作已结束。面对上百处的田野文物，我想说几句自己的看法。

田野文物，顾名思义，是指那些位于田野的具有一定历史、艺术、科学价值的古文化遗址、古墓葬、古建筑、石窟寺和石刻或与重大历史事件、革命运动和著名人物有关的具有重要纪念意义、教育意义和史料价值的建筑物、遗址、纪念物。田野文物有着分散性和不稳定性。分散性是指其分布于不同地域、不同地形、不同环境中，如有位于峭壁的摩崖石刻、田野的古墓葬、山间的庙宇、田间的石刻等；不稳定性是指这些文物大都在田野中，整天风吹雨淋，侵蚀严重，受自然条件或不法分子破坏以及人们生产建设生活的破坏，使得这些文物随时都有毁坏和消失的可能。

通过这次普查，我发现许多田野文物已遭破坏。比如，几处石狮被盗，碑刻丢失，庙宇被毁，遗址遭挖，等等。这些田野文物的安全实在令人担忧，加强保护，刻不容缓。

第一，加大宣传力度。田野文物大多与当地历史或名人有关。利用中华民族“敬祖”的心理，向老百姓宣传，让他们知道这些田野文物都是老祖先留下的宝贵遗产，是我们的财富，我们有权利与义务去保护。可以利用乡镇的逢集赶会，或进入乡村，出动宣传车，分发传单，讲解《文物保护法》，使老百姓懂得保护文物光荣、破坏文物可耻。也可以利用媒体网络举办一些文物知识讲座问答，使公众更多地了解文物保护知识。

第二，建立田野文物保护体系。由于田野文物大多地处偏远，保护工作较分散，仅靠文物行政管理部门去保护，将会顾此失彼，疲于奔波，很难使之得到保护。文物部门应当由政府出头，与乡镇以及文物点所在村联系，建立文物保护体系。在村子中找一些思想素质高、热心文物事业的人员担当保护员，适当发工资，让其随时保护文物。利用现在便利的通讯设施，随时报告文物保护状况，一有情况，及时报告，以使文物得到及时保护。

第三，加强执法巡查，严厉打击犯罪。文物行政执法部门组建巡查执法队，定期对辖区内田野文物检查，配合公安部门，对那些盗墓、破坏文物的犯罪行为予以严厉打击。

第四，制定保护计划，及时抢救田野文物。田野文物中除少量是国保省保外，大多为县保文物，缺乏保护经费，数量又较多，难以得到保护。文物部门应本着“保护为主，抢救第一，合理利用，加强管理”的保护方针，每年对地方田野文物制定保护计划，择优提升保护级别，争取保护经费，根据文物价值及受损情况，依次进行保护。例如，古建筑的修缮加固、古民居的协调保管、古遗址古墓葬的加强保护，那些有价值的石雕石碑，有条件的可以搬回博物馆统一保管。一切都需要尽快落实。

田野文物是古代劳动人民留下的宝贵财富，是历史的书页，也是历史的证据。“恩泽今世，惠及后人”。保护田野文物是一项全面而长期的工程，尽最大可能、最大限度地保护好祖先留下的珍贵遗产，需要我们在实践中不断摸索与完善。只要我们不断掌握新情况，研究新问题，落实新措施，正确对待每一项工作，一定能最大限度地延续田野文物的生命。

舜帝村普查记

永济市文物局 张 强

今天，我们来到张营乡舜帝村进行普查。对于舜帝村，我们心中都有一种无言的敬慕。面对华夏民族祖先的故里，我们每次来都有一种无言的感动。从张营村向西行四五里，下峨嵋岭坡是黄龙村，折而向南一里便到。

这个村共有三个复查点，即一通碑和两个遗址。我们先来到村子中间那通石碑处。这是一通清康熙五十九年立的碑，碑正中大字楷书："大孝有虞舜帝故里"，碑高 4 米多，宽 1 米，外建碑楼，背下有乌龟碑座，也就是我们所说的赑屃。大家分头工作，测量、测点、拍照、描述及走访。老百姓知道我们的来意后，纷纷聚拢来对我们表示支持。这时，我才发现碑的周围环境与以前大不相同。以前的碑座埋于地下，四周堆满柴火，而如今碑座已露出地面，碑的周围还用铁栅栏围了起来。很显然，村民已对这件文物进行了保护。忙完工作，当问及村中还有什么古建筑及有价值的文物古迹时，几位长者无不叹道："以前村里庙宇有十几处，都建得可美啦，可惜啊，拆光了，就剩这块碑。"据他们讲，以前村东有舜王庙，岭上有奶奶庙、阎王庙，村南有药王庙，西边有舜帝祠等，而现在不是变成耕地，就是建成民居。接着，我们在村里进行了逐巷走访，果然没有新的发现。剩下两个复查点分别是村东两百米的诸冯遗址与村西南的瞽叟坟。

舜帝村原名诸冯村。清朝时，蒲州府有诸冯里，辖舜帝村、诸冯村、陶城村、永宁村等。孟子曰："舜生于诸冯"，说的就是这里。村东的诸冯遗址是一处新石器时代遗址。这里与舜帝生活的时代基本相符。村东100米便是峨嵋岭坡，我们兵分三路沿着沟中小路向上寻找。没想到，经过一个多小时的寻找，收获甚微，只找到不多的一些红陶及灰陶片，初步判断是龙山时期的。我们又扩大范围，尽管收获还是不大，但我们基本掌握了范围，决定做完野外工作后，回去进一步确定。下得山来，已近中午，我们马不停蹄地奔向村西南。

由于事先已问清方位，所以瞽叟坟被很快找到。瞽叟，即是舜帝的父亲。当年舜帝母亲早逝，后母及父亲对舜帝极为苛刻，并多次加害于舜。后人为了指责他，称其为瞽叟，是不分好坏、看不清人的意思。在黄河滩地的田野中，有一处二三十米见方的乱草地便是瞽叟坟。乱草中遍地是残砖断瓦，有长砖方砖，上有绳纹、拍印文、米字纹等，瓦为灰色筒瓦，可见以前有过建筑。据老百姓讲，此处毁于侵华日军占领时。此处称为舜帝祖茔，即瞽叟坟。

舜，我们华夏民族的祖先。如今，关于他的出生地，全国争论很多。为了抓经济搞旅游文化，许多城市都做得不错。我们永济可以说是最有力的舜原之所，从史书到地方县志，从远古传说到实地文物。然而，今天来到舜帝村——先祖出生之所，我心里却好像空落落的。都说舜帝故里在永济，舜都蒲坂，而真正的舜帝村除了那块石碑外，是不是还应该有点什么呢?

一块“捕虎记”石碑

永济市文物局　张　强

老虎，一般生活在深山老林里，平原与人口多的地方少见。然而就在民国时，这里曾来了一只斑斓大虎，为村民所捕获。此事就发生在卿头镇的白坊村。

近日，我们在白坊村普查，在村中间广场发现一座碑亭，名曰获虎碑亭。亭内砖砌碑座，上立一块青石巨碑，阳面为1997年撰文“重建获虎亭碑”，主要记叙1997年该村为建文化活动广场，将原虎祠拆毁，原碑因人为碰撞及搬动时磕碰等造成碑文个别字残损等内容。阴面为民国二十二年刻文，题为：“创立虎祠改白坊村为获虎村碑记”，记叙民国二十一年（1932年），白坊全村、虞乡县巡警等合力捕杀一只老虎，并建虎祠、记事碑，将村名改为获虎村，以示纪念。碑首草书为民国二十二年原运城高专邵仰武题词，碑中线刻虎图，碑下部为正文。碑文楷书，计18行，主要讲述捕杀老虎、建虎祠及立碑情况。虞乡县清查财政公所所长清府学优行禀膳邵承基撰，陕西靖国军第三路第四支队司令部军需官邵峻德书丹，乡宁县政府契税委员清邑儒学生姚中照校阅，全村士庶合立。稷山铁笔杨江河、高槐成镌，绘虎人姚春佑。

据一位年长者村民讲，那是民国二十一年的一个早晨，天刚蒙蒙亮，一位早起的老人在巷中发现了一只老虎，吓得大喊着往回跑，还好只是被老虎抓伤。他跑到屋里，儿子还未起床，他们吓得用被子裹住自己。这时，老虎也跑进了房里。村民闻讯，纷纷拿着农具、铁器将院子围住，老虎也吓得不敢出来。就这样一直僵持到当时的虞乡县巡警队赶来。有人提议让屋里的老汉用被子裹住悄悄溜出来。最后，村民在屋顶将瓦揭开，巡警用枪将虎击毙。所幸，只有一人受伤，无人员死亡。又据说，当时民国政府将老虎拉走后，只答应将虎骨、虎肉归还村民，而将虎皮留下。白坊村民为了得到虎皮，将原虞乡县长告到省城。没想到，那位民国县长竟为了一张虎皮，弃县长不做，挟虎皮逃走了。至今，白坊村仍流传着“不做县长要虎皮”的故事。

白坊村原为唐朝宰相裴寂故里，取“裴”、“白”谐音，故村名白坊。因村内打死那只老虎，又将该村名改为“获虎村”，后又改回白坊村。现全村有 2800 余人，1 万余亩地，以种粮、棉为主，兼种枣、芝麻等作物。村内有养猪场、面粉厂、养鸡场、棉加工厂、油厂等。1997 年，该村将原虎祠拆除，在原址重建获虎亭一座，亭内立碑。

永济地处平原地带，自古以来几乎没有关于老虎的记载。白坊村这次遭遇可说是唯一一次。至今没有人知道那只老虎来自哪里。

一组奇特民居

——水峪口村普查记

永济市文物局 郑 宏

在永济城西的沿山一带有许多村庄，以前大多沿山而建。由于交通不便，许多村子已迁移到山脚下。在山坡上至今留有很多古庙宇、古民居、窑洞、巷道等。水峪口、介峪口、太峪口便是自东向西依山而建的三个村，距永济两公里。在水峪口村，我们发现了一组奇特的民居。

在一条古巷中，发现两座宅院门房对巷的墙上部各有三只木箱砌在墙中，木箱面外，以前的盖子已遗失。我们走进一院，为一座四合院落，上房拆除，只余门房、东西厢房。进去才发现，在东西院墙上、厢房的南北山墙上到处砌有许多木箱、陶罐、陶盆等，几处还有木盖子。纳闷之余，我们走访了房主。房主很健谈，为我们讲起了老宅的历史。他说，隔壁是他本家一位叔叔家，已无人住，两座院都应建于清朝，墙上的木箱、陶罐是作为蜂箱用，用来养蜂采蜜。以前老人讲，清朝时，这里有一项特殊的赋税制度，就是那家养够多少箱蜜蜂、交够多少斤蜜，就能免除徭役赋税，他们家就是当时的一户。在墙上开凿蜂箱的办法是当地的一种发明，以前村里很多，现在只剩下他们两家。据他讲，小时候他家有上百处蜂巢，每年能采几瓮蜜。

我们认真观察了这两家院子。发现有几十处木箱陶罐，有几处木盖子还在，只是已没有蜜蜂。两座院子皆坐南朝北，都只余门房、东西厢房，房屋为土坯加砖砌瓦房；门房有木阁楼，两坡硬山顶，檐墙与外墙上凿蜂巢；厢房三间，单坡硬山顶，前檐墙、两山墙皆凿有多处蜂巢。房屋虽已陈旧，个别蜂巢被主人抹平，但大多完好。

水峪口村地处中条山麓。每年春夏，野花盛开，蜜蜂较多，至今山谷里还有人养蜂。以蜜代税的制度有点道理，但还需我们进一步考证。这种建筑以前也许很多，但保存下来的，我们只发现了这两户。将蜂巢建于墙上、人与蜜蜂和谐相处的独特建筑，我们还是首次见到。

塔园村文物普查记

永济市文物局　郑　宏

塔园村是中条山里的一个小村，村中有个称为王桂墓的普查点。由于山高路险，不能驾车进山，我们只好改为步行。从山谷开始，路还较缓，进山后便是绕着山腰走，一直绕到山顶。走不多远，一边是数米深的山谷，谷中泉水哗哗，如音乐伴随；一边却是悬于头上的危石，宛如虎口，令人心惊胆寒。路较宽，爬坡力强的三轮车可上。有的地方不平且陡，弯又急，一侧又是悬崖，没一定水平是不敢开的。我们队女同志多。她们尽管体力差，但热情高。只见她们喘着气，踮着脚，总是不甘落后。我们一路谈笑风生，鼓励加油，终于来到一处山顶。这里有两条岔路，一条通往更高的山峰，一条是我们要去的村子。沿着此路，有层层梯田，地里有许多柿树、核桃树、花椒树、杨树、桃树等以及成熟的玉米，柿子已红，核桃将熟；山坡上还有几头正在吃草的黄牛。

我们在半道上雇了一辆农用三轮车，沿着崎岖山路，一路颠簸，差点巅出五脏六腑，又如天庭驾车，行于仙山之间。沿路看见几座塌毁熏黑的窑洞、杂草丛生的院落，硕果累累的柿树、果树无人采摘，看来以前的山里人还真不少。

塔园村，依山而建，先是一片打麦场，有两堆麦秸，还有一株上百年的皂角树，看来是个比较古老的村庄。我们进入村子，村内原有的住户大多迁往他处，现仅有两户人家以养羊为生；又发现一辆三轮车，车主夫妇正在收拾一座窑洞，看来刚上山。当得知我们来意后，车主欣然招待我们。原来，他正是王桂的后人，已迁居山下。因山上有地，所以时而来此耕种收割。在其家中仍保存两块木匾，为光绪庚辰年（1880 年）王桂在此讲学时读书楼上遗物。我们拍照后，劝其妥善保存。接着，他带我们去王桂墓地。顺着林间小路，穿过灌木丛林，我们向山谷下走去。王桂，字子山，蒲州人，祖籍临晋，后居虞乡塔儿原，清代著名学者，潜心儒学，著书立说，教授生徒，人称“佗山先生”、“王夫子”，号桑泉布衣，著作甚多，现有《葵书》流传于世。王桂墓在半山腰的一块平地上，这里有大片树林，墓前一株高大古槐已干枯。那位后人说，他们每年清明都来此祭拜。王桂几次乡试不中，便隐居于此修书讲学，门徒很多，死后学生将其葬于此山林处，据说是他自己的遗愿。

采集完各种数据，我们回到村子。本想对王桂居处及讲学处加以找寻，但由于年代已久，又大多是窑洞，痕迹难寻。居民已迁走，只余许多窑洞。我们在一空地发现一座庙址及一通石碑，庙只剩墙基；石碑完整立于一方座上，上书“创建观音堂妆塑神像碑记”，落款为康熙五十五年（1718 年），内容完整。村民讲，以前有山门、大殿及围墙，庙毁于前几年。我们对此庙址做了登记后，又询问了一番，得知他们吃水还要从山谷里去挑，粮食也要运到山外去磨成面，方知其生活艰苦。我们告别了朴实的村民，登上三轮车，再次颠着离去。下山时，由于劳累，也忘记了害怕，眼不敢往下看，两手死命抓住车帮，任由小伙用三轮车将我们送下。出山时已是下午四点。此时，我们已是两腿发抖，浑身散架，心慌不稳，半天缓不过气来。

干樊三官庙

永济市博物馆　韩梅亭

三官大帝是早期道教尊奉的三位天神，指天官、地官和水官。三官大帝的信仰源于中国古代先民对天、地、水的自然崇拜。在原始社会，天、地、水是人们生产、生活的必要条件。因此人们常怀敬畏之心，虔诚地顶礼膜拜。据南北朝《因缘经》等记载，三官大帝的主要职责是于三元日考校人间善恶，给以罪福，曰："正月十五日，上元宫主一品九气赐福天官紫微大帝，于是日……同下人间，校定罪福也；七月十五日，中元宫主二品七气赦罪地官清虚大帝，于是日……同出人间，校戒罪福也；十月十五日，下元宫主三品五气解厄水官扶桑大帝，于是日……同到人间，校戒罪福也。"也就是我们所说的：天官赐福、地官赦罪、水官解厄。天地水三官以正月十五日、七月十五日和十月十五日为神诞之日，道教徒都进庙烧香奉祀，或建金箓、黄箓道场，以祈福消灾。

今天，我们普查组来到了干樊村的三官庙。该庙坐北朝南，原中轴线由南向北依次分布山门、二门、三门、舞台、牌楼、享殿、娘娘殿，现仅存舞台、享殿。据碑记载，该庙创建年代无考，明嘉靖年间毁，万历三年（1575 年）修葺，清康熙年间、雍正十三年（1735 年）重修。舞台倒座，石砌台基，高 1.43 米，面阔三间，进深三椽，单檐悬山顶。檐下与脊枋上施装饰性斗拱，柁梁墨绘云龙纹。台前侧出八字墙，台中悬"歌舞楼"匾，两侧砌有砖门，后檐墙中辟门，前有台阶。享殿面阔五间，进深二椽，单檐悬山顶，面北通间为镂雕花棂格扇门，附楹联，中门上楹联为"象列三元总会一元运化"，下联为"道归一气分为二乘呈能”。柱头和平身科施把头交项作斗拱，额枋施人物故事、家禽异兽、龙凤花卉等彩绘，柁梁彩绘云龙纹。据梁架题记载，享殿重修于道光二十一年（1841 年）。另存明清石碑六通，分别砌于享殿两侧山墙中。据村民介绍，以前规模很大，有东岳殿、西岳殿、后土娘娘殿等建筑，大多毁于日军占领期间。“文化大革命”时期，后土殿与碑刻遭破坏。现舞台屋顶后坡西北角塌落，山墙局部裂缝，博风板槽朽，各间格扇门木雕有的糟朽、缺失。2007 年，舞台、享殿内外墙均粉刷涂料。据称，村中还将对戏台与享殿进行保护维修。采集完各种数据，望着破败不堪的建筑，感慨万千，文物保护急待解决……

泰山庙记

永济市博物馆　韩梅亭

郭李村，位于永济东9公里，太风公路边。今天，我们在村里普查时，得知村东南塬上有一古庙，曰泰山庙，便驱车前往。

泰山庙，坐北朝南，南北长27.15米，东西宽12.35米，占地335.3平方米。原庙有正殿、中殿、献殿、戏楼、东华殿、西华殿、照壁、山门等建筑。据碑载，该庙创建于元，明万历四十六年（1618年）重修，1958年大部分建筑毁，仅存献殿、正殿，1995年重修，在献殿南部又建一戏台。现存献殿、正殿，为清代风格，各面阔三间，均为硬山顶建筑。献殿进深二椽，明间悬咸丰十年（1860年）“体天好生”木匾一方。正殿进深三椽，前插廊，柁梁彩绘。殿前存明万历四十六年（1618年）《创建寝官记碑》一通。殿后存清乾隆四十九年（1784年）《泰山庙进供器布施碑记》一通。我们去时正是中午，天气较热。献殿下坐有许多老者乘凉。据他们讲，泰山庙原建筑规模宏伟，中间有一大铁旗杆，上有风铃，风吹铃声传到十里八村。庙里曾住有僧人，拥有田地无数；每年有庙会，热闹得很。

正殿里彩塑泰山神及东岳大帝黄飞虎，为现代新塑。东岳泰山为五岳之首，《三教源流搜神大全》说：“泰山者，乃群山之祖，五岳之宗，天帝之孙，神灵之府也！”秦汉之前，古人认为泰山为“峻极之地”，是人与天相通的神地所在，对之特别崇拜敬畏，谓泰山之神即东岳大帝。秦汉以来，泰山神的影响逐渐渗透于社会各阶层，进入人们的日常生活中。于是，泰山神作为阴阳交替、万物之始的神灵，在保国安民、太平长寿的基础上引申为可以召人魂魄、统摄鬼魂的冥间之主。随着泰山神影响的扩大，其信仰也向四周扩散开来。在全国各地几乎都建有规模不等的东岳庙、泰山庙，这反映了泰山神——东岳大帝在中国传统宗教中的地位以及对社会的影响。每年的农历三月二十八日是东岳泰山神的生日。那天，全国各地的善男信女都去泰山庙焚香祭拜，以示庆贺。

郭李村这座泰山庙是我们在永济发现的唯一一处。其现存献殿、正殿的形制、格局保存基本完整，是研究清代庙宇建筑及元、明、清民间信仰文化的实物资料。

北池稷王庙

新绛县文物局　卫　伟

北池稷王庙位于新绛县阳王镇北池村西北部，坐北向南，南北长38米，东西宽32.65米，占地面积1241平方米。创建年代不详。据庙内梁脊板及现存碑刻载：明弘治十六年（1503年）、万历十八年（1590年），清康熙四十二年（1703年）、道光十年（1830年）、光绪二十四年（1898年）、1953年均予重修或扩建。现存建筑为明清遗构。一进院落布局，原轴线上建有戏台、正殿，两侧建有东西耳殿、配殿、钟楼、土地庙及门楼。现除钟楼拆毁外，其余保存较为完整。正殿为稷王殿，面宽三间，进深五椽，单檐悬山顶，五架梁对前搭牵前后用三柱。檐下斗拱三攒，形制为三踩单下昂、蚂蚱形要头，明间出45度斜昂，檐下有飞椽。东山墙内壁有大幅毛主席画像及语录。戏台建于一1.25米高的砖包土夯基座上，面宽三间，进深四椽，单檐悬山顶，三架梁前后对搭牵用四柱，大木座上有彩绘，明间檐柱采用移柱造手法，次间檐柱柱头卷刹。后檐墙外墙壁嵌9平方米砖雕影壁一面，上雕力士、瑞兽及花卉图案；东西耳殿为关爷、圣母殿，东西配殿为天王、财神殿，均为清式建筑风格，财神殿檐下斗拱镂雕二龙戏珠、二龙拱寿、卷叶花卉图案；戏台西侧建土地庙三间。该庙建筑宏伟，布局完整，造型古朴，装饰华丽，特别是正殿墙上留有“文化大革命”时期毛主席画像及“老三篇”，更显其文物价值珍贵。

走近光村

新绛县文物局　高飞娟

走近光村，我的视线立刻被那一座座散发着浓郁历史气息的高宅大院所吸引，传统的明清建筑、精美的木雕工艺、隽秀的字匾、高耸的阁楼，这些时代符号无一不在诉说着这座村落昔日的繁华。

光村位于新绛县城北 20 公里处，吕梁山支脉——姑射山东南麓。相传，北齐时，村庄上空某夜突显昼光，五彩缤纷，耀眼夺目。遂以吉兆上报朝廷，皇上龙颜大悦，并赐名光村。历史上，该村有赵、薛、蔺、王四大家族，尤其是赵、薛、蔺三家在当时可谓是富甲一方，远近知名。

四大家族分布于光村的四个方位。赵氏居村西，蔺氏居村东，薛氏居村南，王氏居村北。当时，赵家势力最大。村中德高望重的薛甲荣老人这样回忆道："赵家富在清康、雍、乾时。乾隆年间为鼎盛期。在苏州、杭州经商发家后，聘请能工巧匠设计了 18 座院子联体的图纸，建制为南方风格。开工后经 18 年落成。院落布局合理，大院套小院，窄巷小门弯绕曲折，犹如进了迷魂阵。其最大特色就是 18 座院内主体建筑与墙体同时动工，全院找不到一个墙体之间的接缝，可谓是别具匠心。据传，有一天三个贼进院偷东西，晕头转向，找不到出口，竟然给饿死了，直到一年后才被发现。"老人的话语虽有些夸张，但足以显示当时的赵家之大及神秘。现村中戏台即由 18 座院内过厅迁建而成。该院残留的木、石、砖雕构件，工艺精美，手法独特，卷叶花草线纹流畅，瑞兽形象生动逼真，可谓是雕工手法中的上乘之作。

赵家大院保留较好的要数赵氏1号宅院了。该院东西并列正、偏院两座，皆为前厅后院式二进院落，且院落相通。南部配有牲口院。现牲口院已毁，残留正院及偏院部分建筑。偏院门楼是该院的一大亮点。门额为仿木构砖雕形制，檐下做法采用传统的木构筑手法。七踩形制的斗拱，大幅“五蝠团寿”砖雕图案，雕工细腻，精致独特，再配上其背面简洁明快的木雕工艺，为这一古民居增添了几分韵致。

光村原有东南、东北、西南三个城门。因忌西北有煞气，故未开此位门。清乾隆年间，赵氏发家之后，为其出入方便，后开了西北门。到了乾隆末年，赵家财空家败，四分五裂。这就是村民传言的：“倒了赵家，富了薛家。”

薛家属后起之秀，大院创建于清末，由24座院落组成，村内仍留有青石铺墁的薛家胡同。据薛氏后人回忆，胡同口原有雕刻精美的“节孝石牌坊”，另有石旗杆一对，均毁于“文革”期间。现留下来的宅院共有4座。与赵宅相比，它更注重于小木作的考究做法。薛氏4号宅院内的门罩、窗罩、垂花柱及通间花替无不体现出这一独到之处。窗罩为上圆下方图形窗，寓意“无规矩不成方圆”，亦可体现主人“内方外圆”的为人之道。门罩、花替上雕有金瓜、蝴蝶缠枝、团寿及夔龙纹等多种吉祥图案。院内的石雕工艺也是别具一格，柱础为少见的宝瓶式，周雕“五蝠捧寿”。大门配石刻楹联一幅，匾额“安厥止”，两侧：“堂构宏开森石壁，门庭叠起蔼云霞。”薛家曾出过一个书法家——薛一贯，在当地小有名气。因此，从宅内门楣匾额上所题“箴言”可以看出，宅主寄勤勉于后辈的苦心。四合院的四角均有小院，村民称“四穿院”或“五花攒梅院”。虽是民间叫法，但亦可体现清末汾北民居的布局已有了一个惯用的模式。

“财富”，赵、薛二家居前，“文采”要数蔺家了。光村蔺氏是一大户。在村民蔺根有收藏的蔺氏家谱里，记载着蔺姓人在清末出过一个武举人，诰封为“武德佐骑尉”，有过文魁、翰林、秀才，也有赵国蔺相如出自光村蔺家之说。村中原有院落二十余座，现保存下来的宅院有6座、宅门楼两座，其中有南北并列的“楼院”两座（一处为明代所建）。“楼院”即在院东南角处建5层高的阁楼一座，有“补风避煞”之意。在光村所有普查过的院落当中，我最欣赏的是建于清乾隆四十二年（1777年）的“蔺利仁老宅”，该院内的木、石、砖雕有龙凤、蝴蝶、麒麟、祥龙、飞马、蝙蝠、梅花、莲花、石榴等图案，形态生动，内涵丰富，寓意深远。东西厢房门两侧所嵌砖雕楹联更为让人赞赏，东房：“百忍，心头无障居何陋，行善有余地自宽”；西房：“三省，安土力求安宅愿，对人时凛对天心”。院主人“心底无私天地宽”的人生态度让我们后辈景仰。

王氏比起赵、薛、蔺三家就逊色了许多。清末，在兰州一带有店铺，家族中出过一个书法家王芝田，建有祠堂两座。现保留下来的有清嘉庆十八年（1813年）所建祠堂一座。

村中除四大家族外，还分布着范、席、李、任、许、张、孔、杨八小家，保留下来的院落已所剩无几。

光村有着悠久的历史和灿烂的文化。在这片仅1.42平方千米的土地上分布着众多的文物古迹。全国重点文物保护单位——福胜寺，坐落于村北。省、县级文物保护单位有4处。本次普查我们又新发现了古民居18处，宗祠三处，戏台、庙宇各一座。这个数目在全县220个行政村的普查中是绝无仅有的。文化遗存可以折射出历史的痕迹。让我们呼吁社会，发动群众，保护文物，从我做起，变“幸存”为“保存”，保护好这些珍贵的文化遗产，将文明的火炬代代相传！

严寒中的感动

新绛县文物局　高飞娟

今天是2009年1月6日，农历腊月十一，气温零下11℃。进入腊月门，年关已来临。和往常一样，我们几个普查队员一早就集合出发了。今天要普查的是城内钟楼社区一带。钟楼社区包括贡院巷、常家胡同、衙坡等居民区，是城内古民居较集中的地段。另外还有几处要复查的文物点。今天的任务有些艰巨。紧张而忙碌的一天便开始了。

早上登记完两处古民居后，十一点左右我们来到了县保单位——陈百万花园。不参加普查不知道，原来经常光顾的“重庆火锅”就是该花园所在地，今天，就在这里发生了一件意想不到的事情……

我们之间的分工是这样的：慧琴负责拍照；小奎绘图；卫伟测点及配合拉尺子；我书写文本。由于是一处复查的文物点，所以应首先对之前的资料进行查阅。陈百万花园是1995年被公布为县级文物保护单位的，第二次全国文物普查时未作登记。县政府公布的文件相关资料记载得很少。因此，这次普查要补充完善所有缺项。

室外的温度真的很低。尽管戴着手套，手握笔的时候还是有一种僵硬的感觉。“家里有梯子吗?”，是慧琴要拍摄北房梁架在跟房主说话呢。房主回答说：“能不能别上去了啊，这屋子隔层上很乱，而且黑咕隆咚的，啥都看不见啊!”由于之前没有登记清楚花园的创建年代，而且园子的主体建筑还在，秉着对工作认真负责的态度，我们耐心地向房主讲明了“三普”的重要性，终于得到了允许。天窗很小，慧琴娇小的身体都得蜷缩着才能爬进去。我和小奎在屋檐下等着。大约过了3分钟，忽听“咚”的一声，紧接着就是慧琴的吆喝声。糟糕，发生意外了！我和小奎赶紧往屋里跑。刹那间屋内像是下了场大雾似的，弥漫在空气中的尘土挡住了我们的视线。透过模糊的视线，只看见慧琴悬在半空中的一条腿。说时迟、那时快，小奎赶紧用自己的双手将慧琴的左腿托起，费了好半天工夫才将慧琴留在了隔层上。记不得她是怎样下来的了，只看见屋里到处都是厚厚的尘土。我那两个可爱的伙伴衣服上、头发上，包括睫毛上都沾满了尘土，整个俩土人。大家你看看我，我看看你，哈哈大笑起来。

我生怕慧琴身体会有不适，所以就一个劲地问她："要紧吗？不行，下午稍微缓缓吧！"可她却说："没事，我没事，工作要紧，咱们今天的任务还没完成呢！"多么朴实的话语啊！足以体现我们的队员为了"三普"忘我的精神和敬业的工作态度。正是这种牺牲小我、顾全大局的态度，才让新绛县的"三普"工作一次次地取得了突破性的进展。

寻家大院

万荣县东岳庙文物管理所　贾红艳

我省第三次全国文物普查试点工作在万荣县全面展开。在这次拉网式普查中，寻步月故宅成为这次文物普查中关注的焦点。

寻步月故宅坐落在万荣县荣河镇刘村，为清道光进士寻步月宅院。寻步月，生卒不详，字云阶，荣河镇人。清道光三年（1823年）进士，官授谏职，任福建盐运使。大院创建年代不详。其坐北朝南，分正院与东西偏院，且东偏院已毁。占地面积1080平方米。正院分为南北两进院落。南院现存大门、东西厢房。大门面阔三间，进深二椽，单檐硬山顶，檐下斗拱形制简洁。东西厢房面阔三间，进深二椽，单檐硬山顶，檐下无斗拱。北院现存正房、东西厢房。正房面阔五间，进深三椽，单檐硬山顶，檐下斗拱为三踩单翘牡丹花叶雕饰，平身科皆一攒。东西厢房形制与南院相同。两院间用过厅相连，过厅面阔五间，进深三椽，单檐硬山顶，形制与正房大体相同。现存所有建筑皆二层，单檐硬山顶，层间以木楼板相隔，下层住人，上层低矮盛物。西偏院为饲养家畜及卫生间，现存南房、东西厢房和北房。正院大门对面有砖砌影壁，高约15米，宽14.4米，厚0.57米，斗拱雕刻华丽。影壁两侧有青石旗杆一对。

除西偏院部分建筑无存外，其余建筑完整，保存尚好。该建筑群内单体建筑的建造年代应与寻步月所处的清道光时期同时或稍有延续。该大院规模宏伟，布局完整，结构严谨，保存完整，在万荣县甚为罕见，在运城市范围内亦属凤毛麟角。它对于研究古代民居建筑的形制特点及其演变具有重要的参考价值。

“三普”随记

平陆县文物局　马博文

根据国务院统一部署，从 2007 年开始，在全国范围内开展第三次文物大普查。平陆县历史悠久，文化积淀深厚。作为平陆县第三次全国文物普查领导组成员，我深感“三普”工作责任重大。同年 9 月，由我同其他两名同志前往太原参加山西省第三次全国文物普查培训会，期间认真学习了不可移动文物的分类、认定、登录及文物建筑、考古与相关标准和规范。在基本掌握了新时期文物普查的新标准和新要求后，就满腔热情地投入到山西省第三次全国文物普查万荣试点，并负责实地摄影。经过近一个月的专家指导和现场实践，增加了不少新知识，学习了不少新技术。作为一名从事二十多年文物研究的工作者，虽然参与过第二次全国文物普查的后期整理工作，但运用新技术、高要求来完成“三普”任务，确实感到自己还有知识上的欠缺和业务上的生疏。

当初，我县的“三普”工作由我负责全面工作，实感荣幸。虽然思想压力很大，但从准备工作一开始，就兢兢业业，丝毫不敢放松。因为我局“三普”队员全是刚参加工作的年轻人，从未接触过相关业务，所以在田野调查时，我既要安排普查行程，又要考虑生活住宿；既要检查全面工作，又要完成资料整理。为了不跑回头路、冤枉腿，根据我县的地理位置，我制定了一套先沿河后沿山的行走方案。经过一年多的实践，证明起初的普查行程是最佳的、科学的。按照工作职能要求，队员们各有分工，相互配合。普查期间，我始终坐在司机旁边，经常提醒他注意安全。特别是在行车困难的山沟，宁可让队员们多步行一段路程，也不能有任何闪失。要多关心年轻队员，并要求他们多学习、讲团结。团结就是力量，团结就是财富。有优点互相学习，有问题互相提醒，有经验互相吸取，有建议互相采纳。在工作中，应互相支持，有了成绩不争功，出了问题不诿过，发生失误不责备，受了委屈不自卑，棘手问题靠前站，敏感问题多商议；在生活上，处处关心年轻队员，心想到，事做到，使每个队员感到集体的温暖，从而增强了普查队的凝聚力和战斗力。

平陆县地处山区，七沟八梁，地势险峻。特别不利的因素就是新农村建设中不少自然村已经搬迁，村庄无人，道路废弃，交通非常不便，加之文物点多处在荒山野坡，有些连路都没有，几乎被杂草和乱石包围。条件艰苦，工作量大。中午饭拖到下午吃，晚上加班到深夜，星期天不休息。面对繁重的工作任务和肩负的责任，队员们从不讲苦、喊累。从夏到冬，队员们头顶烈日，脚踩泥雪，口干舌燥，但从未放弃过任何一次普查。每到一处普查点，队员们主动与乡村干部取得联系，讲解法规，散发张贴宣传资料，刷写宣传标语，让他们了解“三普”的重要性。要想争取基层群众的支持和配合，只有多动嘴、多跑腿。只有取得群众的信任，才能够掌握线索，才能获取有价值的文物信息。

记得2008年11月的一天，我带领“三普”队在坡底乡普查。由于地理条件的原因和时间的关系，在天黑前还有一处文物点没有登记完。若第二天重来，需往返两个多小时。而此时天色已晚。为了节省时间和开支，我动员大家争取在天黑前完成该遗址的普查任务。进入遗址后，我不慎被树枝绊倒，掉进乱石杂草中，右腿撞伤，血流不止，头晕脑胀。经过简单处理后，我稍作休息，坚持把资料搜集完才离开现场。返回途中，我的脚部肿胀，行走非常困难。在几名队友的搀扶下，才摸黑从山上下来。回到驻地，一夜疼痛难忍，没法入睡。第二天，我仍拄着木棍坚持在普查现场。局长得知情况后，要求我休息治疗。我想普查时间紧，任务重，责任大，自己受点伤不算什么。

此次普查，我完成了文本编写二百余份，拍摄照片一万余张，清理陶片两百余件，编写信息三十余篇，其中《黄河晨报》刊登6篇。通过这次普查，我深深地体会到，只要用满腔热情投入到文物工作中，就能取得优异的成绩。2008年，我被山西省第三次全国文物普查办公室评为优秀普查队员和平陆县宣传思想工作先进个人。

快乐发现

平陆县文物局　卫胥龙

今天的普查任务，是位于坡底乡坡底村贺峪沟自然村，在中条山脉的锥子山上的开锡记摩崖石刻。

十几年前，县博物馆的工作人员曾经来过这里，对这个文物点进行过调查，但由于当时的条件限制，只留下几张照片和简单记录。这次，我们要按照第三次全国文物普查的要求，采用 GPS 定位仪等多种方法，进行详细的资料收集。

大早，我们随向导来到锥子山，开始了寻找该摩崖的行程。山坡上长满了荆棘，没有路。再往上，由于封山育林，山腰上的树木郁郁葱葱。我们跟着向导在山上转了半天，也没有发现任何石刻。于是我们又请一位在山上砍柴的老者带路，可惜他多年来也没有来过此地，转了一圈仍无收获。向导也很无奈。十几年前他曾来过这里，而今天面对茂密的山林，他也“迷路”了。接近中午的时候，大家又累又饿，带上山的水也喝光了，都有些泄气了。正准备放弃的时候，幸好又遇到当地一位村民。他说自己在附近住过，可以带我们上山。于是，大家又打起精神，跟着他登上山的另一边。依然没有路，只有密密麻麻的小树、枯枝、野草。向导拿着刀在前面砍开树枝，我们在后面一个跟一个地拨开茅草、藤枝，艰难地往山上爬。有的同志手被刺扎着流血了，也顾不上包扎。大家只有一个想法：这次一定要有收获，不要吃“白果”。

忽然，前面有人大喊了一声：“应该是这里了！”大家的精神为之一振，赶快往上爬，希望快一点见到这块费尽艰辛才找到的摩崖石刻。

但在有石刻的大石头周围长满了小树和藤蔓，连站脚的地方也没有。也怪不得我们总找不到它的踪影，原来是“藏”在深山密林里了。于是，我们披荆斩棘清理出一小块空地。哦，我们终于见到这宝贝的庐山真面目了。这是一块高约3.5米、宽为2米、独立的花岗岩巨石，上面隶书阴刻“永安元年十一月开锡记”，每字10厘米×10厘米，书法及镌刻皆粗糙。

看到眼前的一切，大家被发现所鼓舞，一点也不觉得累了，兴奋地投入工作，严格按照程序进行拍摄、绘图、GPS定点定位、数据测量等详细的资料收集。随行的县电视台记者也进行了现场采访。一天的任务终于完成了。回到住处后，虽然腿痛脚肿，但回想起如此收获，我们既兴奋又快乐。

“三普”体会

平陆县博物馆　马永新

作为平陆县博物馆馆长，能参加全国第三次文物普查，成为平陆县文物工作队的一名成员，我倍感荣幸。从 2007 年下半年至 2009 年 11 月底，普查小分队完成了 6 镇、1 区、4 乡、228 个行政村的野外文物调查工作。同时，召开各种形式的座谈会二十余次，参加座谈会人员与走访群众达一百余人次。共复查、调查、新发现文物计415 处。新发现有历史、科学、艺术价值较高的文物达三十余处。

我们冒着初春的寒风、盛夏的炎热，顶着深秋的风沙、冬季的寒冷；不畏条件艰苦，不怕身心劳累；每天披星戴月，中午走到哪里就吃在哪里，有时带点方便面，饿了到老乡家冲着开水吃，渴了喝口矿泉水；中午不休息，直到完成当天的野外任务后，才拖着疲惫不堪的身体回家。普查队员的足迹踏遍了平陆的村村庄庄，山山水水，大街小巷。

文物普查是摸清本地区的文物家底，进一步做好文物保护的基础性工作。动员群众，宣传群众，依靠群众，召开由老教师、老中医、老农民、老干部、老学究等“五老”参加的座谈会，抓住座谈会上每一条有价值的线索，哪怕是一句话、一个“好像”……等线索都不放过，就能在文物普查中有新的发现和新的收获。普查中新发现的文物，几乎都是根据群众提供的有关线索，我们普查队员一追到底、实地调查获得的。

走访群众要做到随时随地，无论是田间地头还是街头巷尾，只要普查队员遇到问题，就要虚心向当地群众请教，减少普查困难，节省普查时间，收效显著。

文物普查队员在张店镇岭后村普查时，村民张铁娃（男，61 岁）在田里干农活。我们和他说明情况，询问有没有在田间、地头或断崖处发现有草木灰煅烧过的灰土和动物骨头、化石、瓦渣片等，老乡二话没说就带我们直奔实地察看。从地表拣到的陶片来看，多为泥质灰陶，纹饰有绳纹、弦纹等，器形有鬲、罐、盆等。通过这些陶片，我们初步判断该处是一处新石器文化遗址。

文物普查队在常乐镇南留史村进行文物普查时，根据一位退休老干部提供的线索，意外发现了一处具有鲜明时代特色的戏台——南留史村人民会场。会场建于 20 世纪 60 年代，会场坐南朝北，砖木混合结构，东西长 16 米，南北宽 12. 5 米，占地面积 200 平方米。台口上额题“人民会场”四字，主饰为红太阳，两侧雕刻向日葵。台口门楣浮雕国徽一枚，两侧为“大跃进战鼓”图饰，东西有八字墙各饰镂空八边形木窗，主造型为五角星。两边楹联刻“春风杨柳万千条，六亿神州尽舜尧”。该会场为当地文艺活动和群众集会的主要场所，时代特色鲜明，是一处典型的“文革”时期建筑。

普查生活中有苦也有乐。有熬到半夜终于把工作做完时的快感，有在山上寻找了半天却没找到一块陶片的失落，也有无意中发现一处新文物点时的兴奋。工作虽然辛苦，但生活却很丰富。每天去不同的村庄，接触不同的人，普查各种类型的文物点，期待着发现更多的文化遗产。“三普”历经辛苦，却增长了我们的见识，丰富了我们的阅历。

樊村堡小记

河津市博物馆　袁国华

樊村堡位于河津市的西北部，距市区约 10 公里。由千年古镇樊村镇北街直上，往北 1 华里便到达樊村堡。

10 月下旬，我们对樊村堡的古民居进行了详细的普查登记。

据考，樊村堡始建于元末（现仅存北城墙 20 余米，为元代夯筑）。因战火不断，一些富贵人家为躲避战乱迁于此。此地三面环沟（东、西、南三面），且沟底为涧，便在四周筑起城墙，仅留南城门为出村门，以防匪盗入侵。正因三面环沟，城池高筑，易守难攻，固若金汤，故该村又名“金汤村”。

旧时的樊村堡并不大，村中只有一条主巷道及分通东、西的三条小巷。由中轴线（主巷）划分，可将村落分为东、西两部分，而东、西两边的小巷，不论位置、宽窄、形式又完全一样，且均为“丁”字形。值得一提的便是这三条小巷及小巷中的小巷。从巷头一眼望到巷尾，初来者还以为是死胡同，实则不然，直到巷子的“尽头”才明白，巷头所见的死胡同只是别人家的山墙或后檐墙而已，在死胡同的尽头却又分成三条小巷。据村中老者介绍：在抗战时期，“鬼子兵”进村之后，就是因不知这“丁字巷”的奥秘，才有不少百姓免遭杀害。

樊村堡的民居多为严谨的四合院，有明显的轴线，左右对称，主次分明。正房一般为三间或五间，在前檐加筑木结构插廊，上覆瓦顶。院子地面用砖墁铺，旧时多放有水缸或垒起花坛，没有泥土，也便于清扫。院子很少栽树，因为迷信观念认为树木会招致鬼怪，家宅不宁。

樊村堡民居大多内外装饰华丽，雕刻精细。木雕、砖雕及石雕十分考究，根据材质不同、所雕的位置不同，使用不同的手法，有深浮雕、浅浮雕，有的则用镂空技法。雕出的图案各异，寓意也不同：或福禄寿三星，或透雕云龙，或琴棋书画，或梅兰竹菊，或狮子滚绣球等，透过这些雕刻，可以看出人们的美好期盼。

每进宅院，大门或侧门上都有门额，书有“修德”、“修身”、“耕读”、“光谨”、“勃厚”、“三多”、“乐天伦”、“罔遊佚”、“敬直义方”等，体现了深厚的人文底蕴，显示出宅主人的社会地位、文化修养和道德追求。

老村的北部有座清代关帝庙，依堡墙而建，坐北朝南。中轴线自南向北依次为戏台、月台、正殿、春秋楼及月台两侧的东西配殿。在正殿背后城墙上建造有春秋楼，雄伟挺拔。保存如此完好的关帝庙，在当地还是较为少见的。

随着近年来经济的快速发展，樊村堡的老宅已所剩不多了。此次普查中发现较完整的民居不多，在“四合”中有的仅剩“一合”、“两合”。曾经的三面环沟已填满了灰暗的工业废渣，昔日那高耸的城墙早已不见踪影，仅剩的老屋也破败残缺，更显其历史的厚重与沧桑。

"三普"这一年

河津市博物馆 周德俊

第三次全国文物普查开始后，我作为一名社会爱好者，背起相机与普查小分队奔走在"三普"这艰辛并充满欢愉的征途中。一年来，普查工作不仅仅带给我知识上的收获，更有着内心孜孜不倦的人生探索。

"三普"这一年是摄影技术提升和勇于探索的一年。以前作为一个自由的"追光者"，经常游走于自然的惠风中，远离尘世的喧嚣与烦扰，追逐着光与时空的美。而"三普"摄影就不同了。"三普"中对摄影的要求很严格，在对每一处文物点进行拍摄时，选择的拍摄方向、角度以及拍摄中采用的光位都是至关重要的。例如，在古建拍摄中，既要求有古建的全貌、近景，又必须有主要构件的细部特写。这就要求摄影者进行选择：是用正面拍摄还是背面拍摄，是正侧面拍摄还是斜侧方向拍摄，是平拍还是仰拍、俯拍，是用顺光还是逆光，是用侧光还是散射光，等等。这不仅需要摄影者具备文物方面的专业知识，还要掌握摄影艺术。只有这样，才能拍出既有科学研究价值又有审美价值的文物考古作品。

"三普"这一年是我按下快门最多的一年。每当清脆的"咔嚓"声响起，闪光灯瞬间的闪烁，事物在弹指间的凝合，我都如同摘到一枚奇异精美的果实，心中充满着快慰和愉悦。

"三普"这一年是自己对摄影艺术不断追求的一年。清晨的露珠与黄昏的晚霞一直都在默默地陪伴。通过镜头，我探寻着年轮的感悟和对生活的思索；通过镜头，我感受着华夏文明的神韵与历经沧桑的变故。

“三普”这一年，我们从寻找石器的路途到捧着精美彩绘的陶片，从历尽千百年风雨而不倒的石碑到镇守神灵而巍然矗立的雄狮，从头顶烈日的田间地头到深暗幽静的老宅深巷，我用光影追逐着灵感和凝结的瞬间，追逐着心若止水般的宁静和天高云淡般的空灵。我知道，我在享受着摄影，享受着文物考古带来的无以言表的欢愉。

禹门口普查有感

河津市博物馆　马鹏亮

第三次全国文物普查中，我们重新走过古老沧桑的禹门口。

禹门口地处秦晋峡谷的末端，地势险要，两岸断崖绝壁，犹如刀劈斧削。滚滚的黄河水经孟门、石门，从这里夺门而出，在豁然开阔的河道开始奔涌，直至东海。

翻阅古籍，禹门口的记载也较多见。《尚书·禹贡》中说：“导河积石，至于龙门。”《水经注》载：“龙门，禹所凿，广八十步，岩际镌迹尚存。”《尔雅》说：“龙门地势险，河率破山以行，禹功于此最难。”《名山记》又语：“黄河到此，直下千仞，水浪起伏，如山如沸。两岸均悬崖断壁，唯‘神农’可越，故名‘龙门’。”清康熙年吴用光作诗《题禹门》：“谁向昆仑溯所来，奇峰对立疑天开。吐吞江海乾坤撼，劈开鸿蒙神鬼哀。三级声轰波涌月，千层霞起鱼飞台。临流远眺苍无际，漫夸子云能赋才。”这里的龙门便是禹门口了。

大禹庙遗址是此次禹门口文物普查中登记的文物点之一。据清光绪版《河津县志》载，三国魏明帝时为重修禹庙而树碑，唐至清均有重修和增建。据文献记载，禹庙旧有东西禹庙，秦晋各一。东禹庙位于河东，依山傍水，建筑雄伟，尤以香亭、献殿、明德殿雕梁画栋，极为宏丽。明文清公——薛暄的龙门八景诗中，“层楼依汉”、“石栈连云”、“北口秋风”、“南亭夜月”，唯禹庙独居四处。1941 年，日寇压境，伪中央军驻扎时，遭遇战火，盛极一时的古庙随滚滚河水一去不返。

与孤单的禹庙遗址相比，“龙门三桥”中的铁路、公路桥显得热闹非凡。禹门口自古为连接秦晋的古道渡口，历史上以木船摆渡。新中国成立前建有铁索桥。1972 年初，又在此建成铁路、公路桥，单孔跨径为 144 米。这大大便利了两岸的交通，变天堑为通途。

已卸下历史重担的铁索桥更像风烛残年的老者，唯有默默的静守，望着桥下汹涌澎湃的河水，感知着后世的沧桑变迁。

新绛纺织厂的百年沧桑

稷山县文物局　刘彦俊

2008年10月31日，稷山、新绛两县联合文物普查队在新绛县龙兴镇普查时发现并登记了一处“绛州纺纱厂”旧址。这是目前山西省保留最为完整的新中国成立前的工业遗产之一。

引　言

新绛县在远古部落时属唐，即陶唐氏。北魏始为州治所在地，人口密集，交通发达，俗称水旱码头，工商业特别是小手工业闻名全国，历来为河东地区的政治、经济、军事、文化中心之一，素有“南绛北代”之称。

“绛州纺纱厂”旧址位于新绛县龙兴镇西街村，东邻汾河，西倚翠峰，北临108国道，南靠峨嵋峻岭。始建于清光绪二十年（1894年），是我国最早开办的一批民族纺织企业之一。在一百多年的历史长河中，横跨三个世纪，涵盖了满清王朝、军阀混战、辛亥革命、抗日战争、阎匪统治、解放战争、新中国成立等不同历史时期，经历了绛州纺纱厂、新绛工艺公司、新绛大益成纺织股份有限公司、日军管理三十三厂、新绛三林纺织厂、晋南纺织厂、新绛纺织厂等多次较大变革。于1997年改制后，成立了山西省新绛纺织有限责任公司。“绛州纺纱厂”旧址坐北向南，平面呈梯形，南宽北窄，东西最宽处200米，最窄处168米，南北长280米，占地面积约5万余平方米。由纺纱区、织布区、动力区、办公区四部分组成。在这座民族工业旧址上，至今还保留和使用着众多当时的工业实物，随处可见当时的纺织文化遗存。其主要遗存有大益成纺织股份有限公司办公旧址、纺织部旧址、材料库、晾水池、泵房、机电楼、锅炉房、水塔、八棱状烟囱、清花除尘塔等，建筑总面积达2430平方米。

一　绛州纺纱厂

中国近代纺织工业起步于19世纪末。1840年鸦片战争爆发后，洋务运动在全国兴起。外国资本主义经济乘隙而入，在客观上促进了中国民族资本主义经济的产生和发展，为民族纺织工业的萌芽和壮大创造了机缘。沿海各省和长江流域各大商埠开办了一批纺织企业。时任山西布政使的胡聘之认为兴办工业是推动山西经济的昌盛之道，遂于光绪十八年（1892年）试办了“太原火柴局”，接着又上书清政府设立了“山西招商局”。光绪二十年（1894年）初，胡聘之募集银款，计划筹建“绛州纺纱厂”，并将绛州（今新绛县）地理位置及办厂有利条件等上奏朝廷，获得慈禧太后批准。不料当年中日海战爆发，办厂之事就此搁置。光绪二十二年（1896年），升任山西巡抚的胡聘之办“绛州纺纱厂”之念又起，遂采用“官办招商集股”的办法，筹银22万两，从英国购买了全套纺纱设备。次年，设备运到天津口岸。

光绪二十四年（1898年）春，胡聘之派遣广东人李某赴绛州建厂。李某等人经过一番勘查，决定把厂址选在城西三林镇上。由于李某等人急功近利，在建厂过程中只建造了一座高40米的八角形大烟囱和部分厂房，建厂的款项便已耗费一空，加之“戊戌变法”失败，胡聘之拨款不力（胡聘之于光绪二十五年被免职），民工的膳食费用和设备的运费都无从开支，运到天津的锅炉无人过问，纺纱设备则被遗弃在河南汲县、新乡一带。

“绛州纺纱厂”虽然没有正式开办起来，但在山西民族纺织工业发展史上镌下了深深的一笔。那高高耸立于汾河之畔的八角形大烟囱，自民国十五年（1926年）“新绛大益成纺织股份有限公司”开始使用到今天，仍然根基牢固，体形完整，成为山西省新绛纺织厂百年老厂的历史见证。

二 新绛工艺公司

新绛工艺公司的奠基者刘笃敬，字缉臣，山西汾城南高村人，清光绪举人，刑部主事，山西电力创始人。清光绪三十三年（1907 年）任山西商会会长，于光绪三十四年（1908 年）兴办山西第一座发电厂——太原电灯公司，成为山西近代史上兴办实业的著名代表人物。民国元年（1912 年）3 月孙中山到山西时，曾邀刘笃敬与山西各界人士合影。“新绛工艺公司”的开办，刘笃敬是牵头人和奠基者。

清光绪三十一年（1905 年），全国各大城市发起了轰轰烈烈的“抵制洋货”运动。市场上土纱布畅销，再次引起民族资本投资建厂的热潮。当时，在山西商务局任总办的刘笃敬，看到经营纱厂有利可图，便以商务局名义把“绛州纺纱厂”的地盘全部接管，交与自己的朋友薛见山开办纱厂。薛见山是稷山县俊和村的一个生意人，因资产有限，便联络同乡宁崇山和在北京开银号的杨合仲联合办厂。但要开办一个有规模的纺织工厂，不但要修缮厂房，还要购买外国设备。资金只筹到三千余两白银，和原计划相差太远，于是决定办一个以织布为主的工厂，并定名为“新绛工艺公司”。

经过一年多的筹备，新绛工艺公司于清光绪三十三年（1907 年）正式开工。当时有制造、织布、轧花三个车间，员工不足 200 人。制造车间有工人 20 余人，分木工和铁工，专门修理木质机器；织布车间有 50 余台木质织布机，一台铁轮机和三台毛巾机；轧花车间有 5 台轧花机，其动力来源于安装在厂外汾河边的简易水轮机。新绛工艺公司不具备纺纱条件，纱线都是从天津购买的 42 支合股线和从本地收购的土纱线。经过加工，日产棉布 10 余匹，毛巾 10 余打，产品品种有平纹布、斜纹布、绉纹布、线哔叽、罗纹布、毛巾、大提花被面等，热销本省各市县，其中平纹布曾在民国八年（1919 年）山西省第一次实业展览会上荣获优质布类奖。除生产布类外，公司还生产轧花机、保险柜，在河津、稷山、安邑、闻喜等县均设有公司的门市部，通称“新绛工艺局”。

新绛工艺公司只生产经营了十多年时间，使用的铁木合制的织布机是一种人工投梭、脚力踩踏的生产状态，效率低。当时的生产环境简陋、潮湿，雇用的大部分是十多岁的童工，并按当时的规矩签下“生死”字据，制订了许多惩罚制度，工作时间都在十多个小时。童工的生活苦不堪言。1920 年，由于第一次世界大战后外国纱布产品对国内市场的冲击，使得新绛工艺公司陷入经济困境，直至公司破产。

三　大益成纺织股份有限公司

大益成纺织股份有限公司的创始人李通，字子中，新绛县泽掌镇程官庄村人。民国初年，其曾任本村村长及县教育会长。李通善于实业经营，颇具经济头脑，早有兴办纺织厂之念，并把位于三林镇清末官办未竟的纺纱厂旧址购置下来。民国十三年（1924 年）在新绛城内设立纱厂筹建处，以每股 100 元（银元）发起筹资。经过两年的努力，筹集资金 20 余万元。后经解县薛岫青（民国初年为陕西省财政厅长）介绍，得到河南武陟县纺织资本家鲁连城的扶持，并合资办厂，定名为“大益成纺织股份有限公司”。民国十九年（1930 年）扩建二厂，在抗战前发展颇盛。民国二十六年（1937 年）日本侵华，新绛沦陷。李通将部分资金兑往西安、兰州，后在西安开办了大益成毛纺织厂，并在兰州设大益成办事处。

民国十五年（1926 年）初，李通派人到天津怡和洋行购回全套纺纱设备、动力锅炉、发电等器材。同年秋天，100 多间锯齿形厂房修复完工，又加盖了锅炉房、机电楼、机修车间、库房等建筑，并在新绛招工 300 余人，河南鲁连城推荐熟练工 200 余人。民国十六年（1927 年），“大益成”经过一段时间的安装试车，于 4 月正式开工生产。

大益成纺织股份有限公司在开办初期，有纱锭 6048 枚，五吨锅炉 1 部、400 马力双缸引擎 1 部、丈二元车 1 部、六尺元车 1 部、十字牛头刨1部、立铣1部、钻床1台。在生产经营过程中，由于市场对纺织品的需求量很大，仅开工一年多时间，就赚回了全部的投资。为了扩大再生产，李通一面把生产经营大权交给儿子李作霖负责，一面又投资40万，增加纱锭4032枚，使工厂规模达到10080枚纱锭。后随着生产的扩大，又新添自动炉条锅炉1部，双汽包锅炉1部、瑞士1000千瓦汽轮发电机1部，车床多部，员工增加到1800余人。

大益成纺织股份有限公司开工3年，股金总额达到2.18万银洋。李通决定扩建二厂，遂拨出资金120万，新建厂房200多间，增加纱锭8400枚，新置打梭织布机404台，线锭1040枚，成为一个既能纺又能织的工厂。据史料记载："大益成"年产棉纱14980件（每件193.6公斤)、棉布197266匹、合股线811件。其产品品种有：三麟牌14支、16支、20支、22支棉纱；彩三麟牌双股和三股棉线；三凤牌12磅市布；太公牌、雁塔牌11磅、13磅、18磅棉布。产品远销晋、冀、鲁、陕、豫、甘、蒙等省。

"大益成"的开办，对于地方经济的发展起到了推动作用，活跃了市场经济，增建了电灯公司向城区送电，便利了居民及工商业户。"大益成"生产的棉纱除供本厂织布使用外，还售予当地生产线毯、毛巾的小作坊使用。各地商户不断云集三林镇"大益成"采购纱布，为绛州的商业发展增添了繁荣新景。每到棉花采购季节，公司就派人到乡村设点收棉，对棉农生产多有支持。这种良好的生产状态基本维持了10年时间，直至1937年日寇侵华受到影响。1938年3月，日寇占领新绛后，"大益成"遭到掠夺性"劫管"。

经过8年抗战，1945年日寇投降后，"大益成"经理李作霖又回到这里，想再收拾厂地，重新开业，但由于日寇的蹂躏、阎匪的糟践，厂房损坏，机器丢失，人员四散，资金有限，"大益成"终究没有恢复起来。

四　日军管理三十三厂

1938年3月，日本侵略者占领了新绛县城。新绛沦陷的第二天，日寇就派兵劫管了大益成纺织股份有限公司，挂上了“日军管理三十三厂”的牌子。在厂墙四周安电网、布岗哨、筑炮楼；同时，清查厂内工人户口，给每位工人发放一个“良民证”，凭证出入。再把十几个鬼子头目派到各个车间委任工头，直接把生产大权揽在手里。之后便对工厂实行掠夺性生产，对工人实行惨无人道的压榨与迫害；工作时间任意延长，没有白天和黑夜之分；稍不顺从，枪打鞭抽；稍有反抗，刀劈活埋；发现有偷东西的，拉到“审讯室”坐电椅、灌辣子水、让狼狗撕咬，折磨得半死不活后投入阴暗的“水牢”。

日本侵略者对大益成纺织股份有限公司工厂的摧残是多方面的。从1938年3月劫管到1945年8月投降的8年间，这里俨然是一座人间地狱！为了经济掠夺，他们除了对工人进行血腥摧残外，生产上不想投入分文，棉花、煤炭等原材料几乎不进；机器也不让检修，只要能开一分钟就开一分钟，直到完全“瘫痪”为止，断源截流。据资料显示，劫管前年产棉纱5700捆、棉布132500匹；劫管后年产棉纱2000捆、棉布50000匹，机械利用率只有40%左右。1945年，在中国人民的不断打击下，日寇在各个战场上连连失利，奄奄一息。但垂死挣扎的日寇仍把已被他们糟蹋的满目疮痍、一片狼藉的“大益成”机械设备作为战场上的军火、钢铁之急需，先后将大部分机电设备砸成碎片，仓皇运往外地，致使昔日的“大益成”千疮百孔，几乎成了一片废墟。

日本投降后，阎锡山的39师路过新绛，就把部队驻扎在“大益成”厂房里。为了烤火做饭，他们便将房舍门窗统统拆去。经过此番折腾，“大益成”只留下残垣断壁。

五　新绛三林纺织厂

1947年4月，新绛解放，晋绥军区后勤工业部决定把临汾克难纺织厂搬迁到新绛三林镇原“大益成”厂址进行生产。搬迁工作从1948年9月至1949年2月，历时5个多月，厂名确定为“新绛三林纺织厂”，专门生产军用纱布（绷带），兼纺部分民用棉纱。开工之后，党组织及时向全体职工发出“以实际行动，增加生产，支援人民解放军解放大西北”的号召。职工们面对设备陈旧、资金缺乏的困难，大搞技术革新和增产节约，争取时间，多纺快织，支持前方。正在大家热火朝天搞竞赛的时候，途经新绛的西北军区司令员贺龙来到厂里，视察了生产线，紧紧握住工人们的手说：“你们多流汗，前方少流血!”在贺龙同志的鼓舞下，班产16支棉纱由170斤增加到340斤；布机台班产由16公尺提高到36公尺，改织纱纬密减少后，又提高到100公尺以上。

1950年，党中央指示停止一切机关生产，统一国家财政经济。新绛三林纺织厂完成了它的历史使命，把工厂移交给了晋南纺织厂筹备处。

六 新绛纺织厂

1949年10月1日中华人民共和国成立以后，党和政府高度重视城乡经济的发展，我国纺织事业也加快了恢复和建设。1950年4月，山西省委、省政府决定投资480万元，在新绛三林纺织厂的基础上营建晋南纺织厂。经过一年多的厂房修建与新设备安装，于1951年6月30日生产出第一包棉纱，向“七一”党的生日献上了第一份“厚礼”。1951年12月20日，举行了隆重的开工典礼仪式，省地、县各级领导及全国植棉能手曲耀离出席大会，厂长李善文做了建厂报告并举行开车剪彩，一万枚纱锭正式投入运营。1952年7月，奉省纺织公司指示，将晋南纺织厂更名为新绛纺织厂。

新绛纺织厂从20世纪50年代初直至1997年9月实行公司制，历经四十多年，涵盖了恢复建厂、技改创业、改革开放几个历史阶段。从生产规模看，它经历20世纪50年代初的第一次创业和70年代与80年代的第二次创业，总投资达到3800万元，建筑面积达到112124.96平方米，纱锭从最初的10368枚发展到50064枚，布机由185台增加到802台，机备件能力由80吨增至200吨，固定资产由162.81万元增至

9618.13万元，职工人数由466人增至3606人。在产品开发方面，由六种纱、两种布增加到八种纱、七种布。1974年，首创20 ×20出口平布，成为国家出口创汇的拳头产品。1980年，出口产品又新增了纱卡、哔叽、平布、40 ×40府绸、筒纱等七个品牌。到1990年，八个主导产品有五个获得部优、两个获得省优、一个获得行业优，实现产品全优化目标，成为国家经济贸易委员会、财政部和纺织工业部在山西确定的纯棉出口重点企业，产品出口美国、日本、德国及香港等十多个国家和地区，年出口产值占总产值的71%，成为全省的创汇大户。上缴利税也由几十万元增加到上千万元。在国务院发展研究中心、管理世界中国企业评价中心1991年版《中国大型企业排序》中位于中国山西最大工业企业45名、山西最佳效益第14名。

结　语

新绛纺织厂，从其前身清光绪二十年（1894年）胡聘之奏请清廷恩准创办的绛州纺纱厂，发展到刘笃敬的新绛工艺公司，再经过李通创办的新绛大益成纺织股份有限公司，到被日军劫管的三十三厂，延续至新中国成立后的新绛三林纺织厂、新绛纺织厂，经历了三个重要历史时期和六次重大变革（未包括今山西新绛纺织有限责任公司），距今115年。它是与民族实业家张謇创办的南通大纱厂同期开办的中国最早的纺织工业之一。在中国纺织史上占有重要的地位，在山西民族工业发展研究上也有着独特的价值和意义。

长　治　市

寻找艾河关帝庙

长治市文物旅游局　秦秋红

襄垣县第三次全国文物普查实地调查工作已开展了十几天，进展的比较顺利。每天的早出晚归，中午在村里走到哪吃到哪，也就是一碗面条，小王几次抗议要吃一碗大米，实在是难以满足。晚上虽回到县城驻地，但我们就餐的小饭店也只有面食。

按照我们的计划，今天我们准备去艾河进行调查。据昨天的天气预报，今天要降温。早晨六点起床，第一个醒来的是崔国标，我们都叫他老崔，其实他也不过四十几岁。队里的大事小事他都得操心。我虽然是队长，但生性懒散，又大大咧咧，因此，我很庆幸长治市文物旅游局的领导给我安排了一位老大哥。书生气的我与人打交道是弱项，有了这位社会经验丰富的老大哥，让我减了不小负担，省了许多心。

“起床，起床……”老崔连喊几声。我揉揉发困的双眼想发几句牢骚，看看老崔和小王又忍下去。小王是从长治学院来的学生，人家是志愿者，十几天来每晚都是夜里一两点才睡。抬头看看窗外，玻璃上有一层雪霜，像冰花。那是我们这里降温的第一天。

一碗小米饭和一碟土豆丝是我们的早餐，偶尔加一碗鸡蛋羹。今天天气出奇的冷。我和县里的老杨简单商量了一下今天的普查路线，我们普查组一行五人便登上一辆县里派出的面包车。面包车当地叫蛋蛋车，开车的师傅是一个老司机，车开的又稳又快。我这个一见快车就头疼的晕车族感觉还好。

县文物局杨局长是全程陪我们下乡的。杨局长是个管业务的副局长。襄垣县那点文物大事小情，老庙旧址、遗址墓群，他基本心里有数。

“今天其他的几个点都好调查，就是那个艾河有点远，好像咱们文物部门没有人去过。那个村是和黎城交界。”杨局长刚介绍完，小王就笑着说：“是爱情河的爱河那可得去拜一下。我还没结婚呢。”

从地图上看，艾河距这里的直线距离不过二十几公里，按我的想法，一个小时之内就能到达艾河，哪里好歹是个村，按记载有二百多户，吃一顿饭还是问题不大。尽管县里的老杨反对，想先吃点饭再走，看到我的坚持也就不好意思。车行不到一公里，油路变成了水泥路，逐渐水泥路又变成了石子路。路两边全是山，几乎看不到村庄。行了大约有一个多小时，路越来越不好走。汽车颠簸得人昏昏欲睡，早晨吃的一碗小米饭也早已被消化得无影无踪。肚子咕咕直叫，开始还有人讲笑话，逐渐变得无人说话。我有点后悔，该在前面的村子吃点饭，但很快又想，一会就到，大不了在当地买点面包吃。

路越来越不好走，沿路一辆车没有。据老杨讲这条路是通往黎城的路，由于种种原因，无人管理。车行大约一个多小时，距离艾河究竟有多远，大家心里越来越没底了。忽然，路边停留一辆毛驴车，于是我们赶忙停下车。赶车人告诉我们不远，再过一条沟就到。

又行了大约半个多小时，随身带的 GPS 显示我们已到山西黎城界内。这下大家就有点晕，四周看看没有一个村，好在开车的司机师傅给大家出了个主意：原地不动，拿望远镜看看四周那里有树和房子。果然，在路的西北的山洼里有一片核桃树。于是大家背上仪器徒步顺着山间小路向上攀登，拨开两边的荆棘灌木丛行走大约有二十几分钟，终于见到半山崖有几孔窑洞。再转过一个弯，山洼里的村落便出现在我们的眼前。

艾河村到了！这是一个原有 200 多户人的村子。关帝庙位于村的东北部，一座清代建筑，只有一座大殿，规模很小。行走了几十的山路，我们终于找到了艾河关帝庙。

时间已过中午，按常规，饥饿已被忘记。大家没有一句怨言，按分工，老崔继续照相，我继续搞文字和碑文，小王和崔海东一个拉皮尺，一个画草图。唯一的女士张丽娜还在搞她的GPS。老杨则离开，想找个商店买点东西给大家充饥。

闻讯赶来的村民给我们介绍村里的情况。一个自称是村委干部的人告诉我们：村里原有二百多人，现在就这几十个人了，再过几年，艾河村就成空村了。

老杨很沮丧地回来了，说：很对不起大家，这里没有商店。

艾河关帝庙，一座普普通通的清代遗构，我们终于把你登记在第三次文物普查的记录中。

沙峪古村随笔

长治市博物馆　张　慧

2008 年 12 月，我随着长治市普查小组走进了沙峪古村那一刻，眼前如同展开了一幅瑰丽的历史画卷。首先一条青石铺就的入村古道就牵引住了我们探询的脚步和目光，古路、古池、古井、古碑、古民居，如同涌起的波浪，一排排飞珠溅玉般地迎面扑来，漫步欣赏着村中这一束束历史文化的花朵同时，仿佛自己穿越时空泊靠在了一处宁静古老的港湾，盘桓在钢筋水泥丛林中的心，好像一下涤去了红尘的喧嚣，浮躁的脉搏回归了自然的恬静与平和。时间在这个古老的村落里仿佛是停滞的，许多在别处已然消逝的生活场景，在这里依然每日上演。古村早已没有了昔日的繁华，显得格外的平静安详，但那些古老的建筑、淳朴的民风，那些在城市化进程中渐行渐远的乡村古典元素，依然在这里繁衍生息，流淌出深沉的韵味，让走进她的人不能不感觉到那份厚重。

入村的那条青石古道，初创于何年，现已无迹可考。不过路东侧留存的清嘉庆六年（1801 年）的重修古路石碑，不仅让我们一窥该路的古老，更记述了村中善士王玉迢为了村人往来便利，捐资重修古路的善举，使得纯善的民风扑面而至。古路的路基完全用青石铺砌，现存青石路面长 25.1 米，宽 1.9 米，至今仍在使用。精明的匠人借助当时路西原有的青石古池来排泄路面的积水。据路碑记载，路西的古池早已存于村中，如今我们仍可见池中的青石台阶与入水口，因年代久远，筑池的青石已多有风化，当时入水口的龙形石刻仅可见大概端倪。

进入村中，吸引住我们视线的是一处不知开凿于何年的青石古井，据井旁现存的古碑记载，清乾隆三年（1738 年）村人曾集资对该井进行了修缮。井口呈长方形，边长 0.46 米，用专石覆盖。井西边有一长方形蓄水池，长 1.2 米，宽 0.9 米，深约一丈，村民虽已不再使用，但仍将其很好地保护着。西侧墙上嵌有乾隆四十一年（1776 年）的“禁约石碣”一方，碣中禁止村人在井旁团菜、饮畜及抢夺井水，要村人善用此井。村中人对此井之爱护，真可谓“石为身骨水为情，默守古村尚有声”。

村中原有的东顶古寺虽已随着时间的车轮消逝于历史的长河中，但放置在村民孙有枝家中的“沙峪村中二社重修东顶庙碑记”，却记述着东顶庙昔时的辉煌与巍峨。该碑立于乾隆四十三年（1778 年），青石质地，圆首，通高 1.35 米，宽 0.58 米，额题“百世流芳”，首题为“沙峪村中二社重修东顶庙碑记”，碑文记载东顶庙的盛况及沙峪村东二社募资十万重修等事宜。

沙峪村留古民居也极具特色。该村地处五龙山与卧龙山之间的丘陵地带，村民建屋选址多因地制宜，在取向、高低等方面都不对自然做更多更大的破坏性改造。大多是用青石依地势堆砌出平整的地基，之上建三合式院落。并多于正房的中间位置设壁挂式天地龛，龛位的外形和民居外形相似，龛位内里有砖雕。大门多用精美的木雕做装饰，门楣上更多的有铭文教化式的“寝成孔安”、“勤俭恭恕”、“忠厚传家”等题刻，题字端庄大方，题刻遒劲有力，少有雷同，亦为村中民居极富观赏性的一道风景线。大门的门枕石，又称“抱鼓石”，其功用价值在于加固门框，并和门楣、门扇、门框一起产生整体的装饰效果。门枕石上既有高浮雕的蹲狮，又有浅浮雕纹样，多数为三面雕饰。所雕题材丰富多样，从花鸟鱼虫到珍禽瑞兽，从琴棋书画到飞马走骑，从三阳开泰到历史典故，手法细腻，栩栩如生。院中房屋的墀头更被工匠门精心雕琢成各种立体装饰图案，窗户下半部分也多用装饰雕刻花纹的裙板进行装饰，这些房屋细部的精雕细琢将原本千篇一律的呆板民居打造的各具特色，精彩异常。

走进一处处深寂静谧的老宅，看着老宅中留守的老人，生命曾经的鲜活感觉离他们已经很远很远，更多的感觉是岁月洗礼过后的平静与怡然，尽管外面世界的触角已经侵入到每个村落，但这里的居民基本还保持着“日出而作，日落而息”的生活方式，与世无争、知足常乐的田园生活，就这样在这里延续了一代又一代。祥和，宽容，知足，才是生活的真正要义，也正因为如此，他们才那么执著地守望祖先留给他们的古村落。

襄垣昭泽王庙考记

长治市襄垣县文物局　杨建德

在山西省东南部，太行山西麓，上党盆地之北，有一古城因战国赵襄子所筑，故名襄垣。在襄垣城乡及周边各县，建有不少具有浓厚地方特色的昭泽王庙（俗称龙王庙）。这些古建筑，虽经历数百年沧桑，但多数完整地保留了下来，不能不说这是一个历史的奇迹。据第三次全国文物普查及2006年山西省古建筑保护研究所对《长治市古建筑普查早期木结构古建筑调查阶段性小结》资料显示，长治市各县区现存“昭泽王庙”约200余处，襄垣境内约50余处。更值得一提的是在襄垣境内，不出十里就有一座“昭泽王庙”，这些现象的存在让调查者感到十分意外与震撼。昭泽王是谁？有何丰功伟业。能受到历代朝廷的敕封，备受广大民众崇拜并筑庙祀之？

据襄垣昭泽王庙现存明万历三十五年（1607年）重建碑记、中华民国十七年（1928年）《襄垣县志》等记载：唐昭泽王姓焦，名方，世居襄垣，唐懿宗咸通九年（868年）七月五日，诞生于韩州长乐乡九师村（今襄垣北底一带），年十三岁（880年），观天文地理，景象之书无不通焉：昭宗景福二年（893年）复遇太乙真人授以神符，入龙洞修真遂坐化。自是以来祈雨辄应，无不如意，崇为古韩襄垣之龙神也。唐乾宁间（894~898年），县令苗珂立庙祀之，号“土地将军”，襄邑立祠自此始。墓在襄邑之南，曰“将军墓”，以后历代加封立庙祭祀。后唐清泰二年（953年）封“灵爵侯”，后晋天福四年（939）加封“显圣公”。宋崇宁二年（1103年），敕赐“灵济庙”为额，北宋大观四年（1110年），封“甘泽侯”，北宋宣和年（1119~1125年）封“昭泽公”。金（1115~1231年）晋爵为“王”，元世祖（1271~1294

年）加封“海渎王”。明洪武（1368～1398 年）封“海渎焦龙神”，清同治二年（1863 年）封“灵感康惠昭泽王”，王墓在县城东南 500 米处，立有“灵感康惠昭泽王墓碑”，遗憾的是，现墓碑已失，墓冢封土也早已无存，取而代之的是现代的高楼住宅。

传说昭译王有呼风唤雨、驱妖降魔、广施恩泽的本领，备受历代臣民的尊敬和敬仰。其后，民间传说也越来越多，如南神爷出世、小秃子斩旱龙、望儿蛟等。后来，昭泽王的故事很快传遍了山西、河北、河南，各地相继修葺了众多的“昭泽正庙”，供人们祈求甘霖，过上旱涝保收、吉庆有余、国泰民安的太平日子。

在襄垣境内，昭泽王庙遍及城乡，最重要的应为襄垣昭泽王庙，又名龙洞庙。元代建筑风格，位于襄垣县城南街东侧，坐北朝南，据清乾隆四十七年（1782 年）《襄垣县志》载：该庙始建于唐乾宁元年（894 年），各代屡有修葺，现仅存献殿和正殿。占地面积 330. 53 平方米。庙内有大明万历三十五年（1607 年）记事碑及重修碑两通。

大殿前为明万历时建抱厦，面阔五间，进深三椽，单檐卷棚顶，筒板瓦屋面。大殿，是供奉昭泽王的主殿，始建于唐乾宁元年（894 年），现存为元代建筑风格。面阔五间，进深六椽，单椽悬山顶，梁架结构为前乳袱对后四椽袱，通椽用三柱，柱头斗拱五铺作双下昂，昂琴面式，明间要头昂形。其余各间要头蚂蚱式。柱础覆盆式，柱头上施兰额、普柏枋，兰额较薄，以上构件均保持当地元代建筑的特征。前椽拱眼壁为景泰蓝琉璃制作，图案为深浮雕山水人物故事，背面为山水花纹，形象生动，保存完整。根据有关史料及山西省文物局古建专家推断，襄垣昭泽王庙应为所有寺庙的主庙。

其余昭译王庙有：全国重点文物保护单位“郭庄昭泽王庙”，创建于金大定二十七年（1187 年）；市（县）级文物保护单位有“西营昭泽王庙”等 3 处及一般文物 40 余处。

综上所述，昭泽王世居襄垣，传奇故事甚多，不仅给后人留下了很多宝贵的精神财富，备受历代人民崇拜，而且遗留下的寺庙也为研究中国古建筑史及建筑艺术风格提供了重要的实物史料。

晋　城　市

神圣的职责　光荣的使命

晋城市文物研究所　程　勇

2008年9月，伴随着市“三普”办公室的一声号令，高平市第三次全国文物普查工作全面展开。全体队员肩负着神圣的职责，为完成“三普”工作的光荣使命，大家集思广益、群策群力，实地调查登记工作取得了丰硕的成果。

工作伊始，全队就召开会议，使大家从促进社会主义文化大繁荣、大发展，提升国家文化软实力，留住逝去的民族记忆的高度，充分认识“三普”工作的重大意义。在实际工作中，全体队员克服交通不便、水土不服、语言不通等重重困难，跋涉高山、攀援山崖、往来荆棘，无不以积极乐观的态度面对。言至此刻，不禁让我回顾起“三普”工作中令人难忘的日子。

2008年9月25日，我们驱车赶往神农镇满公山石窟，冒雨工作两个多小时，才完成了各种数据的采集工作。2008年10月22日下午，听高平市古建所赵所长说章庄村有一通反映建国初期兴修水利设施的碑刻，主要记述了村民兴建章庄水库的原因及经过，对于研究当地的水利发展史具有重要意义，全体队员顶着四五级的大风赶到章庄村水库进行调查，两名年轻同志因大风降温天气导致感冒，但他们并没有请假休息，打针吃药后继续投入紧张的工作。久而久之，这种顽强的作风已经成为全队的重要精神支撑。2008年12月1日，当完成了对紫峰山白马寺的调查工作，准备乘车返回驻地时，我们的面包车因为山路崎岖狭窄致使后轮腾空、难以掉头，全队的6名队员和2位向导同心同德，有的推车、有的顶千斤顶，从15点20开始一直持续到快17点，终于把车尾摆正，满天星斗时大家才安然返回驻地，匆匆用过晚饭，就又开始加班整理采集的数据。

为了全面做好“三普”工作，我们对全队队员细化了分工，队长负责统筹协调，赵所长主要负责拓碑事宜，历史系的两名研究生负责建筑摄像和 GPS 测点、了解人文环境，CAD 制图人员负责绘制草图和电脑绘图，Photoshop 制图人员负责绘制地理位置图和 PDA 录入，并要求他们团结协作、互相配合。工作之余，大家经常交流工作经验，取长补短、互相学习、互相提携，经过近四个月的磨合，大部分人员都已经成为“三普”工作的多面手，每名队员都基本掌握了 GPS、PDA、CAD 等的基本使用功能，不仅工作起来得心应手，也学习到了许多新知识。仅用 4 个多月的时间，自 2008 年 9 月 8 日进入“三普”工作实地野外调查阶段以来，我们踏遍了高平市 16 个乡镇中的 9 个，行政村 217 个，自然村 410 余个，共调查登记各类文化遗存 600 余处，已经完善数据资料的 280 处，电脑录入文本 528 处，完成，绘制草图 600 余张，相对地理位置图 320 张，CAD 制图 458 张。数字是空洞乏味的，但是它代表了全队人员辛勤的汗水和忘我的劳动。

作为文物大市，高平文物类型丰富，古建筑、古遗址、石窟寺、乡土建筑等皆有分布。为做实、做细“三普”工作，全队人员放弃了星期天和节假日，积极查阅相关县志等线索资料，确保工作顺利进行。不管是 50 多岁的赵所长，还是刚为人父李工，处于甜美爱情滋润中的年轻人，都尽量做到工作和生 活的合理搭配，不给全队工作拖后腿，全队人员认真负责的工作作风，通力合作的团队精神和强烈的使命感着实令人钦佩。我们坚信，有这样的团队，我们的“三普”工作一定会交上一分优异的答卷。

作为一名年轻的文物工作者，经过“三普”工作的洗礼，我对文物工作的重大意义和特殊性质有了进一步的认识。文化是一个民族和国家的核心竞争力，我国是一个具有灿烂历史的国家，各种类型的文化遗产正是辉煌文明的写照。作为文化遗产保护工作的接班人，我将同全队人员一道用自己的聪明和才智全力完成高平市“三普”工作，光荣完成自己的神圣使命。

古槐掩映鹿野苑

——城区文物普查随笔

晋城市城区普查队员　刘庆庆

作为一名社会志愿者，我有幸参加晋城市第三次全国文物普查工作。2008 年 9 月伊始，作为一名“编外队员”，我和城区普查队员一起开始城区普查工作。其中的辛苦已成过去，而收获却受益终生。

9 月中旬，我们普查组来到沟头村，调查登记鹿野苑。鹿野苑原是古印度佛教三大圣地之一，是佛祖释迦牟尼第一次讲经的地方。传说佛陀前世为鹿王，曾在野鹿漫游之地劝说当时的人王不要多杀鹿类，而由他每日贡献一只鹿给人王。一次，轮到一只怀孕的母鹿，母鹿求救于鹿王，鹿王不忍而自愿代死。人王备受感动，下令从此不再杀鹿。故事发生地便名鹿野苑。释迦牟尼在菩提伽耶觉悟成佛后，就是在这鹿野苑的菩提树下传经布道，弘法四宇。而清清恒河水就从它的东边流过，野鹿苑遂成圣地。那么，为什么远在泽州河湾边的一座小庙竟也叫鹿野苑呢？原来这里的自然环境与远在天边的古印度鹿野苑有着相似之处：菩提树粗硕挺拔、葱郁而浓密，东边的寺河水清澈逶迤，虫鸟齐鸣，加之佛头从天而降，真乃一脉神圣之地，故名也。

站在这里，遥想当年泽州西北一带的众多信众香客不辞远足劳苦来此顶礼膜拜，抚摸灵石佛头，以求消弭灾病，祈盼祥福。又因每每灵验，故许愿还愿者摩肩接踵，不绝于途。寺庙的规模也日趋完整，山门宏阔，庭院深深，大殿嵯峨，廊庑通幽。一进二院，前有天宝殿，后有藏经楼，殿内神坛高筑，面塑佛背塑观音，钟鼓梵音，香旺鼎盛。

如今熏风盛世，古刹也在一时的衰落中重新“开光”。寺庙绀墙金顶，坐北朝南。山门一间洞开于庙之西南侧，框槛板门，铁制门钹，铜制门钉，中槛走马板上题书“野鹿苑”三个楷书大字，蓝底填金，书法内敛清润，匀稳秀整。迎面照壁上一巨大“佛”字，赤底黑字，摄人心魄。入内两厢各六间禅房，中间庭院宏阔，广植奇花异草，松柏嘉木，中轴线甬道两侧一左一右立两通石碑，分别为《重修鹿野苑碑记》和《鹿野苑古刹》。石碑分别记述了古庙之来历，重修之功德。用来驮碑的石兽叫赑屃，传说是龙的九子之一。它由5种动物的特征组成：龙头、狮鼻、龟身、鹰爪、蛇尾。相传，它力大无穷，喜好负重，因此用它来驮碑。有趣的是，西边一个大的赑屃旁边还雕着两个小的，一前一后，憨态可爱。从古至今一直流传着这么一种说法：摸摸赑屃头，做事不发愁；摸摸赑屃背，一生享富贵；摸摸赑屃尾，做事不后悔。人们见之也就摸摸它，但愿添福增慧。雕兽不是主角，却给庄严的佛堂胜地增添了一种轻松的意趣。

甬道前分别置三层塔式铜鼎、花亭式铜鼎以及雕花青石长条供桌。中轴线北端为二龙戏珠大雄宝殿，面阔三间，进深六椽，悬山顶，筒瓦覆盖，正脊中央置一组二龙戏珠雕塑，长约4米，高约0.6米，生动逼真。殿前置出檐敞廊，四根浑圆柱顶撑，雀替阑额作垂花罩式，上雕三组蟠龙，其间点缀卷云花卉。柱头斗拱各一攒，单昂四铺作，琴面昂，耍头雕作龙首，两柱间有补间铺作各一朵，惟拱面斜出，若云飞爪伸。所有木构建均雕琢精湛，施彩绘，更显华美富丽。明、次间为四扇六抹隔扇，走马板上绘莲花缠枝。大殿门楣上悬匾书“大雄宝殿”四字，内供奉释迦牟尼及文殊、普贤一佛二弟子；西耳殿悬匾为“药师宝殿”，东耳殿悬匾为“弥陀宝殿”，内分别祀奉药师佛、弥陀佛以及观音菩萨、迦蓝菩萨（关帝）等各路神灵。

庙宇中曾有大量的碑刻题记，皆在“文化大革命”后期因修战备水库筑坝填石而毁，甚为可惜。现存清光绪元年（1875年）《永远禁止夏秋拾取粮食碑记》石碣一方，其铭文“稼穑之事，百谷为先”，“秋成夏熟之际”，“地内粮食未尽，一概不许强入他人地内拾取，路上担挑粮食，亦不得乱行揪势，自禁之后，各宜禀遵，倘有故违者，被巡夫地主拿获送庙，轻者议罚，重则禀官究处，决不关情”云云。由此可一窥昔日寺庙在淳化乡风、规范民俗中的特殊作用，也为今天研究、了解历史上当地的社情民俗提供了珍贵的实物材料。

生长在道头村中心的古槐树。据庙内靖嘉庆二十年（1815 年）《保槐碑》载，距今 2500 余载。虽是老干虬枝，盘曲嶙峋，却仍根深枝凌，叶茂冠翠。

如今古槐像一方神圣，闻梵音，看法事，聚天地之瑞气，收日月之精华，守土佑境而亘古常青；又似一位饱经沧桑的老人，在风雨中喁喁而语，讲述着昔日车粼轮辙的辉煌和马啸蹄印的萧疏，见证着历史的大道漫漫迢迢，人间的红尘纷纷扬扬。而观槐者释怀，远者多怀念故土桑梓的养育恩泽；近者则感怀先祖植树成荫、荫翳后人的功德。那无限的情怀、也就尽在此槐，尽在江山无限之中了。正是：

佛主随波万里缘
护槐惜黍字如椽
梵音善士传千古
佳话流长古刹间

凝固的历史　跳动的脉搏

山西大学　冯　雪

在我的思想里，历史是流淌在书本中的一条长河，是长者滔滔不绝话语中的凝缩。

一个机缘巧合，我暂时抛开了晨雾暮霭、喧闹恬静的校园生活，参加了第三次全国文物普查工作。从书本走向现实，从感知到触摸，使我感触颇深、受益匪浅。

我所在的普查组陵川县是全国文物大县。据不完全统计，现存不可移动文物数量达1300多处。其中，已公布为全国重点文物保护单位14处，省级重点保护单位3处，市级文物保护单位5处，县级文物保护单位32处，其中以元代以前古建筑保存数量为最。我感到新奇而又兴奋。

每天的工作紧张而有序。白天我们行走在乡间田埂调查采集；晚上我们坐在电脑前汇总整理。每天都有新的发现，每天都有新的收获。

踏勘到一处古人类遗址，我就不禁想起了刀耕火种、茹毛饮血的人类始祖。他们在极其艰苦的环境下，创造了人类的始祖文明。当我采集到一枚枚打制锋利的石器、一片片装饰各种纹饰的陶片时，不禁感叹：正是他们的这些发明创造、这种土与火的艺术结合，把人类从蛮荒带入了文明的开始；他们把当时人类的智慧发挥到了极致。

一座古老的建筑，虽然历经了百年的沧桑，依然静静地矗立。当你走进它、感触它时，它就像一曲优美的乐章，娓娓地向你诉说先前的故事。“墙倒而屋不塌”这是对我国古代建筑的真实写照。一根根直立的柱子负载着整个复杂的梁架和华丽的屋顶，檐下一朵朵令人眼花缭乱的斗拱和雕刻精美的雀替、荷叶墩，构成了一件件精美绝伦的艺术品。当你为它惊叹时，你又不得不佩服古代劳动人民的勤劳和智慧。

石头是人类最早使用的工具。当它被铜与铁这些坚硬的金属取代的时候，它却没有悄然地退出历史舞台，转而成为了人类信仰和记忆的载体。巍然的悬崖峭壁，人类在此开凿出栩栩如生的造像。在那遥远的时代，多少人对它顶礼膜拜，祈福求安。一通通冰冷的碑刻，上面记载了多少温情的故事，传承了多少史书未载的历史。

一切的一切，使我感受到了真正的历史。如果说史书上的秦皇汉武、唐宗宋祖使我领略了中华历史的波澜壮阔，那么一处处遗存的文物就是一段段凝固的历史，使我真正感受了中华民族的博大精深，感受到中华文明跳动不息的脉搏。我们在欣喜这些文明带来的荣耀和自豪的同时，更要肩负起历史的重托，保护、传承、守望自己美好的家园。

一起走过的日子

山西大学　刘婷婷

中国是一个有着悠久历史的文明古国。我们的先祖曾在漫长的历史长河中创造了辉煌灿烂的历史及文化，给后人留下了一笔丰厚的文化遗产。如何继承好这笔遗产并将其发扬光大，是摆在我们当代人面前的一个重大难题。然而，要解决这一难题，首先需要摸清家底，也就是要搞清楚现存的文化遗产到底有多少，分别是什么，现在的状况又是怎样。我想，这就是全国第三次文物普查（以下简称“三普”）所要解决的问题。第二次文物普查已经过去二十多年了。对于我们这一代年轻人来说，似乎对其并没有多少印象。而我，作为一名在校研究生，尤其又是学习中国古代史专业，能有幸参与第三次文物普查，可以说是一次千载难逢的学习机会。它不仅锻炼了我们的工作实践能力及团队合作能力，更为重要的是，它能将部分历史的东西呈现于眼前，从而修正我一直以来的主观认识，即历史就是史料、书本及一堆发黄的书页，感觉遥远而神秘，看不见，摸不着（当然，我也知道，真正的历史并不仅仅是这些）。通过“三普”，我深切地体会到历史的真实，彻底地认识到它也曾真实地、生动地存在过，并留下了属于它们的痕迹。“三普”的过程是一个不断学习的过程，一个发现的过程，也是一个探索的过程。在这个过程中，我们经历了探寻的艰辛、获得新知的充实、发现的喜悦、看到遗产现状的忧心及对纯朴老乡们的无知无奈（在这里，我所说的无知并非贬义词，而是对老百姓对文化遗产知识匮乏的一种描述。我们没有理由，也没有权利去苛求他们能懂得多少。毕竟，对于他们，生存、生产才是第一位的）等。可谓是感触颇多，心情也是日益复杂而沉重。下面我将和大家分享我们在“三普”过程中的一些感触及人和事。

“三普”首先是一个不断学习的过程。在这个过程中，我学到了许多能使我终生受益的宝贵东西。

第一，团队协作精神的培养。“三普”工作是一个需要团队集体协作才能完成的工作，并且这个团队协作精神的好坏、配合能力的高低直接关系到整个小组的工作效率。我们高平组的普查活动于9月9日正式启动。刚开始时，由于刚刚组队，队员分别来自太原、晋城和高平，彼此之间不是很熟悉，加之我们又有明确的分工，画图、拍照、收集资料、测量数据等都有固定人员负责，所以队员之间沟通较少。当时我们天真地认为，只要各自干好自己的本职工作、做好自己分内的事就会大功告成。而我则是收集资料、整理文本，事多且比较繁杂，加之由于缺乏和同事之间的有效沟通，所有的资料及数据都靠自己一人整理完成，所以每天最忙，且又不能很好地完成工作，从而影响整组的工作进度。后来，在各位领导的细心指点下，我们不断改变工作方式，加强相互之间的协调，如文本需要的部分数据和画图的就可以共享，同时也可以通过参照照片以获取信息。经过近半个月的共同磨合，我们不断加强协作，同事之间关系相处融洽，随之我们的工作效率也大大提高。

第二，对工作要始终保持一颗热诚的心，这样才能积极的全身心地投入工作，甘愿为它吃苦受累。由于我们是搞历史的，对历史的东西都比较热衷，所以对于每次所见到的东西总感觉是那么的亲切，觉得自己更加的接近历史。当我们奋力地爬上羊头山巅、站在神农庙遗址上，我的脑海中立刻会浮现出唐宋先祖们正在用原始笨拙的方式修建神农大殿的情景，想起大殿建成后虔诚的炎黄子民正在大殿内祭祀祖先、祈求祥和，当时的仪式是那样的隆重，气氛又是那样的严肃……此时，所有刚才爬山时的苦累都烟消云散，取而代之的是一种仿佛置身历史之中的充实与满足。而我作为“三普”的一员，我将始终保持这样积极的心态，尽我所能，把每个文物点介绍给大家认识并了解。我们高平组全体队员亦是如此。每天不辞辛劳地早出晚归，回来后还要加班加点地把当天调查记录的资料全部录入采集软件内。为了赶进度，我们自愿放弃节假日，继续坚持下乡工作。由于工作紧张，我们没有时间洗衣服、理发，吃饭也是什么快就吃什么，以致后来我们戏称“野人团”，个个不修边幅，邋里邋遢。我们就是凭着对这份工作的热爱，从不会因为累而叫苦叫怨。相反，每天都是精神十足地投入到新的工作中去。我想以后无论参加什么样的工作，我都会始终保持这种工作状态，勤勤恳恳，积极认真地投入到新工作中去。这也是我从我们组几位前辈身上所看到并努力学习的。

“三普”不仅要复查旧的文物点，同时更是要突破第二次全国文物普查，发现新的文物点，所以说“三普”也是一个不断发现和探索的过程。在这个过程中，也许会发现新的东西，也许会无功而返。当发现新东西时，我们会万分欣喜，而当我们奋力地爬上高山、钻过茂密的丛林去寻找一个好像存在又似乎没有的东西，结果却是无功而返时，我们也会有一丝沮丧和失望。当发现本来很有价值的东西，却因为没有得到妥善的管理而被村民或部分人无形中破坏，而丧失了它原本的价值时，我们更会倍感惋惜和心痛。

当我们走进中国历史文化名村——良户时，我们立刻被良户古民居深深地吸引。她是那么的纯朴而细腻，简单而大气。她就像一位有着浓厚文化内涵的贵妇一样历经沧桑，现如今容颜已老，然而见到她的人们依然会不禁联想起她昔日的风姿卓貌。但是，她的部分子孙开始嫌弃她的老态，要么觉得她是个累赘，欲除之而后快；要么为了获取利益，把她所拥有的有价值的东西变卖；要么……总之是把这位毫无反抗之力的贵妇搞得伤痕累累，面目全非。当我们走进良户村，除了几处古院落基本完整外，其余很多院落现已或者正在被拆除改建，或者已经残缺不全。我们在良户村看到很多这种情况。当我们普查队到老乡家时，老乡们会觉得有些惊讶。在他们看来，他们祖辈住了这么多年的老屋又破又烂，会有什么价值，而当我们普查队员慢慢地给他们讲明白后，老乡也向我们道出他们的苦衷。老乡说他们也觉得老房子挺好的，住得又舒适，冬暖夏凉；然而现在的年轻人可不这样认为，时下的年轻人要想说媳妇，先决条件就是家里要准备像样的房子，所以他们稍富裕点的首先就是修房子，至于不是很富裕的就只能将就着将老房子翻新，换上新式门窗，铺上现代化的地板。他们还说房子时间久了即使再有价值，政府不给维修，他们想要继续住就只能自己瞎胡乱修修了。我们原本打算劝老乡们不要破坏这些古民居的，但听了他们的话，我们也无话可说，因为我们不能也没权利向他们承诺什么。还有一种情况就是偷盗或公然破坏。有些本地或外地的不法分子将古民居上的精美木雕及石雕（如雕花雀替、柱础石等）偷盗后变卖，谋取暴利。还有一些不法之徒更是假借文物工作者之名每天走街串巷拍照，实为寻找偷盗对象。这些行为也让老百姓防不胜防，造成极其恶劣的社会影响，同时也给文物保护工作造成相当大的困难。

当然，也许会有人说我以偏概全，而我却不这样认为。如果说良户的情况特殊，民居多为私人财产不便管理的话，那么有些国家及省级文物保护单位的情况也不容乐观。例如，团东清化寺作为省保单位，在其后不足 5 米建有一个大型信号塔，而文物本体现状也相当不好。归根结底，原因只有一个。那就是文物部门是弱势群体。正所谓，人微言轻，有时文物工作只能服从现代化的经济建设。

也许看到的人会认为我所涉及的部分问题太过沉重。的确是这样。但我之所以写出，目的就是希望能尽我的绵薄之力，为这些凝结了祖先们辛勤汗水与智慧的珍贵的文化遗产做点我力所能及的事，号召社会各界人士能不断地提高文物保护意识，自觉地加入到保护我们弥足珍贵的文化遗产的队伍中来。同时，在实际工作中，我也看到文物工作者任重而道远！

文物的守护

山西大学　任剑星

中国是一个历史悠久的文明古国。在漫长的历史进程中，各族人民创造了极为丰富的文化遗产。保护、管理、利用好祖国的文化遗产，对于维系中华民族血脉、弘扬优秀传统文化、增进民族团结、振奋民族精神、促进社会主义和谐社会建设、推动人类文明进步都具有重要的现实意义和深远的历史意义。肩负着这一神圣而崇高的使命，我有幸参与了第三次全国文物普查工作。

2008 年 9 月伊始，我和同事开始了我们的工作……

在安排普查的城市中，我们注意到了地处三晋东南的高平市。作为晋城的县级市之一，该市文物储存量大，但由于地理位置偏远而欠开发。商量过后，程勇师兄也就是我们的队长主动要求到这个距县城 120 多公里、条件相对艰苦的地方去。他的理由是："既然都是一年时间，雪中送炭远比锦上添花更有价值。"

程勇师兄是我大学的学长，高我三个年级。我大学时就知道他热心公益事业。他毕业后来到晋城市文物局工作。这次，他作为我们的队长并负责我们小组的全部事宜。长相年轻的他已经是孩子的父亲了。今年，由于普查工作，所以离开妻儿同我们一起下乡田野作业。

"经过一个半小时的颠簸，终于到了高平，在乡政府食堂吃饭，一碗炒面，一个花卷……"——摘自同事的普查日记，这样的镜头可以从电影《美丽的大脚》中找到答案。我以为，今后的普查生活也许会定格为像电影一样的画面："干涸的黄土高原，土坯做围墙的学校……"日子真的开始了。休息了一晚后，我们马上进入状态，开始了工作……高平市文物博物馆的李馆长先给我们开了会。馆长说着地道的方言，但我清楚的听着，“文化遗产是不可再生的珍贵资源。底数不清、状况不明，制约文物事业的发展，而我们就是要尽自己的力量改变这种现状。为国为民，为子孙后代”。老馆长动情地说着……馆长的一席话对我触动很深。二十几岁的小伙子了，虽然也觉得自己血气方刚，但老实说，还不敢说自己是男人。“利国利民，造福子孙”。经常听这些话，但今天我确确实实地要参与奉献了，要用自己的行动身体力行地证明这八个字的分量了，肩头有了分量，觉得人也厚重了很多。可能正是这种信念支撑，我在困难的时候像个男人坚强地挺住……

野外调查是普查工作中最艰辛的工作。每天六点起床，中午没有休息。初来的几天，年轻气盛的我们都还不觉得什么。日子在忙碌中继续了十几天……快到国庆了，刚来时的初生牛犊不怕虎的力气也让天天高强度的工作给磨平了。那时，国庆长假成了我们的精神寄托。记得当时我问同事长假有什么安排，他说：“睡觉”，爱开玩笑的他继续补充，“睡觉度过黄金周”。这也是所有人的共同心声。因为田野作业的艰辛在这段时间里全面向我们展开——每天六点起床早已是家常便饭，吃过早饭后统一从文物博物馆坐普查车下乡勘察文物点。这些文物都在距离县城很远的村镇。欠发达的交通路况，一路的山路颠簸，使得同组的女同事好多次都晕车呕吐。赵建威所长是文物博物馆的老前辈了，在这工作了近 20 年，我们都尊称他为“赵老”。这次下乡本来是不用“赵老”去的，因为馆里的人都知道他有风湿病，最怕受凉。可他偏要和我们一起去，总说我们这些年轻人没经验。就这样，赵老白天和我们一起下乡，晚上回来用热水敷腿。看到这些，我们这些年轻人的眼睛都红了……

一场严重的感冒把我这个号称“铁人”的身体也打趴下了。高烧 39 度，浑身酸疼，再也没力气爬起来了，所以就向组里请了一个半天的假。中午打针过后，想回来睡觉，打开包才看到数码相机和丈尺在我包里。要知道，这是我们工作的必需品，没有它们，下午的工作安排都白搭，可其他人已经出发了。去还是就当自己没看见，想了3秒以后，我还是穿起了衣服，头沉沉地迈步出门。那天，高烧让我觉得腿不是自己的，不听使唤……事后，自己也觉得自己可以拍着胸脯说自己是男人了，因为有了责任感……。终于迎来了翘首以盼的国庆长假。本想休息的我们还是布置了一些工作。可自从那次以后，我似乎越挫越勇了，我真的把它当我的事业……之后的日子，我们一如既往，也似乎学会了苦中作乐。每天普查之后，我们都在车上有说有笑，以缓解一天的工作强度。

在这次普查中，我也有意识地对具有典型价值的乡土建筑以及各种风格、流派、形式的近现代代表性建筑给予特别的关注，特别是对不可移动文物的保存现状的关注。身为一个即将毕业的高校研究生，这对我日后的学术视野也是一种拓宽。而普查中养成的这种重调查、细思考的学术品格，也将让我受益终生。普查中，我与同事凝结的患难与共的真情更是我人生弥足珍贵的财富。但同时，我也深刻地认识到文物普查是我国当前最重要的文化遗产保护工程。其规模浩大，历时时间长，任务繁重，仅仅凭借文物部门的力量是远远不够的。因此，必须广泛动员社会力量，依靠民众的经验和智慧，把由3~5人组成的一个个普查小组变成成千上万的普查大军。只有这样，才能把文物线索一条条汇集起来，使普查工作的成果最大化。

文物普查　深入人心

山西大学　武向军

2007年4月，国务院决定在全国范围内开展第三次文物普查活动。这次活动是继20世纪50年代和80年代两次普查之后的又一次文物领域的盛举。与前两次普查不同的是，第三次全国文物普查是由国务院牵头，国家文物局、宣传部、国土资源部、财政部等相关部门共同组织的，涉及领域之广、影响之大是前两次所不能比的。第三次全国文物普查之所以规模如此之大，是与我国综合国力得到很大的提高分不开的。试想，如果没有强大的经济实力做后盾，这次是不可能开展的。经过30年的改革开放，我国在经济、政治、文化等各领域都得到了极大的发展，人民生活水平得到了很大的提高，国民素质也得到了极大的提升，人民群众对文物保护的意识也日益增强。第三次文物普查在这样的背景下进行是非常有必要的。

文物是国家不可再生的文化资源。文物普查是国情国力调查的重要组成部分，是确保国家历史文化遗产安全的重要措施，是我国文化遗产保护的重要基础工作。开展文物普查是为了全面掌握不可移动文物的数量、分布、特征、保存现状、周边环境状况等基本情况，为准确判断文物保护形势、科学制定文物保护政策和规划提供依据。开展文物普查，有利于合理、准确划定文物保护范围，完善文物档案管理，促进文物保护机构建设，提高文物保护管理整体水平；有利于发掘、整合文物资源，充分发挥文物在建设社会主义先进文化及促进经济社会全面、协调、可持续发展中的重要作用。

山西省作为我国的文物大省，在全国具有十分重要的位置。因此，文物普查的工作量也是非常大的。作为一名山西大学在校的研二学生，能参加此次活动，我感到非常的高兴和荣幸。通过这次活动，我将学到许多与专业相关的知识。最重要的是，它将成为我一生中宝贵的工作阅历和人生财富。

我被分派到山西省晋城市陵川县文物普查组工作。陵川县是山西文物大县之一，文物古迹非常多。我们小组主要负责文物普查工作的第二阶段，即实地调查阶段。野外调查工作开展四个多月来，我们普查组一行6人走遍了陵川县的四个乡镇。每到一个村，都受到群众的热烈欢迎。他们积极热情地回答我们的问题，充当我们的向导，给我们的工作提供了很大的帮助，使我们少走了很多弯路，减少了许多不必要的麻烦。特别是在村党委班子的积极配合和帮助下，我们的工作进展得非常顺利。

我感受最深的就是在陵川县附城镇丈河村进行普查时的情景。村党支部书记崔国土是一位快60岁的老同志了。听说我们到来，他非常高兴。他为人热情，每天都和我们在一起同吃同住同工作。当我们要爬山时，他总是走在队列的最前面。我们每次都劝他："您这么大年纪了，就不要去了，让村里的年轻人给我们带路就行了。"但他总是说："没事儿，我身体很好，让年轻人去我也不放心，毕竟他们没有我熟悉村里的情况。"在10天普查时间里，每当我们遇到什么困难，他总是积极想办法为我们解决。他说："作为一名老党员、老支书，我就应该为党服务。文物普查是我们党和我们国家的一件大事。虽然我已经快60岁了，但是我身体还好。我应该尽我最大的努力去为你们普查组做好各项服务，以便你们能更好地工作。"当我们普查结束要离开丈河村时，老支书向我们挥手告别。汽车渐渐远去，老支书的身影也在我们的视线中慢慢消失。每当想起老支书所说的话，我都感到很温暖。一名老党员都能这样去无私的工作，我作为一名年轻党员更应该发扬我党不怕吃苦、不畏艰难的优良传统，更好的努力工作。

在此次普查活动中，我主要负责文物点的GPS测量，并将测点输入计算机采集软件内而且要协助组长作好文本的整理工作。我们的组长安建峰是一个对工作认真负责，一丝不苟，为人热情主动，乐于助人的人。无论是在平常的工作还是生活中，每当我遇到困难时，他总是积极主动地为我排忧解难；每当我有不懂的问题时，他总是很有耐心地为我解答。

2008 年就要结束了。我们每天都加班加点，力争把调查文本做得更好。而在这其中，我们的组长更是起到了带头作用。在这一段时间中，我们每天都是加班到十一点，而他经常到了一两点。他的这种精神是非常值得我们学习的。在此次文物普查活动中，他就是我学习的榜样。

沁水古牌坊考

晋城市城区普查队　马艳芳

城区普查工作结束后，我被市“三普”办抽调到沁水县，协助普查工作。在实地调查和整理资料期间，我突然发现沁水现存的古牌坊特别多，而且保存比较完整，便产生了浓厚的兴趣。

提起牌坊，也许大家并不陌生。在封建社会，竖牌坊是表功名，彰德义，倡节孝，沐皇恩，流芳百世之举。明清时期的沁河流域，沁水以其兴盛的官宦文化，成就了大批的仕途显人，留下了无数的府邸大院，树起了一座座象征“最高荣誉”的牌坊。现在，这些古老的牌坊，它们或以其主人显贵的身份而昭于世人，或因不为世人所识而暗自凋零，任其破败。

沁水古牌坊中最为世人认知的恐怕就是坐落在土沃乡西文兴村的全国重点文物保护单位——柳氏民居中的两座石牌坊了。这两座牌坊，皆为砂岩质地，形制基本相同，均为二柱单门单楼式，柱子断面为方形抹四角，柱子前后有方形的抱柱石，抱柱石上雕凿的石狮子，形态各异，栩栩如生。两柱间小额枋雕刻成月梁形，上为花板，花板上为大额枋，再上为匾额心，最上端为龙门枋，龙门枋上有斗拱四攒，两柱头各用转角斗拱一组，斗拱为五踩石质，单檐歇山顶。

这两座牌坊，建筑形制虽然相同，但时间上却有先后之分，旌表人物也不同。其中一座牌坊匾额心书“丹桂传芳”，花板书“庚子科柳騄”。柳騄（1458～1544 年），明成化十六年（1480 年），因诗文出众而中庚子科乡进士，朝考授官承德郎。后深得宪宗宠爱，嘉靖二十三年（1544 年）卒，皇帝恩赐“丹桂传芳”金匾于西文兴柳府。同年十月，沁水知县程南，县丞扬言，随同钦差提督扬守议，巡按山西检察御史齐家道等亲赴西文兴为柳騄修造此石牌坊。另一座牌坊匾额心书“青云接武”，花板书“丙午科柳遇春”。柳遇春，明嘉靖丙午科乡进士，嘉靖二十九年（1550 年），因其父柳大武战死疆场，皇帝恩赐柳遇春“青云接武”金匾，授柳遇春陕西巩昌通判之职，该牌坊应建于皇帝赐匾之后。柳遇春最终官至陕西同州知州。

在郑村镇王街村的樊山自然庄，保存有两座石牌坊，一座矗立在樊山村中，称作相国牌坊；一座矗立在陈昌期墓地。其实这两座牌坊都是为陈昌期一人而立。陈昌期为清代名相陈廷敬之父，在封建社会，父以子贵，所以为其立牌显功也不为其过了。

相国牌坊为四柱三门三楼式，砂岩质地，柱子方形抹角，柱子前后设鼓形抱柱石，上雕刻石狮。明间小额枋雕作月梁形制，底层花板书“赐赠相国”，匾额心书“封冢宰陈公茔”，上层花板书“纶诰天申”四个大字，两次间花板分别书“显亲”、“总宪万邦”和“戴君”、“晋阶一品”。额枋上雕刻有龙、花卉、“文官下轿，武官下马”等图案。雕刻精细，装饰华丽，是沁水现存古牌坊中的精品之作。陈昌期墓地牌坊是一座简单的二柱一门无楼式牌坊，两柱头蹲望兽，匾额心书“皇恩宠锡”，为其墓地的标志性建筑。

位于端氏镇下韩王村中的牌坊，是明崇祯三年（1630 年），为明代奉政大夫直隶扬州府同知张继芳而立。牌坊二柱一门式，方形砂石柱前后设有鼓形抱柱石，两柱间用丁字拱承托小额枋，额枋两端雕饰龙首。匾额心书“紫诰再膺”，大额枋上承托石雕斗拱四攒，与柱头共同承托屋顶，屋顶、屋脊和脊兽全部为砂石雕成。

矗立于土沃乡下格碑村汉封自然庄中的汉封牌楼是沁水现存不多的木牌楼，为二柱一门式，门楼两侧边柱由三根木柱并列组成，下端施方形夹杆石。上层额枋承托斗拱三攒，三踩单翘，柱头及平板枋上承托斗拱共五攒，五踩双下昂。匾额心已失，根据村中散落碑刻记载，是为明成化举人刘傑所立，是一座旌表功名的牌坊。

同样是一座旌表功名的牌坊坐落在嘉峰镇武安村中，为二柱一门式，顶部不存。牌坊匾额心书“秋闱高捷”。明清时期正式科举分为“乡试”、“会试”和“殿试”三级，“乡试”三年一次，在省城举行，时间一般为秋天，所以也称“秋闱”，取中者为“举人”。“秋闱高捷”表明其主人赵大伦“乡试”高中，荣登“举人”之列。

在封建道德中妇女的守节与尽孝是很重要的一个内容，历来受到各级统治阶层的重视与遵行，所以在牌坊中就出现了一种“节孝”坊。沁水现存的固镇牌坊、坪上牌坊和曲堤牌坊就属此类。

固镇牌坊位于龙港镇固镇村中，为二柱一门式，屋顶、夹杆石不存。石质上花板书“旌表已故儒童赵师尧之妻李氏暨胞弟已故儒童赵继尧之妻杨氏并已故儒童赵□学之妻三氏节孝之坊”。匾额心书“一门三节”。两侧石柱上雕刻对联一幅：“巾帼称完人存贞心始尽贤孝，精灵入女祠由苦节方振纲常。”牌坊额枋上雕刻龙纹、花卉和人物等，雕工精细，惟妙惟肖。

坪上牌坊位于端氏镇坪上村寨上，是明万历壬寅（1602年），为明赠文林郎王元生之妻儒人韩氏而立。牌坊原为四柱三门三楼式，现北侧次间被毁。全部为石质，明间两柱头蹲望兽。匾额心书“紫诰荣封”。

曲堤牌坊矗立于端氏镇曲堤村中，立于明万历三十八年（1610年）。为二柱一门式，屋顶和夹杆石不存。花板上书“敕赠文林郎山东济南府齐河县霍以官儒人刘氏敕赠山东济南府齐河县知县霍以宴儒人张氏”，匾额心书“恩光骈锡”。

牌坊作为我国古代建筑中的小品建筑，以其特有的建筑形式和极具艺术力的装饰风格，凝聚了我国几千年的传统文化，具有极高的历史和艺术价值，是我国古代建筑中的精品之作。